rowohlt
POLARIS

W0226747

NICOLE JÄGER

Unkaputtbar

Wie mein Mangel an Selbstwert
zum Problem wurde
und wie ich da wieder rauskam

ROWOHLT POLARIS

Originalausgabe
Veröffentlicht im Rowohlt Taschenbuch Verlag,
Hamburg, September 2021
Copyright © 2021 by Rowohlt Verlag GmbH, Hamburg
Covergestaltung HAUPTMANN & KOMPANIE Werbeagentur, Zürich
Coverabbildung Antonina Gern
Satz aus der Swift
Gesamtherstellung CPI books GmbH, Leck, Germany
ISBN 978-3-499-00584-8

Die Rowohlt Verlage haben sich zu einer nachhaltigen Buchproduktion verpflichtet. Gemeinsam mit unseren Partnern und Lieferanten setzen wir uns für eine klimaneutrale Buchproduktion ein, die den Erwerb von Klimazertifikaten zur Kompensation des CO_2-Ausstoßes einschließt.
www.klimaneutralerverlag.de

MIX
Papier aus verantwortungsvollen Quellen
FSC® C083411

But dear, there is sun after rain,
love after pain.

VENTUM

Dieses Buch ist all den Frauen gewidmet, die …

… das Gefühl haben, nicht gesehen zu werden.
… glauben, dass sie keiner hört.
… Angst haben und es trotzdem tun und
… aufstehen nach dem Sturm.

Ihr werdet gesehen.
Ihr werdet gehört.
Und ihr seid nicht allein.

Für all die Menschen, die mich lieben.
Und für mich.

INHALT

Auf Messers Schneide

Von meinem Sofa zur Terrassentür sind es etwa zehn Meter. Vielleicht ein wenig mehr, ich habe es nie gemessen und selbst wenn, könnte ich es mir nicht merken. Es wäre auch eine arg belanglose Information, denn wozu braucht man dieses Wissen schon?

Ich habe noch nie einer Konversation beigewohnt, und sei sie noch so belanglos, in der irgendwann mal der Satz fiel: «Und, Nicole? Wie weit ist es so zu deiner Terrassentür?» Dabei liebe ich unnützes Wissen. Ich kenne noch die Telefonnummer meiner Eltern aus meiner Kindheit. Ich weiß, dass Erdbeeren eigentlich Nüsse sind oder, um genau zu sein, Sammelnussfrüchte. Diese kleinen gelben Dinger auf der Erdbeere, die so gerne zwischen den Zähnen hängen bleiben, das sind Nüsse. Das zu wissen, macht es nicht besser, wenn man sich zwischen den Zähnen herumfummelt, ich weiß. Gurken und auch Bananen hingegen gehören wiederum zu der Familie der Beeren. Ich weiß so etwas. Ich weiß auch, dass die Geier in Walt Disneys «Dschungelbuch» den Beatles nachempfunden sind. Ja wirklich, kein Witz. Ursprünglich sollten die Beatles den Geiern sogar ihre Stimmen leihen, fanden jedoch keine Lücke in ihrem straffen Terminplan. So was weiß ich. Warum der Mann, der dort an meiner Terrassentür steht, mich seit Stunden so anschreit, das weiß ich allerdings nicht.

Das Rot seines Kopfes passt gut zu meiner Wohnzimmerdeko. Es ist ein großes Wohnzimmer. Mit viel Liebe zum Detail habe ich es über Jahre eingerichtet, alles hier. Zwei Stockwerke voller Gefühle. Guter wie schlechter. Hier ist alles zu

Hause. Mein Herz. Meine Katze. Ich und all die Geschichten, über die ich mal gerne spreche, oft aber lieber schweige, und in den Ecken, in die niemand so genau schaut, tummeln sich all jene Augenblicke, von denen ich am liebsten sagen würde, dass ich nichts mit ihnen zu tun habe. Hier leben meine Kreativität, meine Muse und eine Spinne namens Friedrich. Ich behaupte seit Jahren, es sei dieselbe Spinne. Dabei weiß ich nicht einmal, ob Hausspinnen wirklich so alt werden können, aber ich rede mir das ein, weil es mich irgendwie beruhigt. Die Alternative wäre nämlich, dass hier im Haus recht viele Spinnen leben, die sich nur irgendwo verstecken, und wenn ich darüber genauer nachdenken würde, müsste ich das Haus anzünden und den Kontinent wechseln. Und das möchte ich nicht, denn ich bin hier ja zu Hause.

Zu Hause ist so ein großes Wort. Für mich. Denn ich fühle mich so gut wie nirgends zu Hause, obgleich es mir so viel bedeutet. Zuletzt fand ich mein Zuhause so richtig in meiner Studentenwohnung. Eine kleine Wohnung von 34 Quadratmetern. Wohnzimmer, winziges Schlafzimmer, in das nur mein Bett und ein sehr schmaler Schrank passten, eine Küche, ein kleines Bad. Klingt klein. War es auch. Aber es waren die schönsten 0,0034 Hektar Erde, Schutz und Unterschlupf. Bis dann er kam. Also nicht der Terrassentür-Er, der kam später. Sondern ein anderer Er, der erst einzog, dann auszog, dann wieder einzog, bis ich wegzog. Es sind immer Ers, die meine Geschichte prägen. Er, für den ich in eine andere Stadt ziehe. Er, der in einem anderen Land lebt und mich überlegen lässt, zu ihm zu ziehen, bis ihm nach drei Jahren auffällt, dass er vielleicht erst einmal seine Freundin fragen sollte, was die davon hält. Er, der meine Einrichtung in Schutt und Asche legt. Er, der das Telefonkabel samt Buchse aus der Wand reißt, als ich zum Telefon greife und die Polizei rufen will. Er, der stärker ist als ich. Körperlich. Und das unter Beweis stellen muss. Er, der lauter ist. Der die Eier verliert, wenn ich mehr Geld verdiene, aber gar nichts dagegen hat, dass ich sein Leben finanziere, solange ich bloß nichts dazu sage. Er, der mir das Gefühl gibt, die Einzige zu sein, die Auserkorene, Göttin unter Göttinnen, während er mit seinem Leben bei mir und seinem echten Leben bei seiner Freundin, seiner Frau, seinen Kindern, seinen Geliebten jongliert. Die Freundin, mit der längst Schluss ist. Die Frau, die selbstverständlich von allem weiß, wo denkst du hin, Nicole. Er, der mir klar zu verstehen gibt, dass er niemals «so einer» ist, bis sich herausstellt, dass er so einer ist. Er, der zuschlägt. Nicht mit Fäusten. Nie mit Fäusten. Immer mit Worten. Mit Gesten.

Ich bin eine Frau, die man nicht schlägt. Gewiss hätte man so manches Mal gern, aber man scheint mir anzusehen, dass ich dann zurückschlagen würde. Mein Papa hat seinen Töchtern beigebracht, sich zu wehren, wenn es geht, und wegzurennen, wenn es nicht mehr geht. «Wenn dich jemals ein Mann schlagen sollte, dann fall einfach um und bleib liegen.» Sagte er immer. Den Nachsatz «Und dann ruf mich an, ich komme sofort vorbei und kloppe dem Bastard eine Plattschaufel vors Fressbrett» sagte er meistens nur in seinem Kopf. Leise. Aber jede Silbe war so gemeint. Natürlich. Es wäre ja auch nicht das erste Mal gewesen, dass er das getan hätte. Einmal kam das schon vor. Es war ein Reflex, wird er später erzählen. Eine Art Kurzschluss. Er wisse ja auch nicht so ganz warum, aber seine Töchter müsse er ja beschützen. Für uns, so sagt er immer, gehe er, ohne mit der Wimper zu zucken, in den Knast.

Ich kann mich nicht mehr daran erinnern, ob seine Wimpern zuckten an dem Tag auf der Baustelle. Es war sonnig, das weiß ich noch, und es war warm. Meine Mama schob einen

Kinderwagen wippend hin und her. Beruhigendes Schwanken für die kleine Puppe, die meine Schwester damals noch war. Zu jung, um zu sitzen, und fürchterlich winzig. Ich war immer ein wenig neidisch, weil ich die ganze Zeit laufen musste, während sie sich den Himmel angucken durfte und nie, aber auch wirklich nicht ein einziges Mal diese lange Strecke zu Papas Baustelle gehen musste. Sie wurde geschoben, dieser Glückspilz. Ich lief dafür ständig gegen diese orangen und grünen halbrunden Mülleimer, die damals noch an jeder zweiten Ampel hingen, weil ich auch ständig in den Himmel schaute, wie meine Mama immer sagte. Was ich gar nicht tat, zumindest nicht nur. Es war nur immer so viel los in meinem Kopf und in der Welt um mich herum. Alles voller kleiner Details. Regenwürmer, die vor der Hitze gerettet, Hummeln und Wespen, die mühsam vom Boden geklaubt werden mussten, damit niemand drauftrat. Zwar mochte ich Wespen noch nie, aber noch weniger mochte ich die Vorstellung, zerquetscht zu werden, nur weil man gerade gepflegt auf dem Boden chillt. Marienkäfer, die Schönheit von Grau, die eine Stadt nur im Sommer hat, Betonromantik, Pusteblumen, Steine für die Hosentasche, und zwischen den Gehwegplatten lagen immer Schrauben, Muttern, kleine Dinge, die Papa bestimmt brauchen könnte. Oder irgendwas, das glitzerte. Da war keine Zeit, um auf die Straße zu achten. Oder eben auf diese Behälter, die auf mich immer wirkten wie hilflose kleine Monster, deren große Öffnung zum Einwerfen des Mülls für mich so aussah, als riefen sie nach ihrer Mutter. Was ich vermutlich auch getan hätte, wenn man mich mit Müll beworfen hätte.

Es gab diese Behälter in exakt drei Ausfertigungen: überquellend voll, leer, der Inhalt dafür unter dem Behälter auf dem Boden verteilt, oder geschmolzen. Irgendeinen Experten gab es immer, der nicht begriff, dass heiße Zigarettenglut auf

Papier in einem Mülleimer eventuell eine dumme Idee sein könnte. Dabei hatte ich das schon als Kind gelernt. Ich durfte nicht einmal Filtertüten mit warmem Kaffeesatz in den Müll werfen, weil man munkelte, dies könne die Mülltüte durchschmelzen, und dann würde sich all der Matsch beim Anheben des Müllsacks in die Küche übergeben. Und wer müsste das dann wieder saubermachen? Richtig, Mama. Und wer bekäme dann Ärger? Richtig, ich. Also kam nichts Warmes in den Mülleimer. Ich handhabe es noch heute so.

Heute sind diese öffentlichen Müllsammelbehälter rot. Mal hängen sie noch immer an Ampeln, mal stehen sie an den Gehwegen. Sie haben aufgeklebte Augen, und unter der Öffnung sind Sprechblasen mit kecken Sprüchen angebracht. Der Mülleimer als dein Buddy. Jedes Mal, wenn ich heute an ihnen vorbeigehe, denke ich: Siehst du, ich war nicht die Einzige. Wer auch immer sich das ausgedacht hat, hat die gleichen kleinen Monster gesehen, die auch ich sah. Ob du, der du das eingeführt hast, wohl auch Regenwürmer und Hummeln rettetest? Und wenn ja, machst du das heute auch noch? So wie ich? Solange ich mich bücken kann, werde ich das tun. Ich muss. Weil ich irgendwann einmal ein Bild sah, die Nahaufnahme einer Ameise, die ein Beinchen tastend nach oben streckt. Am Ende dieses Beinchens berührte sie einen Finger. Dessen Spitze, um genau zu sein. Gigantisch im Vergleich zur Ameise. Eine zarte Berührung zwischen diesem Wesen mit so viel Kraft und Macht in nur einem einzigen Finger und einer wundersam filigranen Ameise. Über diesem Bild stand: Für den, der zu dir aufschaut und deine Hilfe braucht, bist du Gott, also gib acht. Ein Spruch, so schmalzig wie ein Autoaufkleber. Nachhaltig beeindruckt hat mich das Bild trotzdem, und seither denke ich, in meiner Funktion als Königin der Doppelmoral, dass ich kleine Tierchen aufsammeln muss, immerhin bin ich ja Gott oder so, während es zum Abendessen dann Steak gibt. Ich bin mir der Absurdität dessen vollkommen bewusst, und eines Tages, in irgendeinem anderen Leben, da werde ich alles richtig machen. In diesem Leben werde ich das nicht mehr schaffen, befürchte ich, aber ich rette Regenwürmer, man muss ja klein anfangen.

Zu Papas Baustelle ging es immer dann, wenn er in der Nähe unserer Wohnung arbeitete, was eher selten der Fall war, weil in ganz Hamburg ständig Rohre brachen, alles überschwemmten und er dann irgendwo Straßen aufstemmte, Löcher buddelte, Kanalisationen erneuerte und irgendetwas tat, für das man Schuhe mit Stahlkappen und Helme tragen musste. Papa meinte immer, dass er die Dinger trage, weil es Pflicht sei, sich ihm jedoch nie erschloss, wovor sie nun ausgerechnet ihn schützen sollen. Wenn es regnete, würde er trotzdem nass, und als er damals in der Baugrube von Tonnen an Sand und Geröll verschüttet wurde, hätte ihm der Helm wenig geholfen. Das Einzige, was von oben kommen könne, wäre ein Konterstein von einem Kran. Das sind diese großen Betonklötze, die hinten am kurzen Ende eines Krans, dem Gegenausleger, angebracht sind. Meist vier oder fünf an der Zahl, die dafür sorgen, dass so ein Kran nicht nach vorne kippt. Wer so ein Teil auf den Kopf kriegt, meinte Papa immer lachend, über den wird niemand sagen: «Na, ein Glück hat Hans-Peter einen Helm getragen. Klar, er ist jetzt Püree, aber der Helm, der war immerhin schön gelb.»

Meinen Humor habe ich, glaube ich, von ihm. Das zu große Herz habe ich von beiden Eltern, und den Po von meiner Mutter. Genau diesen bemerkte dann an jenem Tag dort auf der Baustelle auch ein Kollege meines Vaters. Eine Spur zu süffisant kommentierte er, dass mein Vater hübsche Töchter hätte, gerade die Große, bei der Kleinen könne man das ja noch nicht so sehen, und dass das äußerst praktisch sei, denn wenn wir dann eines Tages groß seien, könne mein Vater uns auf den Strich schicken, um etwas dazuzuverdienen.

Abgesehen von unnützem Wissen finde ich schlechte Witze ganz großartig. Beispiel: Was ist weiß und stört beim Essen? Eine Lawine!

Was ist weiß, dann rot und dann nicht mehr da? Schneidezähne, wenn eine Schaufel mit 80 km/h auf ein Gesicht trifft. Papa zuckte vermutlich wirklich nicht mit der Wimper. Weder, als er von seinem Polier eine Abmahnung bekam, die er mit den Worten «Du hast selbst Kinder, du hättest auch zugeschlagen» entgegennahm, noch in dem Moment, als sein Chef nickte, die Abmahnung zurücknahm, zerriss und sagte: «Stimmt. Aber richtig ist es dennoch nicht.» Nein, richtig war es nicht.

Es war auch nicht richtig, diesen anderen Typen unter ein Auto zu treten, bis er bettelte, dass mein Vater damit aufhören möge. Was er tat. Schließlich hört man auf, wenn einer am Boden liegt. Oder unterm Auto. So viel Ehre muss sein. Papa sagt, es war seine eigene Schuld. Also die des Typen unter dem Auto.

Meine Mutter war im letzten Drittel mit ihrem ersten Kind schwanger. Mit mir. Es war Hochsommer. Extrem warm. Sie trug ein Kleid, braun mit Blumen, und sie trug schwer an mir. Meine Eltern gingen spazieren. Langsam. Mama watschelte schon, meint Papa immer. «Der Unterm-Auto-Typ hat einfach eine dumme Entscheidung getroffen», sagt Papa gern. Darauf komme es im Leben ja oft an. Entscheidungen. Und die von dem Typen war eben keine gute. Als er auf dem Fahrrad an meiner Mutter vorbeiradeln wollte und sie ihm nicht schnell genug Platz machte, stieß er ihr im Vorbeifahren absichtlich den Lenker in den Bauch, trat in die Pedale und brüllte im Vorbeirauschen noch, die fette Kuh solle gefälligst aus dem Weg gehen. Zum Unglück des Lenkerremplers war die fette Kuh die schwangere Frau meines Vaters, der mit seinen 156 Zentimetern auf Klapperlatschen von jetzt auf gleich in den Turbogang schaltete. Wie eine zu straff gespannte Feder explodierte er hinter dem Fahrradfahrer her. Verlor unterwegs diese völlig unpraktischen Latschen (eigentlich keine Latschen, sondern diese damals schwer modernen Holzclogs aus den Niederlanden, die aus mir völlig unerfindlichen Gründen schwer en vogue waren). Der Fahrradfahrer war schnell. Mein extrem angepisster Vater war schneller. Auf gleicher Höhe angekommen, schubste er ihn im vollen Run – oder bei voller Fahrt, je nach Blickwinkel – vom Rad und trat ihn unter ein Auto, bis er sich flehentlich bei meiner Mutter, meinem Vater, dem Rad, mir im Bauch und der Welt entschuldigte.

Nein, richtig war auch das nicht. Aber wenn er heute die Geschichte erzählt, grinst er wie ein kleiner Junge, und wenn ich die Geschichte erzähle, bin ich immer ein klein wenig stolz auf den Papa, der mir beigebracht hat, dass man die, die man liebt, um jeden Preis beschützt. Ansonsten war er nie gewalttätig. Nie. Meine Eltern sind die Kinder von Menschen, die Argumente mit Schlägen bekräftigten, und beide haben sich, wie jede Generation, geschworen, sie würden es eines Tages besser machen. Und das haben sie. Besser. Oder vielleicht sagen wir es so: anders. Mit Liebe auf jeden Fall. Meistens. Das haben sie zumindest immer gewollt. Und mit Strenge. Viel davon. Das hat uns nie geschadet, meint Papa.

Als ich jetzt, dort auf meinem Sofa sitzend gen Terrassentür schaue und versuche, die verbalen Schläge auszuhalten, die man mir entgegenbrüllt, bin ich mir da manchmal nicht so sicher.

Er ist wütend auf mich. Das ist er eigentlich immer. Mal sehr, mal in abgeschwächter Form, aber irgendwie bringe ich ihn ständig auf die Palme. Er ist mein Freund. Das behauptet er immer, und ich behaupte es auch. Ich glaube jedoch, dass das seit Jahren schon nicht mehr stimmt. Die Szene ist optisch beinahe schon idyllisch, denn mein Wohnzimmer ist in sanfte Farben getaucht, von draußen scheinen die Lichter in den Bäumen herein, die ich dort aufgehängt habe, um der Nacht ihre Härte zu nehmen, und zeichnen ihn fast schon weich. Licht ist auch im Haus überall, erhellt jede Ecke, dient als Deko, vertreibt Schatten und untermalt die Stimmung eines Abends, wie er in jedem x-beliebigen Sommer stattfinden könnte. Ich mag es, mich mit Licht auszudrücken, Stimmungen zu erzeugen allein mit dem Farbenspiel der Beleuchtung. Ein Gemenge aus Pflanzengrün, hellem Boho, dunklem Holz und farbigem Licht. Warme Töne. Beruhigend. Mein Zuhause ist weich und rund. So wie ich. Wäre es ein Geschmack, würde man es vielleicht als vollmundig bezeichnen und als ein wenig zu verspielt, aber gerade eben so noch okay. Mit irgendeiner Zutat, die man dann als «Ich weiß nicht, was es ist, und ich weiß auch nicht, ob ich es mag, aber ich kenne den Geschmack» umschreiben würde. Ein Schutzraum aus Farben. Das menschliche Auge kann 7 000 000 verschiedene Farbnuancen wahrnehmen. Er sieht nur schwarz, grau und verblichene Farben. Nicht wirklich natürlich, er ist nicht farbenblind und hat keinen Sehfehler, aber er macht meine Farben stumpf. Es ist, als habe er sich über die Jahre in einen der grauen Männer aus «Momo» verwandelt. Gekommen, um mir das Lachen zu rauben. Oder den Verstand. Manchmal fürchte ich, es ist das Gleiche. Er steckt dort an der Terrassentür wie ein Stachel in einer Wunde, und die Geborgenheit meines Zuhauses blutet an ihm aus.

Er saugt sie weg und mich aus.

So fühlt es sich an. Nicht nur in diesem Streit, sondern schon seit einer Weile – mit mulmigem Gefühl muss ich zugeben: seit Jahren. Ich verliere mich an ihn. Nicht die romantische Form von verlorenen Herzen an Ritter in goldenen Rüstungen, sondern die Variante, die sich anfühlt, als schleife er mich stumpf. Worte wie Schmirgelpapier. Schreien als Meinungsverstärker. Schweigen zur Strafe. Er nennt es Liebe, und diese Liebe ist sein Grund für alles. Weil er mich liebt, könne er ja nicht anders, müsse er sich immer um mich kümmern, opfere er sich auf, gebe er alles, verlange er nichts außer ein klein wenig Aufmerksamkeit. Wovon ich ihm immer zu wenig gebe, weil ich auch noch andere Interessen habe als ihn. Schlafen zum Beispiel oder arbeiten oder schlimmer noch: Freunde treffen. Alles sei mir wichtiger als er. Nie tue ich etwas für ihn. Das brüllt er mir in meinem Haus entgegen, in dem ich ganze Räume nur für ihn gestaltet habe. Orte, an denen er arbeiten, sich zu Hause fühlen und sein kann. Räume, die niemand außer ihm und mir betreten darf. Ein ganzes Stockwerk, nur er. Er nennt es «nichts». Er nennt es «nicht genug», und genau das ist es auch für ihn, niemals genug. Die Farbe ist nicht die richtige Farbe, die Möbel sind nicht sein Style, der Raum nicht schnell genug für ihn hergerichtet. Alles, was ich bin, ist im Weg. Nicht einmal bereit, meine Freunde für ihn aus meinem Leben zu verbannen, sei ich. Kein einziges Mal habe ich darüber nachgedacht, einen Schlussstrich unter meine Familie zu ziehen, damit ich endlich mit ihm glücklich werden könne. Ich sei ja nicht einmal bereit, für ihn weg- oder mit ihm zusammenzuziehen. Nicht einmal das. Und dann diese Scheißbühne, die sei mir ja wichtiger als alles andere, und diese Scheißbücher, die ich schreibe, und diese Scheißkunst. Niemand braucht das wirklich. Wie kann mir das wichtig sein? Wichtiger noch als er. Er, der mir doch alles geben würde. Und dann die verkackten Auftritte im TV und diese völlig belanglosen Sachen. Das ist es, was ich mache. Sachen. Dinge. Allesamt auf jeden Fall zum Kotzen und Scheiße noch mal wichtiger als er. Als wäre überhaupt irgendetwas wichtig, wenn es darum geht, einmal – wirklich nur ein einziges Mal – etwas zu tun, um ihn glücklich zu machen. Abgehoben sei ich, nur ums Geld ginge es mir. Das war mal anders, meint er. Bis ich so ein raffgieriges Stück wurde, das für ihren Erfolg über Leichen ginge. Über seine Leiche. Ausnutzen würde ich ihn, aber er könne ja nicht fort, er halte es ja aus, er liebt mich ja und stecke deswegen alles weg. Bis ich eines Tages endlich verstehe, dass ich nur ihn brauche. Ihn und seine Liebe. Alles, so sagt er, sei mir wichtiger als diese Beziehung. Immer, so meint er, würde ich nur nehmen und er alles geben. Nie, so brüllt er, hätte er eine Chance, glücklich zu werden, weil er sich ausgerechnet in mich verliebt hat, obwohl er sich so lange dagegen gewehrt hat, und nun verwehre ich ihm alles, was er brauche, um glücklich zu sein. Dabei fordere er doch nicht viel, nur eben mein Leben.

Ein Leben, und er wird nicht müde, es zu betonen, das ihm gehört. Eine Schuld, die ich abzutragen habe. Denn ohne ihn, das wisse ich im Grunde auch selbst ganz genau, sei ich nichts. Eine Schuld, die ich niemals abtragen könne, weil sie mit jedem Tag größer werde. Er hält es aus mit mir, obwohl das wirklich nicht einfach sei, nie einfach war. Er müsse stets zurückstecken, und nie käme genügend zurück.

Ich immer, er nie. Er immer, ich nie. Der Refrain unserer Verbindung. Ein Lied, das seit Jahren spielt, ein Ohrwurm, der sich direkt in die Seele frisst und dort Eier legt.

Ich halte das aus, weil es das ist, was ich gut kann. Aushalten. Es ist wie damals im Wohnzimmer meiner Eltern. Wenn wir dort nebeneinander standen, meine Schwester und ich, wie die Pfeifen der kleinsten Orgel der Welt. Nur drei Töne spielend. Ja, Papa. Nein, Papa. Und Stille. Widerworte waren nicht erwünscht. Auch Strenge ist Liebe, und meine Eltern liebten uns sehr. Alles war nur gut gemeint. Nichts sollte böse sein. Erziehung brauche nun einmal Härte. Das habe noch niemandem geschadet, und im Grunde läge es ja auch an mir, dass es so viel Ärger gibt, denn ich spurte nicht. Als große Schwester habe ich als Vorbild zu dienen, und so wurden die Fehler meiner Schwester meine Fehler. Denn entweder hätte ich es für sie regeln können, was auch immer zu regeln war. Nein, Papa. Oder ich hätte es von vornherein richtig machen können, dann hätte sie es sich nicht falsch abgeschaut. Ja, Papa.

«Was willst du zu deiner Verteidigung sagen?» Schweigen.

Nicht aus Wortlosigkeit, denn Worte hatte ich immer viele – einen ganzen Ozean an Sätzen, Fragen und dem Bedürfnis, diese herauszuschreien. Stumm zu bleiben, fühlte sich an, wie nach zwei Litern Apfelsaft und einer fünfstündigen Autofahrt nirgends ein Klo zu finden. Die gleiche Verzweiflung, die gleiche Eile in jeder Bewegung, mit hektischem Blick auf der Suche nach einem Busch zum Dahinterverstecken. Das Gefühl, als platze man gleich. Hilfesuchend mit dem Blick gen Mama, die auch nur stumm zurückschaute, den Kopf schüttelte oder den Mund verzog. «Ich weiß, er ist anstrengend, Kind, aber was soll ich machen?»

Ja, Mama, was sollst du schon machen, und wir beide wissen doch, dass Schweigen die weniger harten Konsequenzen mit sich bringt. Wie viel ist eine eigene Meinung wert? Wie wichtig ist sie im Vergleich zum Seelenheil? Warum etwas sagen, wenn man doch weiß, dass es das schlimmer macht und man eigentlich nur durchhalten muss, dann hört das Anschreien irgendwann wieder auf. Es sind doch nur Worte.

Wir beide wissen das. Im stummen Verständnis vereint und dennoch so weit voneinander entfernt, denn du sitzt da neben ihm, und ich stehe hier, auf der anderen Seite des Tisches. Angeklagt vor seinem Tribunal. Verteidige mich stumm. Erst mit Tränen, und als die mit einem «Brauchst gar nicht anfangen zu heulen, das nützt dir auch nichts» abgestellt werden sollen, dann auch ohne. Einfach nur aushalten.

So ein Wohnzimmer bietet verblüffend wenig Gebüsche, hinter denen ich vor etwaigen Konsequenzen in Deckung gehen konnte, also blieb ich vor meinem Vater stehen wie die Schweizer Garde vor dem Papst. Manchmal nur Minuten. Manchmal Stunden. Je nachdem, wie lange es dauerte, bis er damit fertig war, mir zu erklären, warum mein Handeln falsch, seine Regeln richtig seien und seine Weltanschauung die einzig wahre sei, während ich noch keine Ahnung hätte. Vielleicht hat ihm nie jemand gesagt, dass man für Gefühle keine Ahnung haben muss. Vielleicht waren ihm Gefühle auch einfach nicht so wichtig wie Pünktlichkeit, Ordnung, Gehorsam, erledigte Hausarbeiten oder dass nach 21 Uhr niemand mehr aufs Klo ging, damit meine Eltern im Wohnzimmer nicht von fürchterlich nervigem Wasserrauschen gestört wurden. Vielleicht wusste er nicht, dass ich nicht «immer gleich beleidigt» war, wie er es mir regelmäßig vorwarf, sondern bis heute ein Mensch bin, der verletzt werden kann. Vielleicht hätte ich ihm mal sagen sollen, dass ich nicht aus Trauer losheulte, sondern aus Wut. Aus dieser Art von Wut, die aus Hilflosigkeit entsteht, weil ich mich so klein und wertlos fühlte und nichts richtig zu machen schien. Und dass ich es viele Jahre ernst meinte, wenn ich sagte, dass ich es wirklich richtig machen wollte. Jedes Mal, nach jedem Tadel. Ich versuchte danach immer, noch besser zu sein, noch leiser, noch weniger auffällig, noch korrekter, war immer noch enttäuschter von mir, immer noch überzeugter davon, dass er recht hatte und ich nur zu faul sei, mich zu bemühen. Aber wie sehr ich mich auch bemühte, ich schaffte es nie. So schien es zumindest, denn an dieser Stelle im Wohnzimmer stand ich mir die Füße wund. Auf diesem flauschigen Teppich, hauptsächlich braun, schwarz umrandet und mit orangenen und roten Kreisen darauf, dessen Flusen ich alle mit Namen kannte, weil ich so viel Zeit damit verbrachte, auf den Boden zwischen meinen Füßen zu schauen, während ich mir zu merken versuchte, was gesagt wurde. Ich zählte Fussel und Krümel und die Fäden, die herausstanden, las die Überschriften der Zeitungen, die in diesem kleinen Fach unter dem Tisch lagen. Dort, wo Fernsehzeitungen, Fernbedienung und Strickzeug nun einmal lagen. Ohne Widerworte, denn dass «Hast du was dazu zu sagen? Sag ruhig, was du denkst» eine Falle war, wussten wir alle. Versucht habe ich es dennoch, natürlich, ich war ja nicht nur schüchtern, ich war auch trotzig, und manchmal hatte ich den Mut aufzubegehren, also antwortete ich tollkühn und heroisch ab und an so etwas Törichtes wie «Ich finde nicht, dass ich da etwas falsch gemacht habe. Denn ich kann ja nichts dafür, dass …» oder noch verhängnisvoller «Aber beim letzten Mal hast du doch gesagt, ich solle es genau so machen …».

Ganz! Dumme! Idee! Niemand tadelt den König. Keiner ist so leichtsinnig und widerspricht wirklich. Das hat nämlich Konsequenzen und diese lauten: Liebesentzug. Erst wurde es laut. Dann wurden die Worte scharf genug, um zu schneiden. Und dann folgte die Verbannung in das eigene Kinderzimmer. Dort, so schloss er die Diskussion, die nie eine Diskussion war, sondern ein gebrüllter Monolog, dann regelmäßig mit den Worten ab, könne ich wieder herauskommen, wenn ich darüber nachgedacht hätte, was ich gerade falsch gemacht habe.

Vorher wolle man mich vorne, in der guten Stube, nicht mehr sehen.

Ich fand oft nicht heraus, was ich falsch gemacht hatte. Nicht einmal dann, wenn ich wirklich angestrengt darüber nachdachte. Also blieb ich hinten im Zimmer. Leise, um nicht zu stören, und ging mit einem frostigen «Gute Nacht» ins Bett anstelle des sonst üblichen «Schlaf gut, Kind, wir haben dich ganz doll lieb». Kinder, die nicht artig sind, hat man nicht mehr lieb. Das war die Regel. Und weil ich meinen Fehler nicht fand, fing ich irgendwann an, Fehler einzugestehen, die ich nicht einmal sah. Ja zu sagen, wenn ich gefragt wurde, ob ich verstehen würde, was ich falsch mache, und selbst die Fehler meines Vaters und die aller anderen als meine auszugeben, damit er mich wieder lieb hatte. Damit das Packeis in meinem Zimmer wieder abtauen konnte. Damit ich wieder gesehen wurde. Papa war Gott, und wir waren Papas Kinder. Sehr privilegiert, wenn andere uns etwas anhaben wollten; aber nichts und niemand steht über Gott. Und Gottes Liebe wollte ich unbedingt. Ich war jedes Mal unendlich erleichtert, wenn irgendwann abends leise die Tür aufging, Mama reinkam und leise sagte, dass Papa das so nicht meinen würde, dass ich ihn doch kennen würde, ich solle mir das nicht so zu Herzen nehmen, dass sie mich lieb hat und bestimmt bald alles wieder gut sein würde. «Kennst ihn doch.» Ja, sagte ich dann, und weil ich nicht wollte, dass sie sich schlecht fühlt, lächelte ich sie an, sie lächelte mich an, und wir gaben uns das Gefühl, dass das doch alles nicht so schlimm sei und wir im Grunde doch Verbündete sind. Am nächsten Tag hörte ich sie auf ihn einreden, wohlwollend und besänftigend, und irgendwann fiel dann mein Name. Wieder antreten. Zurück auf den Teppich, dorthin, wo ich stundenlang stand und den Weisheiten Gottes lauschte. Dort endlich gab es Absolution.

Ein letztes Mal Abbitte leisten, ein letztes Mal sagen, wie leid es mir tut und dass ich es beim nächsten Mal besser machen und keine Fehler mehr machen werde und dass es mir wirklich, wirklich, wirklich sehr leidtut. Und sagte ich schon, dass es mir leidtut? Auch, dass ich immer so emotional bin und dass ich ständig alles vergesse und dass ich einfach nie genug zuhöre und so verweichlicht bin. Dass ich so dick bin und so lahmarschig und so bequem, dass ich nicht genug Vorbild und zu wenig aufmerksam bin und man ja recht habe, dass ich an allem eigentlich selbst schuld bin. Das alles tat mir leid, und ich meinte es so. Und dann, wenn ich lange genug aushielt, kam endlich sein Lächeln und traf mich wie ein Sonnenstrahl, der durch eine Gewitterwolke bricht. Ein Lächeln, das die Situation entkrampfte, mich aus der Verbannung entließ, mir sagte, ab jetzt sei es wieder gut, mich von diesem elendigen Teppich fortbrachte, den ich hasste wie die Pest. Orange, Rot und Braun mit schwarzer Umrandung, welcher ehrenamtliche Aushilfs-Clown hatte sich diese Farbkombination ausgedacht? Das muss der gleiche Typ gewesen sein, der es für eine gute Idee hielt, Pfefferminzeis oder Kondome mit Knoblauchgeschmack herzustellen. Jede Wette, der mag auch total gerne ganz weich gekochten Rosenkohl. Lauwarm. Vom Vortag. Was sich meine Eltern dabei gedacht haben, sich so ein Teil zu kaufen, wird mir auf ewig ein Rätsel bleiben. Ich male mir aus, dass sie mit einer Waffe bedroht wurden oder der Teufel ihr Erstgeborenes gefordert hatte, wenn sie dieses Stück Geschmacklosigkeit nicht unter den heiligen Wohnzimmertisch legen. Vielleicht war der Teppich auch aus dem Boden gewachsen, und sie hatten den Kampf dagegen nach Jahren aufgegeben? Denn dass sie als junges Paar verliebt und Hand in Hand in einem Laden gestanden und unter all den Möglichkeiten ausgerechnet dieses Ungetüm gewählt hatten, will ich mir nicht vorstellen. Meine Eltern mögen nicht immer ganz einfach gewesen sein, aber derart geschmacklos waren sie nun auch wieder nicht. Hoffe ich.

In meinem Haus liegen keine Teppiche. Kein einziger, und nichts hier ist absichtlich orange.

Und dennoch ist es, als würde ich nach all den Jahren des Erwachsenseins immer wieder auf diesem Teppich landen. Nur dass es dieses Mal ein Sofa ist. Nicht das erste Sofa, auf dem es so ist. Nicht der erste Mann, mit dem es so ist. Die Orte wechseln, die Namen wechseln, die Teppichäquivalente wechseln, nur die Situationen wiederholen sich wie die schlechteste Version von «Und täglich grüßt das Murmeltier». Und sie werden schlimmer.

Neben mir liegt mein Kätzchen. Schwarz wie die Nacht, wirkt sie wie ein zusammengerollter Fellball in ihrem hellen, sehr kuschelig anmutenden Körbchen. Auch das ist weich. Wie alles hier. Das einzig Harte steckt in meiner Terrassentür fest und schwadroniert gerade ausgiebig darüber, weswegen er mich verklagen könne, und dass er auch überlege, es zu tun, wenn ich nicht einlenken würde, versteht sich. Dass ich generell auch wirklich gefügiger sein könne, der letzte Sex sei schon wieder ewig her. Sein Ausdruck von Ewigkeit erstreckt sich demnach über einen Zeitraum von unter zehn Tagen. Außerdem habe er mir meine Verfehlungen einmal aufgeschrieben und sie mir als Mail geschickt. Eine Excel-Datei mit Auflistungen all meiner Schwächen, und dem entgegengestellt all die Dinge, die er für mich täte, ganz ohne Gegenleistung. Ich habe die Mail geöffnet, es ist ein umfangreiches Dokument mit einem langen Anschreiben. Förmlich. Als wäre er mein Sachbearbeiter beim Finanzamt. Kühl. Unpersönlich.

Voller Sätze, in denen das Wort Liebe vorkommt. Kein einziger Satz, der voller Liebe ist. Stattdessen eine Aneinanderreihung von verletzenden Worten. Nicht, dass er mich beschimpfen würde, so simpel ist er nicht. Es ist viel perfider und einfacher, denn er kennt meine Schwachstellen, und geschickt, wie er ist, nutzt er sie. Hebelt mich mit Worten auf wie eine Auster und legt die verletzlichen Weichteile in mir frei. Nicht, ohne mir vorzuwerfen, dass die Perle, die in mir ruht, lila ist und nicht weiß, so wie er es gerne haben würde, aber das sei ja eigentlich klar gewesen, denn nicht einmal das würde ich ihm erfüllen, so einen einfachen Wunsch. Seitenweise. Tabellenweise. Er droht. Sehr subtil. Mit meinem Untergang. Verlust. Meinen Ängsten. Liebesentzug. Anwälten und der Androhung von Gefahr. Gefahr, in die ich mich bringen würde. Zwar geht sie von ihm aus, aber das sei meine Schuld, denn ich habe ihn erst dazu gebracht. Er sorgt dafür, dass ich mich klein fühle, verletzlich und in Schwierigkeiten. Ich fühle mich mies, und er liebt das. Mich zu behandeln, als sei ich Dreck unter seinen Schuhen, ist für ihn so einfach, wie Seifenblasen zerplatzen zu lassen, und genauso befriedigend. Fast könne man meinen, er empfinde dabei sexuelle Erregung, was er vermutlich auch tut. Je schlechter es mir geht, desto süffisanter sein Lächeln. Immer. Ein Lächeln, das so gut wie nie seine Augen erreicht. Ein gruseliger Umstand, der mir viel zu spät aufgefallen ist und den ich jetzt nie mehr übersehen kann.

Mein Kätzchen schnurrt wohlig in der Wärme und Geborgenheit des heimeligen Körbchens. Sie liebt meine Nähe, und ich empfinde die ihre als Schutz. Vermutlich ist sie kein allzu unüberwindbarer Gegner, aber sie hat scharfe Krallen, spitze Zähne und im Regelfall sehr miese Laune, und ich kann mich zu ihr retten. Mit den Gedanken zu ihr schweifen, behutsam über ihr Fell streicheln, mich daran festhalten, dass ich sie, wenn es hart auf hart kommt, immer beschützen würde. Es da jemanden gibt, für den ich stark sein muss. Den ich verteidigen muss, wenn er ihr in der Küche mal wieder aufs Pfötchen tritt, sie aufheult und er dann brüllt, ich solle dafür sorgen, dass das Scheißvieh aus dem Weg geht, sonst sorge er dafür, dass sie nirgendwo mehr hingeht. Mit meinem größten Küchenmesser auf sie deutend. Kein Lächeln. Auch nicht, als er mich wissen lässt, dass es eine Frechheit sei, dass ich ihn jetzt so entgeistert anschauen würde, schließlich sei es ihre eigene Schuld, wenn sie so im Weg herumliegen würde in seiner Küche. Die meine Küche ist. Auf dem Boden, den ich bezahle. In dem Haus, in dem er einstmals Gast war und jetzt Eindringling ist. Sie ist zierlich und nicht größer als das Messer in seiner Hand, mit dem er abwechselnd auf sie und dann auf mich deutet. Wütend, immer so wahnsinnig wütend. Während ich mich dafür verachte, so schwach zu sein. So anhänglich und liebesbedürftig und mit so wenig Selbstwert, dass meine Angst, ohne Liebe im Leben zu stehen, mich dazu bringt, lieber mit einem Mann im Raum zu sein, der mit einem Messer vor mir steht, als alleine zu sein.

Ich mag das Messer. Es war vor etlichen Jahren ein Verlobungsgeschenk. Ein anderer Mann, eine ähnliche Geschichte. Die Ehe hielt am Ende gerade mal 20 Monate, dieses Messer jedoch hält seit Jahren jedes Versprechen. Damaszener Stahl. Handgeschmiedet. Schwarzer Griff. Schwer. Groß. Mit beeindruckend scharfer Klinge und einem Griff, der perfekt in der Hand liegt. Wie gemacht für meine Hand und meine Leidenschaft zu kochen.

Ich bin froh, dass ich es habe. Verstaut in einer Messerrolle aus Leder, am ewig selben Platz in der Küche. Normalerweise.

Denn jetzt, in diesem Moment auf dem Sofa, ruht es gut verborgen unter dem Katzenkörbchen in meiner Hand.

Seit Stunden.

Diese Nacht wird ohne ein Blutbad enden, aber sie wird mich nachhaltig erschüttert zurücklassen. Verängstigt und mit dem Gefühl, einen Unfall erlebt zu haben.

Ich werde mit weichen Knien aufstehen vom Sofa. Ich werde in die Küche gehen und das Messer dorthin zurücklegen, wo es hingehört. Dann werde ich die Terrassentür schließen und anschließend ins Bad gehen. Stundenlang heiß duschen, bis ich mich nicht mehr so elendig und dreckig fühle, und wenn ich damit fertig bin, werde ich aufgeweicht vor dem Spiegel stehen. Groß, dick, nackt und mit dem Gefühl, am Boden zu liegen. Ich werde mich betrachten, verheult und alles andere als stark, und mir ein Versprechen geben. Das Versprechen, dass der nächste Mensch, dem ich meine bedingungslose Liebe schenken werde, auf den ich besser aufpassen und den ich achten und mit Respekt und Rücksicht behandeln werde, der Mensch ist, der das alles am meisten braucht und verdient.

Ich selbst.

Drei Uhr morgens

Der unwirklichste Ort der Welt ist das Klo in einem Club um drei Uhr morgens. Wenn einem der eigene Kopf vorkommt wie ein gut geschüttelter Cocktail aus gebrüllten Gesprächen, lauten Musikfetzen und den Dramen einer durchzechten Nacht und man sich dann aufmacht, vorbei an tanzenden, schwitzenden Körpern, um getrieben vom Puls dröhnender Bässe aufs WC zu flüchten. Mit dem Öffnen der Tür betritt man für eine kurze Zeit eine andere Welt. Eine Art Safespace inmitten des Gewusels auf der anderen Seite der Tür. Hier wird die Musik leiser, dafür der Bass drückender. Eine Atempause. Kurzes Sichsammeln. Kaltes Wasser in Gesichter und Nacken. Durch fremde Lippen großzügig verteilten Lippenstift beseitigen und neu auftragen. Die warme Stirn an kühle Fliesen legen. Ein Ausdruck von «Alles zu viel», den jeder kennt und niemand kommentiert. Eine Hand auf einer Schulter. Ein kurzes Drücken. Ein «Geht's?». Klar. Geht immer. Und wenn es nicht mehr geht, dann ist das hier auch okay. Hier, wo man in der Zeit, die es braucht, um Hände zu waschen und das Make-up aufzufrischen, Freundschaften schließt, Brüderschaft trinkt (ja, auch dort), sich ver- und entliebt, der nächstbesten Frau lautstarke Komplimente voll offener Anbetung entgegenschleudert und sie sich mit feuchten Augen und vielen Umarmungen revanchiert. Man kennt sich plötzlich, obwohl man sich noch nie getroffen hat und sehr wahrscheinlich auch nie wiedersehen wird. Man kümmert sich umeinander. Die eine plappernd, die andere still. Pflaster für den Schnitt vom runtergefallenen Glas. Blasenpflaster für die Fersen. Traubenzucker für den Kreislauf. Härteres für die Stimmung. Bürste für die Mähne, die nicht gebändigt werden will. Kurz nur da sein. Bauch nicht mehr einziehen. Das Marmor-Grinsen aus dem Gesicht massieren. Alle Frauen dort kennen das. Kennen sich. Menschen, die einem noch nie begegnet sind, erkennen einen plötzlich wieder, und weil man betrunken ist und weil man irgendwie Teil dieses Augenblicks ist und weil man nicht alleine sein will und weil es eben dieser komische Ort um drei Uhr morgens ist, spielt man jedes Spiel mit. Spiele ich jedes Spiel mit. Dort sind wir Schwestern, Geliebte, Freundinnen. Waffenstillstand am Spiegel. Eitelkeiten haben keinen Platz an einem Ort, an dem einer Klopapier am Schuh klebt. Hier erfährt man alles, was es über die Nacht zu wissen gibt. Wer mit wem und was passiert ist.

Habt ihr das auch mitbekommen?

Mit diesem Typen am Eingang?

War das nicht der, der auch mit der Barfrau rummachte? Oder war das der andere?

Hat jemand einen Tampon? Ich schwöre, ich blute immer dann los, wenn es nicht passt!

Das schwören wir immer alle.

Gott, ist der DJ heiß. Er spielt mein Lied.

Ich könnte schwören, ich kenne dich von irgendwoher.

Ladys, passt mein Lippenstift eigentlich gut zu mir?

Hat eine von euch ein Kondom?

Habt ihr die vorhin gesehen, wie die sich an den einen Typen rangemacht hat?

Ich bin ja nicht so eine.

Wir sind alle nicht so eine. Die anderen dort draußen, das sind echt komische Gestalten, und wenn wir hinausgehen, werden wir auch wieder zu diesen Gestalten, aber nicht jetzt.

Jetzt sind wir hier, und wir hier drin, wir sind eine Gemeinschaft. Ein Geheimclub mit stetig wechselnden Mitgliedern. Mitgliedschaftserwerb per Geburt. Bist du drin, bist du drin. Bist du auf der Tanzfläche, könntest du auch genauso gut auf einem anderen Planeten sein. Hier vor den Spiegeln gehört man dazu, ist man sich einig, hat man die gleichen Feinde, die gleichen Freunde oder interessiert sich einfach für niemanden. Auch das ist willkommen. Hier kommt man sich näher, als man oftmals denkt, fummelt man plötzlich einer wildfremden Frau mit klarem Nagellack im Schritt herum, weil da eine Laufmasche ist, die sie nicht so gut sehen kann. Greift man unter Oberteile, um BHs wieder zu schließen, die beim Tanzen ihren Halt verloren haben. Flickt man kleine Löcher, gerissene Schnallen, abgebrochene Absätze, gebrochene Herzen. Hier kramen wir jedes Werkzeug, jedes Heilmittel, jedes Trostpflaster aus den Untiefen unserer Handtasche. Du hast ein Problem? Der Geheimbund hilft dir, nimmt dich auf in seiner Mitte, bemuttert dich, spricht dir gut zu, hilft dir, rückt dir deinen Kopf zurecht, feiert dich und lästert über deine hässlichen Freunde. Alles, was du brauchst, hier bekommst du ein ganzes Life-Coaching im Zeitraffer. Als ginge es gleich nicht wieder raus auf die Tanzfläche, sondern in den Boxring. Und vielleicht ist das sogar so. Vielleicht ist das Frauenklo in einem Club das Äquivalent zur Ecke im Boxring. Kurz verschnaufen. Kurz setzen. Kurz reden. Dir sagen lassen, dass du die Geilste, Schönste, Beste bist. Du packst das. Du bist der Champ. Die Queen. Das Biest. Das ist nur Blut, lass dich davon nicht beeindrucken. Hier hast du Wasser. Freundliche Worte. Ein Klopfen auf den Rücken als Zeichen der Unterstützung. Go, Champ, go. Wieder raus mit dir. Raus zu den anderen. Dort bestehen. Dich dort beweisen. Runde für Runde, bis einer k. o. geht. Oder nach Hause.

Alkohol schafft, was das Leben häufig nicht vermag, es schafft Zusammenhalt unter völlig Fremden. Keine Stutenbissigkeit, sondern Support. Liebe für den, der sie gerade braucht. Liebe für jene, die sich gerade nicht lieben kann, und das heißt Liebe für alle reihum. Draußen können wir uns wieder mustern und abschätzig angucken, hier drin aber hat Tuscheln keinen Boden.

Hier stehen wir zu dritt in einer Kabine, halten dem Mädel mit den grünen Strümpfen die Haare zurück, während sie sich die Seele aus dem Leib kotzt. «Alkohol?», frage ich laut über das Dröhnen der Musik die mir unbekannte Frau in dem echt gut sitzenden Glitzerkleid, mit der zusammen ich dafür sorge, dass das Mädel mit den grünen Strümpfen nicht in ihrem eigenen Erbrochenen einschläft. «Tequila», ruft sie zurück.

«Scheiße!»

«Ja.»

«Vertrage ich auch nicht.»

«Ne, niemand verträgt Tequila», sagt das Glitzerkleid.

«Hmmm.»

«Und Liebeskummer.»

«Was?»

«Sie hat auch Liebeskummer. Deswegen der Tequila.»

«Ah. Scheiße!»

«Ja. Echt.»

«Vertrage ich ja auch nicht.»

«Tequila?»

«Ne, Liebeskummer.»

«Ne, ich auch nicht», meint Glitzerkleid.

«Ne, niemand verträgt Liebeskummer.»

«Hmmm.»

«Geiles Glitzerkleid.»

«Ja, findest du?»

«Klar! Voll so … glitzernd!» Ich bin geistreich, morgens um drei mit fremder Kotze auf den Schuhen.

«Das liegt am Glitzer!» Sie ist auch sehr scharfsinnig.

«Dachte ich mir schon. Hot.»

«Ja, ich wollte so ’nem Typen gefallen!»

«Klar. Und?»

Grünstrumpf würgt.

«Ne, wird nichts. Findet mich nicht so geil oder so. Waren verabredet. Schreibt aber nicht zurück. Hat mich hier sitzen lassen. Das dritte Mal jetzt. Und ich Idiotin geb dem natürlich noch eine Chance.»

«Scheiße.»

«Ja. Egal.»

«Ja?»

«Ja. Egal.»

«Okay.»

«Ne. Eigentlich nicht egal. Aber egal.»

«Ja verstehe. Männer, hm?» Ich Smalltalkqueen laufe zu Hochtouren auf.

«Ja. Egal. Wir können ja nicht alle kotzen.» Ihr Lächeln ist so unecht wie meine Haare.

«Stimmt. Ist auch zu eng hier.»

«Willst du ’nen Schluck?», fragt Glitzerkleid und hält mir eine PET-Flasche hin.

«Wie hast du die denn hier reinbekommen?»

«Tja.»

«Ach so. Was ist denn das?»

«Tequila.»

«Ah. Ja klar. Soll ja super bei Liebeskummer helfen, habe ich mir sagen lassen.»

«Geht so.»

«Ich halte dir die Haare nachher hoch.»

«Und ich dir.» Kleiner-Finger-Schwur. Erwachsenen-Edition.

«Das ist 'ne Perücke. Die nehme ich dann ab.»

«Praktisch.»

«Ja. Beim Kotzen schon.»

«Hmmm.»

«Ich muss mal kurz.» Ich mache eine Geste in Richtung der leeren Kabinen.

«Ja, klar.»

Das Klopapier auf solchen Clubtoiletten ist immer leer. Nicht weiter schlimm, ich habe Taschentücher dabei. Irgendwo in meinem BH. Dort, wo ich auch mein Handy, meine EC-Karte, meinen Haustürschlüssel und meinen Perso verstaut habe. Brüste können äußerst praktisch sein. Ich gehe jede Wette ein, dass Glitzerkleid die PET-Flasche auch aus ihrem Ausschnitt gezaubert hat, weil Handtaschen beim Betreten eines Clubs durchsucht werden. Kein besserer Ort für Club-Schmuggelware als ein gut sitzender BH.

Draußen am Waschbecken treffe ich Glitzerkleid wieder. Sie hat es irgendwie geschafft, Madame Grünstrumpf aus der Kabine zu zerren und an ein Waschbecken zu lehnen. Ich zolle ihr gedanklich meinen Respekt, sie wischt sich verschmierte Mascara unter den Augen weg. Grünstrumpf steht neben ihr, die auch locker als Grünnase durchgehen würde. Sofern man das Festklammern am Waschbeckenrand denn «Stehen» nennen möchte.

«Bist du öfter hier?», fragt Glitzerkleid. Ein wenig zu leise, obwohl sie beinahe brüllt. Die Bässe machen mich taub und sie leise.

«Ab und an», erwidere ich und frage mich, warum ich mich jedes Mal aufs Neue darüber wundere, dass nie Seife im Seifenspender ist.

«Hast du Seife?»

«Ne. Das nervt auch so hart, hier ist nie Seife.»

«Ich habe Shampoo!», ertönt es aus einer der Kabinen. Kurz darauf rollt ein kleines Fläschchen unter der Tür hervor. Natürlich hat eine immer Shampoo. Eine hat immer etwas, das alle brauchen.

«Top. Danke», antworte ich und hebe es auf.

«Ja, ne, kein Ding.» Die Stimme aus dem Off. «Die Seife ist hier ja immer leer.»

«Ja, ich weiß.» Weiß ich tatsächlich.

«Ist da noch Klopapier?»

«Machst du Witze? Aber ich habe Taschentücher.»

Dinge wechseln unter geschlossenen Klotüren hindurch den Besitzer wie Waren auf einem Markt. Ungeniert und ohne großes Aufsehen.

«Ich sehe aus wie Arsch, das nervt echt immer so», meint Glitzerkleid.

«Ich bin so im Arsch», lässt Grünstrumpf verlauten.

«Der Typ ist ein Arsch!», kontert Glitzi.

«Ärsche sind so euer Ding, was?», murmle ich und bekomme das Shampoo mit nassen Händen nicht auf.

Zur Antwort übergibt Grünstrumpf sich ins Waschbecken. Niemanden stört es groß.

Frauen, die sich auskotzen, kennt man hier. Ob nun Tequila aus dem Magen, Gedanken aus dem Kopf oder Männer von der Seele.

«Ich schwöre, für eine dicke Frau bist du voll schön! Echt jetzt. Ist sie doch, oder?» Miss Glitzer stößt Grünstrumpf diese Worte samt Ellenbogen in die Seite. Diese nickt nur. Wir wissen alle, dass sie nicht mal mehr ihr eigenes Spiegelbild erkennt, geschweige denn mich.

Die Tür geht auf. Wieder zu. Gespräche über geschlossene Kabinentüren hinweg. Laut. Lachend. Eine weint. Eine weint immer. Eine tröstet immer. Grünstrumpf kotzt. Auch das tut eine immer.

«Bist du alleine hier?» Eine Frage von Glitzerkleid, die nur auf Frauenklos ohne Anzüglichkeiten verstanden werden kann.

«Ja. Quasi.»

«Ah. Und was suchst du hier?»

«Weiß nicht. Meine Würde, schätze ich.» Klang nicht so witzig, wie ich wollte. Vermutlich, weil zu viel Wahres dran ist.

«Scheiße.»

«Ja.»

«Und? Hast du sie schon gefunden?»

«Ne.»

«Scheiße.»

«Ja.»

«Wegen 'nem Typen?»

«Ja. Irgendwie.»

«Kenn ich.»

«Klar. Wir alle.»

«Hm. Nervt.»

«Wie fehlende Seife?»

«Mehr so wie Kotze von Schuhen wischen.»

Ich lache.

Sie lacht.

In einer Kabine rauscht Wasser.

Grünstrumpf würgt.

Ich heule los.

«Ist noch was vom Shampoo da?», fragt die Shampoofrau und tritt an den Spiegel.

«Klar.»

«Cool. Danke.»

«Ne, ist ja deines. Danke.»

«Was ist los? Warum weinst du?»

«Wegen 'nem Typen», sagt Glitzerkleid.

«Ah. Wie jede hier.»

«Ja.»

«Scheiße.»

«Ja.»

«Na ja, und irgendwie wegen mir», sage ich. «Weil ich so scheiße noch mal ich bin. Versteht ihr?»

«Klar! Voll!», versichern alle um mich herum.

«Kann ich was für dich tun? Vielleicht habe ich was in meiner Handtasche, warte mal.»

Shampoolady wühlt.

«Ist da das Rezept für Selbstliebe drin?», witzle ich nur halb im Scherz.

«Ha. Nee. Aber Schokolade und Pillen. Das ist fast wie Selbstliebe.»

Shampoolady macht ein mitfühlendes Gesicht.

Glitzerkleid tupft Grünstrumpf Stückchen vom Mund.

Ich schniefe laut.

«Scheiße.»

«Ja. Geht schon.»

«Sorry. Jetzt hast du nicht mal mehr ein Taschentuch. Was haben die auch nie Klopapier hier in diesem Schuppen?!»

«Schon okay.»

«Ey, nicht weinen, für eine dicke Frau bist du voll schön.»

«Ich hasse es, wenn Menschen das sagen, aber danke.»

«Ja echt! Voll schön!»

«Glitzi, DU bist schön. Leckofant. Guck dich mal an!»

«Ja. Ich bin eine Scheißqueen. Eine Scheißqueen, die er nicht will.»

«Wir sagen zu oft Scheiße.»

«Scheiß drauf.»

Ich will nicht hier sein, und dennoch bin ich an keinem Ort lieber als hier. Morgens um drei. Zu der Stunde, in der es zu früh ist, um nach Hause zu gehen, und zu spät, als dass der Abend noch gut werden könnte. Verheult vor dem Spiegel und mit so viel Wut, Zweifel, Fragen und Orientierungslosigkeit. Umgeben von Frauen, die alle ihre ganz eigene Geschichte erzählen. Nicht mit Worten, sondern mit ihrem Auftreten. Mit Miedern unter Kleidern. Mit Nachrichten an den Typen, der nicht antworten wird. Mit grüner Gesichtsfarbe und einem Kater aus der Hölle am kommenden Morgen. Mit einer Spur zu viel Make-up, zu hohen Schuhen, dem einen Augenblick zu langen Blick in den Spiegel, der immer eine Nuance zu kritisch ist. Korrektur. Haltung. Puder und dann wieder Lächeln gegen den ewig gleichen Kampf. Gegen die da draußen, versichern wir uns gegenseitig. Gegen uns selbst, denke ich, während auch ich mein Mieder unter meinem Kleid richte, mich für mein Aussehen im Spiegel tadle, mich zwinge, nicht aufs Handy zu schauen, um zu sehen, ob er vielleicht geschrieben hat, und mich dafür hassend, dass ich so schlecht Schlussstriche ziehen kann. Und währenddessen meine vom Heulen roten Augen mit kaltem Wasser zu beruhigen versuche.

Der Autor Francis Scott Fitzgerald schrieb einst: «In einer wirklich dunklen Nacht der Seele ist es immer drei Uhr morgens, Tag für Tag.» Mein Lieblingszitat. Vielleicht, weil ich so sehr fühlen kann, was er damit ausdrückte. Vielleicht auch nur, weil ich mir mein eigenes Bild dieser merkwürdigen Nachtzeit mache. Drei Uhr morgens, eine Uhrzeit und ein Gefühl. Die Morgenstunde, in der es sich so erschreckend gut grübeln lässt, wieder und wieder, wenn man wachliegt, statt zu schlafen. Eine Uhrzeit wie gemacht für Ängste, Sorgen, Ausweglosigkeiten und Hoffnungslosigkeit aller Art. Ich kenne das. Ich lag oft wach. Oft alleine. Viel zu oft nicht alleine, obwohl ich es gern gewesen wäre. Ich wartete so viele Nächte schon auf den Sonnenschein. Mir immer sicher, dass, wenn es hell wird, das Licht die Schwere dieser Stunde zurück in die Ecken des Schlafzimmers drängt. Dann verkriechen sich die Grübeleien der Nacht wieder zu den Staubmäusen unter die Schränke und warten dort geduldig bis zur nächsten wachen Nacht auf mich.

Und obgleich das vielleicht überraschend klingt, mag ich die Drei-Uhr-morgens-Version von Menschen doch am liebsten. Die ehrliche, unmaskierte, rohe Version. Die, die mich wissen lässt, dass auch sie keine Ahnung haben, wie das Leben funktioniert, wie man geliebt wird und vor allem so ganz und gar nicht, wie man es um Himmels willen schafft, sich selbst zu lieben. Die Version, der man die Sehnsucht ansehen kann, jeder mit seinen ganz eigenen Gründen dafür. Voller Suche, voller blanker Emotionen. Immer ein wenig kaputter als zu allen anderen Tageszeiten. Vielleicht, weil ich mich dann nicht so alleine fühle. Das Gefühl habe, mein Inneres nicht so gut camouflieren zu müssen. Vielleicht, weil es mir hilft zu wissen, dass ich nicht alleine bin mit all meinen Katastrophen, und vielleicht auch, weil ich mich Menschen mit Sehnsüchten und inneren Kämpfen und Dämonen näher fühle als jenen, deren Welt nie aus den Angeln gerutscht ist. In Begegnung mit den wunden Seelen fremder Menschen, die alle selbst suchen, fühle ich mich nicht mehr so sonderbar.

Miss Glitzerkleid hat die Restauration ihrer Frisur hinter sich gebracht und bläst in Richtung ihrer grünlichen Freundin gen Aufbruch. Er wird jetzt enden, dieser Moment, in dem wir uns fremd und zugleich sehr nah waren. Drei unglückliche Frauen. Alle vor einem Spiegel. Und eine Frau mit Shampoo und Schokolade und Pillen gegen Traurigkeit.

«Wir sehen uns später, ja? Dann tauschen wir Nummern!», ruft Glitzerkleid über das Poltern der Bässe hinweg.

«Klar!», nicken wir alle zuversichtlich und wissen ganz genau, dass das nie passieren wird und auch nicht passieren muss. Wir haben uns gegeben, was wir geben konnten. Genommen, was gerade gebraucht wurde. Wir sind uns nichts schuldig. Nicht uns gegenseitig. Nur uns selbst.

Ich schulde mir noch ein Leben. Ein drei Uhr morgens ohne Gedankenkarussell. Eine Version von mir, die mich nicht ausklammert, und den Mut, ein kleines bisschen mehr für mich übrigzuhaben.

Francis Scott Fitzgerald schrieb auch: «Wir müssen diesen schrecklichen Ort morgen verlassen und nach Sonnenschein suchen.»

Ja, Francis, morgen suchen wir nach Sonnenschein. Morgen. Nach drei Uhr morgens.

Scham und Erdbeertörtchen

Ich habe ein Erdbeertörtchen vor der Nase stehen, als mein Blick durch das Fenster hindurch auf den in Sonnenlicht getauchten Hamburger Hauptbahnhof fällt. Ein schönes, üppiges Gebäude, das von vorn aussieht, als sei es aus der Zeit gefallen. Ein Palast mit zu viel Glas. Ganz besonders dann, wenn er so von der Sonne beschienen ist wie in diesem Moment. Mit Honig glasierter Stein und Stahl. Im Stile der Neorenaissance, das wollte Kaiser Wilhelm II. so, meint Google. Natürlich musste ich das googeln, denn um ehrlich zu sein, habe ich keine Ahnung von Baustilen. Ich halte es mit Gebäuden so wie mit Wein. Unterscheiden kann ich nur in genau zwei Kategorien: Mag ich und mag ich nicht. Es mag sein, dass mich das in Sachen Wein und Architektur zu einem Banausen macht. Aber ich mag Schönes, und ich mag Genussvolles. Mehr muss ich über manche Dinge nicht wissen. Ich sehe weder genaue Baustilnuancen, noch habe ich bei Wein jemals so etwas wie «vollmundig schokoladig mit Anklängen von Jakobsmuschel, Pflaume im Abgang und Zeder im dritten Kreis der Jungfrau» geschmeckt. Ich mag trockenen Wein, und ich mag schöne Gebäude. Manchmal bin ich doch sehr simpel.

Er steht dort, als habe er sich für den Tag herausgeputzt, während zu seinen Füßen Miniaturmenschen zwischen Taxistand, geparkten Autos, Fahnenmasten und allerlei Hindernissen aus Koffern, weiteren winzigen Menschen und Fahrrädern umhermanövrieren. Ein bunter Ameisenhaufen, der um diese Zeit immer sehr geschäftig wirkt. Natürlich ist niemand dort unten wirklich so klein, aber von hier oben, von diesem Büro aus, in dem ich sitze, wirkt alles beruhigend weit weg. Der Hauptbahnhof in Hamburg ist der meistfrequentierte Fernbahnhof Deutschlands, und er ist über 100 Jahre alt. Ich finde, dafür hat er sich ziemlich gut gehalten. Über eine halbe Million Reisende schieben sich jeden Tag über die Bahnsteige in die Wandelhalle und werden von dort aus in die Stadt oder zu einem anderen Zug gespült. Ein hektisches Treiben, und vor wenigen Minuten war ich selbst noch Teil dieses geordneten Chaos. Würde man mich fragen, wie man einen typischen Hamburger ausmachen könnte, so würde ich sagen, man erkennt ihn daran, dass er sich im Hauptbahnhof bewegen kann. Mir ist das schon öfter aufgefallen, und ich kenne es auch von mir. Dieser Ort hat Regeln und einen eigenen Rhythmus. Die Menschen pulsieren durch den Bahnhof wie Blut durch Venen, und man passt sich diesem Rhythmus entweder an oder läuft gestresst Slalom durch die Menschenmengen. Letzteres tut man vor allem dann, wenn man den Rhythmus nicht kennt, weil man nur zu Besuch ist. Den Beat nicht spürt, nach dem sich alles richtet. Ich fühle mich genauso an Bahnhöfen anderer Städte, in denen ich nicht jede Ecke kenne und die Musik nicht hören kann, zu welcher die Ortskundigen über die Bahnsteige tanzen. Vielleicht macht das einen echten Stadtbewohner aus. Nicht die Frage, wo man geboren wurde oder ob man die entsprechende Mundart kennt, sondern die Frage, ob man unfallfrei über den Hauptbahnhof eilen kann oder in einer Freitagnacht allein auf dem Kiez Angst hat. Ich kenne keinen Hamburger, der sich da fürchtet. Es ist auch hier der Rhythmus und die Kenntnis der ungeschriebenen Regeln. Wie vermutlich allerorts.

Wenn ich das Besondere dieser Stadt in den Köpfen anderer malen möchte, kommen mir als Erstes der Hafen, die Alster, die Speicherstadt in den Sinn, und das Gefühl, eigentlich direkt am Meer zu leben. Ich schätze, im Grunde hält sich jeder von uns für einen Piraten, Wikinger, Handelstreibenden oder Seefahrer. Wir wissen im Grunde, dass wir nicht am Meer leben, aber wir sind sehr nah dran, und das zählt. Weil wir den Hafen haben, weil hier überall Wasser ist und weil man als Hamburger mit gnadenloser Verklärung auf seine eigene, umwerfend schöne Stadt blickt. Ich bin mit Anker im Herzen geboren, so würde mein Vater es vermutlich ausdrücken, und so drücke ich es heute auch aus. Groß geworden mit einem Mann, der, wenn er aufgeregt ist, sehr verärgert oder voller Freude, automatisch anfängt, Plattdeutsch zu sprechen. Geschimpft wurde auf Platt. Gelobt auch, und später, viel später, als ich schon längst erwachsen war, da lernte ich, wie «Ich bin stolz auf dich» auf Plattdeutsch klingt. So wie Hamburg eine Farbe, ein Wappen und eine Erscheinung hat, so hat es auch einen Klang. Wenn ich nachts im Bett liege, die Fenster aufhabe und der Wind richtig steht, kann ich die Hörner der auslaufenden und einlaufenden Schiffe hören. Am besten schlafe ich beim Klang fallenden Regens, beim Plätschern von Wasser, und es ist mir auch egal, ob dabei der Boden wankt oder nicht. Hamburg klingt nach eiligen Schritten, nach rauschendem Lärm auf Vergnügungsmeilen, nach Musik und Möwen und dem Phänomen absoluter Stille in einer Sommernacht. Hamburg geht kollektiv schlafen, und wenn man möchte, hat man das Gefühl, der einzige Mensch in einer Metropole zu sein, dessen Lokalspezialität aussieht wie rosa Erbrochenes. Labskaus. Eine Pampe aus Cornedbeef aus der Dose, Kartoffelpüree und Roter Beete. Garniert mit saurer Gurke und Spiegelei sieht es aus, als hätte ein betrunkener Koch es aus einer explodierten Küche gerettet und serviert. Klingt fürchterlich und ist unverschämt gut. Diese Stadt ist ein riesiges Dorf, und man kann sich hier im gleichen Maße verlieren wie sich darüber wundern, dass man ständig Menschen trifft, die man kennt, egal, wo man hingeht. Es stimmt nicht, dass der Hamburger unnahbar und kühl ist, nur vielleicht ein klein wenig stur, eigen und ab und an verschroben. Ich liebe meine Stadt. Die übrigens mir gehört. Auch das ist eine Eigenschaft von Hamburgern: Die Stadt wird nicht bewohnt, sie ist Besitz und Heimat zugleich. Mehr Identität als bloßer Wohnsitz. Eine Lebensphilosophie aus Rotklinker. Stadt mit nur zwei Jahreszeiten: Frühling und Herbst. Dazwischen ein paar Tage gar kein Wetter, fünf Tage fahrbahnschmelzende Gluthitze, die wir dann Sommer nennen, 23 Schneeflocken und ein bisschen Bodennebel. Irgendwo zwischen Hipster-Muttis mit Kurkuma Chai Latte, Designerregenjacke und Terminentbindung nach Planschwangerschaft auf der einen Seite und Arbeiterhänden, Fischauktionshalle, Seemannsgarn und Handwerkerfamilien auf der anderen. Es gibt ein altes Hamburg, ein neues Hamburg, ein reiches, ein armes und eines, das nur in den Köpfen seiner Einwohner existiert. So wie in meinem. Auf ewig verklärt romantisch. Und das mit voller Absicht.

Auch hier drin, in diesem Büro, in dem ich sitze, zwischen den Zeilen dieses Gebäudes und dem Herzschlag dessen, was hier ersonnen, getan, erschaffen und umgesetzt wird, ist alles irgendwie Hamburg. Hanseatisch. Würdevoll und trotzdem modern mit einer liebevollen Patina aus Erinnerungen und Historie. Es geht schon beim Betreten des Gebäudes los. Empfangen wird man am Eingang von zwei mächtigen Atlanten, welche die Last von über einem Jahrhundert Geschichte zu tragen scheinen. Hinein kommt, wer klingelt oder einen Schlüssel hat, aber nicht durch eine Tür geht man, sondern durch ein in eine Sandsteinfassade gefasstes Tor. Schwer und angemessen eindrucksvoll erlaubt es den Einlass. Niemand hier hinter diesen Toren mag oder macht halbe Sachen. Durch ein Treppenhaus, das aussieht, als hätte man das Wasser aus einem sehr tiefen und sehr alten Schwimmbad ablaufen lassen, um dadurch über eine ausladende Treppe in die geheimen Hallen einer verborgenen, geschäftigen Gedankenauffädelei zu kommen. So gelangt man zu den Etagen, in denen geschriebene Geschichte ein Gesicht bekommt. Hier entstehen kleine und sehr große Wunder, und ich fühle mich beim Betreten dieses Hauses immer ein wenig eingeschüchtert. Im besten Sinne. Staunend, verblüfft ob der Schönheit einer Zeit, die ich nicht kenne, und immer ein klein wenig orientierungslos. Ich habe es bis zum heutigen Tage noch nicht ein einziges Mal geschafft, den richtigen Fahrstuhl in die richtige Etage zu nehmen oder gar das richtige Büro von allein zu finden.

Ich bin zu spät dran. Das bin ich ausnahmslos immer, wenn ich, so wie heute, im Verlag mit meiner Lektorin verabredet bin. Aus irgendwelchen Gründen habe ich es in all den Jahren noch nicht ein einziges Mal geschafft, meine Termine hier pünktlich wahrzunehmen. Nicht einmal dann, wenn ich die Treffen bei mir zu Hause stattfinden lasse. Denn auch dann verschiebe ich in letzter Sekunde auf eine oder zwei Stunden später. Warum das so ist, blieb mir bisher ein Rätsel.

Das Erdbeertörtchen vor mir ist von der gleichen Frau, die auch dafür sorgt, dass ich in gleich mehrerlei Hinsicht nicht die Orientierung verliere. Im Treppenhaus von Rowohlt, auf dem Weg in ihr Büro oder beim Schreiben. Meine Lektorin, die Frau, die mit stoischer Gelassenheit und gnadenloser Geduld mein Nie-pünktlich-sein-Können erträgt. Keine Ahnung, wie sie das macht. Muss irgendwas mit Magie oder Voodoo zu tun haben, aber ich bewundere sie dafür sehr. Auch dann, wenn es Erdbeertörtchen gib. Ich mag keine Erdbeertörtchen. Das liegt an den Erdbeeren. Zwar mag ich Erdbeeren an sich total gerne, aber eben nur als Erdbeeren. In Eis, verbacken oder sonst wie verarbeitet verabscheue ich den Geschmack von Erdbeeren zutiefst. Am schlimmsten sind sie, wenn sie mit lauwarmer halbfetter H-Milch übergossen wurden, nachdem man sie zuvor gezuckert hat, oder noch schlimmer: als Aroma. Püriert gehen sie gerade noch. Vorzugsweise dann, wenn sie als Sauce über Spaghettieis gegossen wurden. Was normalerweise unser Ritual bei Treffen ist. Ich erscheine oder öffne meine Haustür, beides viel zu spät. Sie hat Spaghettieis dabei. Wir setzen uns hin. Ich erzähle ihr fünf Stunden lang, was in meinem Kopf so passiert und dass ich das alles nicht hinbekomme. Das Schreiben. Dass ich niemals rechtzeitig fertig werde und dass das dann niemand lesen wird, weil ich ja eigentlich nichts kann und dieses Mal – jetzt aber wirklich – fürchterlich scheitern werde, das Buch eine Katastrophe wird und auch sonst die Welt zusammenbricht. Sie nickt verständnisvoll, schafft es gut, nicht laut zu lachen, und nimmt mir dann, mit einer unnachahmlichen Mischung aus Häme und Liebe, den Wind aus den Segeln. Wie gesagt, Voodoo.

Mir jedoch heute ein Spaghettieis hinzustellen, wenn man doch weiß, dass ich sicher locker einen halben Tag zu spät erscheine, wäre vergebene Mühe. Dann würde alles schmelzen und zu einer Vanille-Erdbeer-Sauce werden, und diese wiederum, nun, man kann es sich denken.

Und doch, ich freue mich über dieses Törtchen, weil ich es mit so viel Freude überreicht bekam. Und mit den Sätzen: «Wie ich meine Autorin kenne, hast du noch nicht gefrühstückt. Magst du Erdbeertörtchen? Sie hatten nichts, was sonst gut aussah, deswegen die. Du setzt dich hin, ich hole Kaffee. Bin gleich wieder da.» Spätestens jetzt liebe ich Erdbeertörtchen. Für immer. «Erdbeertörtchen sind toll, danke!» Dieses hier ist toll. Erdbeertörtchen for President. Mit Keksboden. Läuft.

Ich habe eine Schreibblockade, das ist der Grund, warum wir uns treffen. Lange, sehr lange, bevor das erste Wort zu diesem Buch geschrieben sein wird, fiel der Entschluss, es überhaupt zu schreiben. So ein Buch hat bis zu seinem Erscheinen im Regelfall einen langen Vorlauf, und ich weiß seit geraumer Zeit, dass ich es schreiben werde. Das «Dass» war auch nie das Problem. Das «Wie» jedoch bereitet mir Kopfzerbrechen. Ich schreibe oft, ich schreibe viel, ich schreibe alles selbst, aber dieses Mal hänge ich zum ersten Mal so richtig fest. Nicht über Tage, sondern Monate. Vor der riesigen Wand eines weißen Blattes Papiers, und ich finde keinen Anfang. Also sitze ich im Büro meiner Lektorin und schildere meine Gedanken und Sorgen. Ob Lektorinnen und Lektoren wohl Sonderzuschlag für therapeutische Leistungen erhalten? Meine hätte es sehr verdient.

«Was hält dich davon ab, loszulegen?» Die Frage stand seit geraumer Zeit im Raum, und ich mag die Antwort darauf nicht. Damals nicht. Heute nicht. Nie.

Ich schäme mich. Das möchte ich antworten. Ich kann nicht anfangen zu schreiben, weil das der Satz ist, der dann aus mir rauswill, und ich habe Angst, dass ich ihn, wenn ich ihn einmal ausgesprochen habe, nicht wieder zurücknehmen kann. Ich habe Angst davor, was es mit mir macht, wenn ich darüber schreibe. Wie es mich verändert oder den Blick anderer auf mich. Wenn ich schreibe, wie sehr ich mich dafür schäme, dass ich mich so schwach und emotional ausgeraubt und ausgelaugt und körperlich wie seelisch missbraucht fühle. Und mich nicht nur so fühle, sondern es auch bin. Ich hasse es, das zu sagen, weil ich mich so klein und erbärmlich fühle, wenn ich das laut ausspreche. Es ist in meinem Kopf schon ein so schlimmer Gedanke; wie wird es sein, wenn er erst einmal auf Papier steht und es dann jeder lesen kann? Das ist doch der Grund, warum so viel Gewalt passiert und so wenig darüber gesprochen wird. Warum man Täter nicht anzeigt, Partner nicht verlässt, Situationen nicht entkommt. Weil man sich so elendig schämt und weil das Gefühl so viel größer scheint als man selbst. Ich fühle mich für alles selbst verantwortlich, und ich bin es zu einem gewissen Teil sicherlich auch. Das weiß ich. Und ich hasse es, das zu wissen. Als wäre ich das Schaf, das sich selbst immer wieder zur Schlachtbank führt. Sehenden Auges. Immer rein in die nächste Runde Beziehungskrise. Jedes Mal ein klein wenig schlimmer. Ein klein wenig verletzender. Ein klein wenig würdeloser. Ich schäme mich. Und ich möchte das nicht sagen, aber ich habe das Gefühl, genau das sagen zu müssen. Weil ich meine Geschichte nicht erzählen kann, wenn ich nicht so ehrlich bin, das auch zu sagen, aber es ist so ein schlimmes Gefühl. Scham ist so übermächtig, so erniedrigend, so abscheulich ungefiltert. Ich trage das jeden Tag mit mir herum, und es erdrückt mich. Frisst mich auf und raubt mir meinen Mut und meine Worte.

Ich schäme mich für mich und dafür, dass ich das alles immer wieder mit mir habe machen lassen. Jede Berührung. Jedes noch so beknackte Psychospielchen. Nicht nur das gebrochene Herz. Sondern auch den Sex, mit dem ich mir Liebe und Zuneigung erkaufe. Mein Körper als Währung ohne Wert. Als stünde ich zum Ausverkauf. Das ständige Ja-Sagen, nur damit Ruhe ist. Vermeintlicher Frieden herrscht. Das Buhlen um die Anerkennung irgendeines Bastards, der mich am Ende eines

Tages dann in Grund und Boden brüllt. Das ewige Laufen wie auf rohen Eiern, bloß keinen Fehler machen, damit ich den Drachen nicht wecke, keinen Zorn auf mich lade, mich nicht wie ein kleines Mädchen behandeln lassen muss. Und mich wie ein kleines Mädchen aber auch nicht wehre, wenn es dann passiert. Ich schäme mich dafür, dass ich alles auf die Reihe bekomme, nur mein verfluchtes, kaputtes Herz nicht. Ich kann für jeden da sein, nur für mich nicht. Das ist wie verhext. Ich schaffe es, jeden zu retten, mich aber nicht. Und ich kann nicht um Hilfe schreien, weil ich mir nicht helfen lassen kann. Weil ich dann erzählen müsste, was los ist. Mit mir. Mit den Typen. Mit allem. Dann müsste ich sagen: «Nee, das ist keine Phase, das geht schon seit Jahren so, ich habe nur nie etwas gesagt.» Und auch, dass ich nicht mehr kann, nicht mehr durchhalte und Hilfe brauche. Ich schäme mich vor mir selbst, weil ich zurückkrieche zu einem Dreckskerl, der an meinem Geburtstag mit mir Schluss macht. Einfach nur so. Weil er es kann, weil er Spaß daran hat, mir weh zu tun, weil er nur zu gern an meinen Wunden leckt und weil er weiß, dass ich mein komplettes Herz an ihn gehängt habe. Dass er am längeren Hebel sitzt und ich viel zu lang brauchen werde, um zu entkommen. Weil ich das immer tue. Zu viel geben. Immer all-in. Alles auf Sieg. Weil ich einfach nicht weiß, wohin sonst mit meinem tiefen Bedürfnis zu lieben und verliebt zu sein und diesen scheißvielen Gefühlen. Das bricht mir immer wieder mein Genick, und das ist mir so viel mehr als nur unangenehm. Weil ich nicht einmal genügend Worte habe, um das alles zu beschreiben, weil ich mir lächerlich vorkomme und weil ich mich davor fürchte, nicht erklären zu können, was psychischer Druck, Gewalt und Unsicherheit mit einem machen. Wie beschreibt man denn einen Schmerz, den man nicht sehen kann? Wunden, die nicht bluten. Gewalt, die ohne

Schläge auskommt. Ich schäme mich für meine Kraftlosigkeit, nicht einfach aufzustehen und zu gehen, einfach Ungesundes hinter mir zu lassen, einfach rechtzeitig eine Beziehung zu beenden und nicht erst dann, wenn diese mich fast schon umgebracht hat. Wörtlich wie metaphorisch. Wie soll ich darüber schreiben? Wie soll ich das sagen und dann wieder vor die Tür gehen? Wie soll ich jemals über Stärke sprechen, wenn ich mich in meinen dunkelsten Momenten so schwach und vernichtend winzig gezeigt habe? Wenn doch alle glauben, ich sei richtig tough. Und ja, das bin ich meistens auch, aber eben nur meistens und nicht immer. Ich bin es im entscheidenden Moment einfach nicht schnell genug. Nämlich immer dann, wenn ich mich selbst retten müsste. Vor Verletzungen. Vor einem Kerl. Vor einem Leben, das ich so nicht führen will. Vor Sex, den ich nicht haben will. Vor einer Berührung, die ich nicht fühlen will. Ich bin eine intelligente Frau. Erwachsen. Erfolgreich. In den meisten Bereichen wirklich gut aufgestellt. Ich bekomme alles irgendwie hin. Mal besser, mal schlechter, aber ich beiße mich durch und bin in vielen Dingen wirklich richtig gut. Ich bin talentiert, finde mich meistens ganz ansehnlich und habe sehr viel zu bieten. Ich habe die besten Freunde der Welt. Menschen, denen ich blind vertraue. Menschen, die mir folgen, mich nach Rat und Halt fragen und immer bekommen, wenn ich kann. Ich bin nie alleine. Eigentlich bin ich echt okay. Klar, ich bin nicht ganz dicht, aber ich bin liebenswürdig, schenke ehrliche Aufmerksamkeit, Liebe, Respekt, Loyalität. All das. Aber wenn es um Männer geht, langt das alles nicht. Lange ich plötzlich nicht mehr. Bin ich mir nie genug wert, um mich in allererster Linie um mich selbst zu kümmern. Stattdessen halte ich aus. Jedes Wort, jede Beschimpfung, jede Demütigung, jede Verletzung, jeden emotionalen Terror. Gebe ständig recht. Stecke viel zu ungesund zurück. Halte meinen Mund, damit auch alles schön ist in dieser Scheinwelt einer wirklich vergifteten Beziehung. Nur damit ich nicht verlassen werde. Während mein Kopf mich anbrüllt, ob ich eigentlich bescheuert bin und ob ich denn nicht merke, was da alles passiert und dass das falsch ist. Natürlich merke ich das! Ich renne sehenden Auges in die ausgestreckten Waffen anderer Menschen. Ich möchte so sehr glücklich machen und glücklich sein, dass mir der Punkt, an dem ich selbst nicht mehr glücklich bin, so lange egal ist, bis ich zusammenbreche. Nicht im übertragenen Sinne, sondern im medizinischen. Ich finde mich in den unmöglichsten Situationen wieder und entschuldige jeden Scheiß, den ein Typ verzapft, damit, dass er mich ja eigentlich liebt. Ich entschuldige mich für seine Fehler. Ich fühle mich schuldig für seinen Wahnsinn. Ich schäme mich vor meinen Freunden, finde für alles einen Grund, eine Erklärung, eine Rechtfertigung und tue es ab mit einem «Ist doch alles halb so schlimm»-Lachen. Bis ich mich dabei erwische, Angst vor einem Mann zu haben, den ich «meinen Lebensgefährten» nenne.

Ich habe mich immer gefragt, was das wohl für Frauen sind, die so unglücklich sind und trotzdem nicht gehen. Die so viel ertragen, bis hin zur Gewalt und darüber hinaus, egal ob nun körperliche, emotionale oder sexuelle. Die immer bei ihrem Partner bleiben. Immer wieder Gründe und Entschuldigungen finden. Immer wieder noch mal einstecken in der irrwitzigen Annahme, irgendwann würde schon alles gut werden, wenn sie sich nur dolle genug bemühen. Während alle um sie herum sie beinahe schon anflehen, sich endlich zu trennen, und die immer wieder antworten, dass sie gerne würden, aber. Aber. Es gibt immer ein Aber. Und es gibt immer Scham, und Scham ist eine so mächtige Waffe, die man gegen sich selbst richtet. Ein Käfig, aus dem das Entkommen nicht direkt einfach ist.

Und dann stehe ich eines Tages vor dem Spiegel und merke plötzlich: Oh, verdammt. Ich bin so eine Frau! Ich, die immer dachte, mir könne so was ja nicht passieren. Ich bin ja groß und patent und würde schon rechtzeitig alle Reißleinen ziehen. Kein Problem. Ich befinde mich plötzlich mittendrin, und selbst nachdem alles vorüber ist, fällt es noch immer schwer, darüber zu sprechen. Das ist das Problem. Diese Sprachlosigkeit, und dass ich mich so schäme und deswegen nicht weiß, wie ich anfangen soll, zu schreiben. Was soll man denn von mir denken? Was von mir halten? Wer soll mir noch folgen, wenn ich mir selbst wie das letzte Stück Scheiße vorkomme? Wie rechtfertige ich das vor mir, und, am allerwichtigsten, wie komme ich aus dem ganzen Mist wieder raus? Ich bin nicht schwach. Ich bin kein Opfer. Ich bin nicht so kaputt, dass ich mich nicht heile bekommen würde, und nicht so dumm, wie ich mich manchmal fühle, und ich will nicht, dass man mich für irgendetwas davon hält. Es ist in diesem einen Bereich so dermaßen schwierig. Nur dass dieser Bereich so viel in meinem Leben kaputt macht. Weil dort, wo eigentlich mein Selbstwert zu Hause sein sollte, ein riesiges Loch klafft. Dort ist meine Sollbruchstelle. Ich möchte ein Buch über die ganz große Liebe schreiben und nicht über Niederlage. All das ist der Grund, warum ich nicht anfangen kann, zu schreiben.

All das habe ich gedacht. Laut, echauffiert und groß gestikulierend mit den Armen fuchtelnd. Gesagt habe ich davon in Wirklichkeit fast nichts. Fast.

«Was ist das Erste, was du sagen möchtest, wenn du an das Buch denkst?»

«Ich schäme mich.»

Das ist übrigens ein Satz, der einen Raum still werden lässt.

«Nee, nicht sagen möchte, das ist falsch. Irgendwie muss. Wegen mir, verstehst du? Und weil ich ja nicht die Einzige bin, die sich dafür schämt. Aber vor allem wegen mir. Um diesen ganzen Kram mal abzuschütteln. Und weil ich nicht über Selbstwert sprechen kann, ohne auch über Scham zu sprechen. Das eine bedingt nämlich, dass man zum anderen nicht findet.»

«Dann fang genau so an.»

«Womit? Damit, dass ich mich schäme? Das will doch keiner lesen.»

«Dein ganzes Buch will keiner lesen. So wie die letzten beiden Bücher auch schon nicht. Die ungelesensten Bestseller aller Zeiten. Glückwunsch. Muss man ja auch erst einmal schaffen.» Sagte ich schon etwas über ihre Häme und wie sehr diese mich amüsiert?

«Du mich übrigens auch!»

«Weiß ich doch.»

«Okay, also schreibe ich über Scham. Und wie?»

«So, wie du es sagen willst.»

«Das wird ekelig. Und ich habe das Gefühl, dass ich das nicht sofort so auf den Punkt bringen kann.»

«Macht nichts, du hast ein ganzes Buch lang Zeit.»

«Meinst du?»

«Weiß ich sogar.»

«Das Erdbeertörtchen war echt lecker. Danke noch mal. Auch für den Kaffee. Und so.»

«Beim nächsten Mal wieder Spaghettieis, oder? Bei dir im Garten?»

«Unbedingt.»

Als ich unter den Blicken der Atlanten aus dem Gebäude heraus in die Nachmittagssonne schlüpfe, fühle ich mich müde und seltsam okay. Auf meinem Handy finde ich eine Nachricht von ihm vor. Ich drücke sie weg. Das erste Mal seit Jahren. Ich muss nicht wissen, was dort steht. Ich muss nicht mit ihm sprechen, um mich zu fühlen. Ich muss eigentlich überhaupt gar nichts, nur genau jetzt, genau hier sein. Im Herzen von Hamburg. Mitten in der Sonne. Viel zu warm angezogen. Mit einem Kloß im Hals und dem Geschmack von Erdbeertörtchen im Mund. Mich wundernd, wie einfach es am Ende doch war, das zu sagen. Und mich vielleicht, nur ganz vielleicht, ein ganz klein bisschen weniger schämend. Jetzt. Da es einmal gesagt wurde.

Steh auf und geh!

Ich habe gute Neuigkeiten: Es ist überraschend schwierig, einen Auftragskiller anzuheuern.

Das wusste ich bis vor einigen Jahren auch noch nicht, und hätte man mich mit Anfang 30 gefragt, ob ich mir diese Frage jemals stellen würde, hätte ich sehr laut gelacht und nie wieder einen Gedanken daran verschwendet. Es sei denn, es ginge um die Lektüre eines Thrillers; hinter den sicheren Pforten zweier Buchdeckel lese ich mich gern durch schaurig-schöne Kriminalfälle. Dort, an Orten, die ich nicht kenne, kann es gar nicht genug von Bösewichten mit düsteren Gedanken wimmeln. Und es gibt ihn stets, diesen einen Oberschurken. Ein Mastermind der perfiden Verbrechen. Stets klug, geheimnisvoll, im Verborgenen von Schatten zu Schatten huschend. Jeder Gedanke hat Gewicht. Jede Tat ist gut überlegt. Jede ist blutig. Bestialisch. Gemein und oftmals krank. Das Verbotene umwabert ihn wie ein dichter Nebel, und in genau diesen verschwindet er auch immer wieder. So lange zumindest, bis das kriminelle Superhirn geschnappt wird. Nie von irgendwem natürlich, sondern immer von einem Team aus Spezialisten, einem Duo infernale oder am allerliebsten von einem gnadenlos verschrobenen Profiler, der, wäre er nicht aus Versehen auf der Seite der Guten gelandet, auch einen gemeingefährlichen Superschurken abgeben könnte. Es ist das ewig gleiche Spiel von Gut gegen Böse. Licht gegen Dunkelheit. Recht gegen Unrecht. Und wenn das Buch richtig gut ist, dann weiß man manchmal nicht, auf wessen Seite man stehen soll. Bis das Buch stets entscheidet: auf der Seite der Guten natürlich.

Thriller sind Bücher über menschliche Abgründe. So brutal und so weit weg, dass das Gruseln beim Lesen erlaubt ist, ja sogar erwünscht, weil es nicht wirklich bedrohlich ist. Es darf mit Unbehagen die Nase gekräuselt werden und danach, wenn das Rätsel um alle Morde gelöst und alle Geschichten des Bösewichtes auserzählt sind, klappt man das Buch zu und stellt die Gefahr, die wir uns in kleinen Happen serviert hatten, zurück ins Regal. Gelesen. Amüsiert. Abgehakt. Froh darüber, dass das nur eine Geschichte in einem Buch war. Ein Glück. Und mit dem Schließen des Buches kehrt man zurück in die echte Welt. Eine Welt, in der wahre Bedrohung oft nicht näher an einen herankommt als bis zur Mattscheibe des Fernsehers. Ein anderes Medium als ein Buch. Der gleiche Effekt.

Immer neue Grausamkeiten tummeln sich in bunt-absurden Geschichten rund um die Frage, wie das Böse wohl aussieht und wie es sich anfühlt, während man selbst zum Spezialisten für Kriminalfälle wird. Ermittlungsbeamter auf dem heimischen Sofa. Wir, die Thriller mögen, kennen unsere Pappenheimer. Wir haben den Killer im Visier. Uns macht man so schnell nichts vor. Die Gefahr kann uns nichts anhaben, denn wir sind bewaffnet. Mit zwei Händen, die wir auf die Augen drücken können, wenn es zu schlimm wird, oder, wie die Profis unter uns, auf die Ohren. Weil das, was man hört, ohne es zu sehen, oftmals um Längen gruseliger ist, als den Schrecken kommen zu sehen. Wir sind sicher unter unserer kugelsicheren Wolldecke. Tragen Sieben-Meilen-Kuschelsocken, mit denen wir jeder Situation entrinnen können. Flucht nach vorn gen Badezimmer, weg vom Schauplatz des Verbrechens auf Netflix. Und immer zurückkehren. Immer auf Play drücken. Denn einer muss diesen dreckigen Job ja erledigen. Es ist hart, aber wir kämpfen uns durch. Wir sind Profis. Dr. Sherlock Columbo Poirot Marple Wallander Watson ist unser Name, und wir verstehen ausnahmslos immer die Botschaft hinter einem Verbrechen, sei diese auch noch so kryptisch. Die Handschrift eines Killers. Das, was ihn besonders macht. Denn das muss er ja sein, irgendwie besonders. Und seine Morde brauchen eine Botschaft. Für uns. Für das Gefühl. Das Morden muss eine tiefere Bedeutung haben, und sei diese auch nur für den Täter zu erkennen. Denn sonst wäre das Töten sinnlos, und das wäre nahezu unerträglich. Wir wollen den Sinn hinter Gewalt erkennen. Wir müssen, denn sonst würden wir am Ende das Buch zuklappen oder den Fernseher ausmachen und mit einem mulmigen Gefühl die Haustür abschließen.

Ich kenne das Gefühl. Dieses mulmige. Bedrohung. Es ist, als läge ein nasser Lappen im Magen oder im Nacken. Wenn die Sinne alle ein wenig zu angespannt sind, wird jedes Geräusch eine Nuance lauter, wird jede Bewegung vor dem Fenster eine Spur verdächtiger, wird alles verdächtig. Es raubt einem die Ruhe. Innerlich wie äußerlich. Nimmt einem erst den Schlaf und dann, durch diesen Mangel, die Konzentration. Nervosität ist etwas, das man auf der Haut spüren kann. In Form von kleinen aufgestellten Haaren, von Kälte oder dem Gefühl, stets ein wenig überreizt zu sein. Obacht. Bei jedem Gang vor die Tür. Bei jedem Geräusch in der Nacht. Ein Zustand, der marode macht.

Furcht ist ein Gefühl, das sich anschleicht. Von hinten. Und wenn es einen erst einmal gepackt hat, verändert es einen. Macht einen schreckhafter. Anfälliger. Dünnhäutiger und gestresster. Furcht ist etwas anderes als Angst. Weniger explizit als Angst lauert Furcht unter der Oberfläche. Direkt unter der Haut. Wie ein Kribbeln raubt sie einem nach und nach das so dringend benötigte Gefühl, wenigstens im eigenen Zuhause sicher zu sein. Spätestens dann, wenn man im Bett angekommen ist und die Füße unter die Bettdecke zieht. Denn wie jeder weiß, ist man vor den Monstern unter dem Bett vollkommen safe, sobald beide Füße unter der Decke verschwunden sind. Das ist ein ungeschriebenes Gesetz, das jedes Kind schon früh lernt, und daran glaubt man auch als Erwachsener, wenn man ganz ehrlich ist, noch immer ein klein wenig. Wer weiß, vielleicht ist ja am Ende etwas dran. Sicher ist man nur zu Hause. Bei Mama und Papa. Oder unter der eigenen, kugelsicheren, einbruchsicheren, alles Böse abhaltenden Bettdecke. Ein gesteppter Superheld. Flauschiger Schutzschild. Ein Ort der Phantasie, der Wärme, Vertrautheit und das Zuhause Tausender Träume.

Meine Bettdecke ist zwei mal zwei Meter groß, und sie ist neu. Nicht, weil die alte nicht mehr gut war, sondern weil sie Erinnerungen in sich aufgesogen hatte, die ich auch nach 20 Waschgängen nicht aus ihr herausbekam. Und vielleicht auch, weil ich es ihr übelnahm, mich nicht verteidigt zu haben. Denn wo war ihr Schutz, als das Gruselige nicht mehr unter meinem Bett, sondern darin lag? Wir hatten doch einen Deal. Füße unter der Decke im Tausch gegen undurchdringliche Sicherheit. Das war die Abmachung aus Kindheitstagen. Ein Versprechen, das bis zum letzten Tag gelten sollte. Aber vielleicht gibt es einfach Monster, die selbst eine noch so große und flauschige Decke nicht aufhalten kann. Besonders dann nicht, wenn sie sich gut getarnt den Eintritt unter die Bettdecke erschleichen.

«Wenn du mich verlässt, bringe ich dich um.»

Als ich diesen Satz das erste Mal hörte, hielt ich ihn noch für einen schlechten Scherz. Ich bin nicht leicht zu verunsichern.

Das war ich noch nie. Nicht im geschützten Rahmen einer Beziehung zumindest. Warum auch? Männer stehen in meiner Welt für Kraft im positivsten Sinne. Für Schutz. Für Stärke. Für Sicherheit und Halt. Ich bin mit der Überzeugung aufgewachsen, dass ein Mann alles tut für jene, die er liebt. Vor allem aber bringt er sie immer in Sicherheit. Ich fühle mich also nicht sofort bedroht, nur weil mal ein dummer Spruch fällt. Ich bin ein Kiezkind. Ich fühle mich im rauen Umgangston zu Hause. Das ist für mich kein Grund für Erschütterung. Dummerweise bin ich allerdings auch gut darin, rote Flaggen zu übersehen, wenn ich ohnehin durch meine Brille alles rosa sehe. Er ist halt ein leidenschaftlicher Typ, und er liebt mich. Das ist doch auch voll romantisch irgendwie, und ein bisschen Eifersucht gehört doch auch immer dazu, und außerdem hat er dabei ja auch gelacht. Nur ein Spruch. Nur Spaß. Das sagt man halt so nebenbei. Wie fürchterlich sensibel wäre das, wenn ich das jetzt unangenehm finden würde?

Als ich den Satz bei anderer Gelegenheit erneut hörte, lachte er schon nicht mehr, und ich auch nicht. Und als mir schlussendlich die Beine wegsackten, während er mir mit beiden Händen an den Hals packte und zudrückte, war weit und breit kein Lachen mehr zu hören.

Er habe mich ja gewarnt. Das waren seine Worte. Begründung genug. Für ihn. Ich hatte es Tage zuvor gewagt, unsere Beziehung ernsthaft in Frage zu stellen. Nicht zum ersten Mal, aber zum ersten Mal sehr ernsthaft. Ich war längst unglücklich. Die Beziehung war längst toxisch. Er war ohnehin dauerhaft unzufrieden mit mir. Alles sehr gute Gründe, um offen über Trennung zu sprechen. Immerhin sollte eine Beziehung alle Partner, die beteiligt sind, bereichern und bestenfalls zufrieden und glücklich machen. Ein Umstand, den er völlig anders sah. Es sei meine Aufgabe, ihn glücklich zu machen, und wenn er das nicht sei, dann wäre es an mir, mich so lange zu verbessern, bis er glücklich sein könne. Ihn zu verlassen, stand dabei nicht zur Debatte. Niemand verlässt den König ohne dessen Erlaubnis, und diese Erlaubnis würde ich nur über seine Leiche bekommen. Oder über meine.

«Wenn du mich verlässt, bringe ich dich um. Das weißt du. Ich habe es dir so oft gesagt. Du wolltest ja nicht auf mich hören. Am Ende ist es deine Schuld. Deine Entscheidung. Ich habe dich oft genug gewarnt. Ich werde mich neu finden lassen. Von einer anderen. Ich werde dich nie vergessen. Ich habe dich so sehr geliebt.»

Ich wusste nicht, dass die Vergangenheitsform eines Satzes so viel Angst auslösen kann. Ich habe dich so sehr geliebt. Das war das Letzte, was ich hörte, ehe ich den Kampf gegen seine Hände verlor und damit mein Bewusstsein. Nicht lange. Vermutlich Sekunden nur. Aber es langte. Genug. Genug, um einzuschüchtern. Genug, um Angst zu haben. Genug, um ins Bad zu flüchten. Mich einzuschließen. Genug, um den Mut zu verlieren, zu gehen. Er redete den Rest der Nacht durch eine verschlossene Badezimmertür. Er hätte es ja nie getan. Dieses Mal nicht. Es sollte nur eine Lektion sein. Ich solle mich beruhigen. Schließlich kenne ich ihn doch und wisse, dass er, wenn er das wirklich vorgehabt hätte, es nicht selbst tun würde.

«Ich mache mir doch nicht die Hände schmutzig. Das würde ich machen lassen.»

Das war natürlich gleich viel beruhigender. Ich war mir immer ziemlich sicher, dass zumindest das ausgemachter Unfug sei. Denn seien wir ehrlich: Wie viele Auftragskiller kennt man denn im Regelfall so? Und sind die nicht auch reichlich teuer? Und wo im Telefonbuch müsste man wohl suchen?

Unter K wie Killer? Oder eher unter P wie Psssst, sagen Sie es keinem weiter, aber ich erledige diskret Ihre Feinde für nur läppische 100 000 Euro und drei Tafeln Schokolade? Die Summe ist geraten, jedoch denke ich nicht, dass man «Freundin meucheln, günstig» googeln kann und dann auf www.Rent-a-Killer.com einen Preisvergleich und tagesaktuellen Rabatt bekommt. Nur so eine Vermutung.

Das Dumme war, dass ich mir eben nur ziemlich sicher war und nicht vollkommen.

Denn auch auf die Gefahr hin, ein wenig engstirnig zu wirken: Ich traue einem Menschen so manches zu, der zum «Erteilen einer Lektion» seine Lebensgefährtin würgt und sie dabei glauben lässt, er bringe sie nun um. Wie gesagt, manchmal langt mir ein «ziemlich» eben einfach nicht.

Das Ganze passierte in unserer gemeinsamen Zeit zwei Mal. Beim ersten Mal war ich geschockt, eingeschüchtert und nachhaltig beeindruckt. Beim zweiten Mal trat ich das allererste Mal in meinem Leben einem Mann mit aller Kraft, die ich aufbringen konnte, in die Eier, noch bevor irgendwelche Hände auch nur die Chance hatten, mir die Sinne zu nehmen. Und das war viel Kraft. Ich bin groß, und ich bin schwer. Wenn ich mein Körpergewicht mit in eine Bewegung werfe, kann ich die Glocken im eigenartig verzerrten Gesicht meines Gegenübers klingen hören. Ohrenbetäubend. Es war das erste und letzte Mal, dass ich einem Menschen absichtlich so viel Schmerzen zufügte. Ich bin nicht stolz darauf, aber ich würde es, ohne mit der Wimper zu zucken, wieder tun, wenn man mich nur intensiv genug dazu auffordert.

Plötzlich einsetzender Schmerz hat übrigens einen überraschend positiven Effekt auf würgende Hände. Die wandern nämlich, noch ehe sie auch nur ansatzweise zudrücken können, blitzschnell zwischen die Beine des Körpers, an den sie gehören, und schützen dort alles, was binnen Sekunden in Flammen steht. Während der Besitzer dieser Weichteile mit einem satten Geräusch vom recht hohen Bett auf den Boden klatscht. Ich bin kein gewalttätiger Mensch. Ich habe nicht nachgetreten. Aber wenn ich an dieser Stelle nun behaupten würde, ich hätte es nicht unheimlich gerne getan, wäre das eine glatte Lüge. Ich hätte gern. Oh; und wie gern. Das unterscheidet Menschen wie mich von Scheinriesen wie ihm. Ich denke nur, dass ich ihn gerne erwürgen würde. Beim Denken bleibt es auch. Schlussendlich fand sich das Gruselmonster also doch wieder unter meinem Bett. Oder zumindest daneben. Wenigstens für diesen Augenblick.

Meine Decke habe ich dennoch in liebevolle Hände gegeben. Vielleicht beschützt sie jetzt die Träume eines anderen Menschen. Mögen es immer gute sein. Und wenn es böse Dinge sind, die geschehen, dann mögen sie am Ende einer Nacht nur Teile böser Träume gewesen sein.

Das Schlimme an Gewalt, ganz gleich, ob körperlicher oder psychischer, ist nicht allein der Schmerz oder der Schreck des Moments. Das vergeht beides. Es sind nicht die Tränen oder die Beschimpfungen oder die Lautstärke, in der etwas gesagt wird. Das Schlimme ist das, was es mit einem macht. Das, was nach einem solchen Erlebnis bleibt. Es ist das verlorene Vertrauen, das wirklich schlimm ist. Jenes Vertrauen, das in den eigenen Grundfesten verankert ist. Die Erschütterung in dem Glauben, dass der Partner einen doch liebt und dass Liebe niemals mit Gewalt einhergeht. Diese Ohnmacht, die man empfindet, weil der Partner zum Gegner, der Gefährte zur Gefahr wird und überlebensgroß erscheint. Die aufkeimende Angst vor einem Menschen, den man in sein Zuhause, in sein Leben, seine Gedanken und in sein Herz gelassen hat. Das, was Gewalt in einer Beziehung zerstört, sind nicht die Vasen, Teller oder fliegenden Ringe, sondern der ganzheitliche, so elementare Glaube an die Sicherheit und den Schutz, den diese Verbindung zweier Menschen eigentlich stets verspricht. Verletzt einen ein Mensch, den man liebt, mit voller Absicht, ohne Skrupel, ungerechtfertigt und womöglich aus heiterem Himmel, hinterlässt das keine Narben, sondern klaffende Löcher, aus denen elementare Glaubenssätze heraussickern, und sosehr man es auch versucht, man bekommt diese Löcher nicht wieder verschlossen.

Ich habe es versucht. Dieses Schließen von Löchern. Mit Verleugnung der Schwere dessen, was geschehen war. Es war ja nicht so ernst, wie es mir vorkam. Klar, ich habe mich sehr erschrocken, und sicher ging er auch zu weit, aber er liebt mich doch und, viel wichtiger noch, ich liebe ihn. Was wäre ich denn für eine Partnerin, wenn ich ihn wegen eines Fehltrittes gleich verlassen würde? Was würde das über mich aussagen, wenn ich so schnell das Handtuch werfe? Meine Liebe ist stark, und ich gebe doch nicht einfach so auf. Er hat sich hinterher ja auch erklärt. Hat mir unter Tränen seine Liebe gestanden. Wieder und wieder. Und seine Angst, mich zu verlieren, die war so groß, dass da einfach eine Sicherung raussprang bei ihm. Er würde mir doch niemals etwas antun. Er braucht mich doch. Ich, das sagte er immer wieder, bin doch das einzig Gute in seinem Leben, und wenn ich jetzt ginge, jetzt, wo er mich so sehr braucht, dann habe sein Leben keinen Sinn mehr und dann könne er sich auch gleich umbringen. Denn ohne mich, die ganz große Liebe seines Lebens, wolle er nicht mehr leben. Schon das zeige doch, dass er es niemals so ernst gemeint hatte, wie es wirkte. Er war doch selbst erschrocken, und es täte ihm alles unendlich leid. Er wolle alles tun, alles, wenn ich ihn nur bloß nicht verlasse.

Alles. Und ich glaubte ihm. Nicht, weil es glaubwürdig war, sondern weil ich es glauben wollte. Musste, vielleicht. Weil ich mich sonst hätte lösen müssen, und davor hatte ich nun für eine lange Zeit zu viel Furcht. Die Furcht vor dem, was passieren könnte, wenn die Drohungen wahr würden, die über mir hingen wie ein Damoklesschwert, war eine gut geknüpfte, unsichtbare Fessel.

Ich würde gerne zurückgehen können. Einmal nur. Zurück in diesen Moment, in dieser Nacht. In dieses Zimmer kommen und mit dem Betreten die Zeit anhalten. Ihn anhalten. Und mich davon abhalten, das zu tun, was ich in jener Nacht tat. Nichts. Und dann möchte ich mich über mich beugen und mit mir sprechen. Unter vier Augen. Das berühmte ernste Wort.

«Hey Nicole. Na?! Komischer Moment, hm? Okay, pass auf, ich bin nur kurz reingeschneit, um dir zu sagen, dass dies übrigens der Punkt ist, an dem Schluss ist. Also mit euch beiden. So richtig Schluss. Nicht dieses Wischiwaschi-On-off-Ding der letzten Monate. Nein, so richtig amtlich Klappe zu, Affe tot und so. Das war's. Was sollte denn jetzt auch noch kommen, oder? Ich meine, du siehst es ja im Grunde selbst. Der Bastard wird gleich erst versuchen, dir mörderische Angst einzujagen, und hinterher heulen wie ein Baby, als hättest du etwas falsch gemacht. Er wird in Selbstmitleid baden, um dich weichzukochen. Herrje, das will doch niemand sehen. Also verschwindest du gleich und nimmst dein Leben mit. Andere Mütter haben auch schöne Narzissten und so.

Pass auf, das wird jetzt gleich ein Mal richtig arg scheiße, okay?! Aber du packst das. Es wird sich sehr schlimm anfühlen, und du wirst echt Panik haben, aber es ist dann vorüber.

Du überstehst das. Und dann wirst du ganz tief durchatmen, aufstehen und gehen! Er wird irgendwas von wegen es täte ihm leid sagen und tausend Strophen über Liebe singen. Eine leere Floskel. Schon längst zu dieser verkommen. Also tanz nicht länger zu seiner Melodie. Das hier ist keine Liebe. So sieht Liebe nicht aus. So sieht keine Form von Zuneigung aus. Das, was du gleich erleben wirst, das ist Gewalt. Keine Liebe. Keine Leidenschaft. Es ist egal, aus welchem Umstand heraus diese Gewalt geboren wurde, ob er sich hilflos fühlt oder überfordert oder gereizt oder betrogen oder eifersüchtig oder ganz gleich, was ihn dazu bewegte. Es ist nicht okay. Es ist nicht entschuldbar. Es ist Gewalt, und nichts auf der Welt gibt ihm das Recht dazu. Selbst, wenn es nicht weh tut, ist es Gewalt. Seiner Partnerin Angst zu machen, ist Gewalt. Ihr einzureden, sie sei nichts wert, ist Gewalt. Dich in eine Situation zu bringen, in der du dich unwohl und ausgeliefert fühlst, und das zu genießen, ist Gewalt. Dir etwas anzutun, egal was, was du nicht willst, für das du dein Einverständnis nie gegeben hast, ist Gewalt. Gewalt mag leise sein. Sie mag unsichtbar sein. Sie mag ohne Blessuren, ohne Wunden, ohne Blut auskommen, aber sie ist da, und sie ist niemals, unter keinen Umständen und mit keiner Entschuldigung der Welt in Ordnung. Es gibt weder einen Grund, dass man dir weh tut, noch gibt es dafür eine Erklärung. Denn das Wichtigste, was du über Gewalt wissen musst, ist einfach:

Es ist nicht deine Schuld!
Du bist nicht der Grund!
Du kannst nichts dafür!
Du hast es nicht verdient!
Du bist mehr wert als das!
Du bist nicht allein!

Und jetzt stehst du gleich auf und gehst. Weil du größer bist als das. Stärker bist als das.

Die Ketten, die dich halten, sind in deinem Kopf. Streif sie ab. Nur für diesen Augenblick. Du kannst das. Du kannst aufstehen, dich losreißen, deine Klamotten, dein Herz, deine Gefühle, all das, was in dir in dem Moment klirrend zu Boden fiel, alle geplatzten Träume, Hoffnungen und Wünsche, Weltbilder und Vorstellungen, all das kannst du vom Boden aufsammeln und gehen. Und was du nicht aufsammeln kannst, lass liegen. Wir basteln und erfinden dich später neu. Später. Denn jetzt gleich musst du los. Heulen kannst du nachher. Später, wenn du gegangen bist, kannst und wirst du schreien und flennen und vielleicht leiden wie die Hauptdarsteller in einer spanischen Telenovela aus den 80ern, aber hier und jetzt stehst du auf, hörst auf kein einziges seiner Worte mehr, nimmst all das, was du bist, mit und gehst. Weil du gehen musst. Weil alles, was ab hier passiert, nichts Gutes mehr sein kann. Und du weißt das. Wenn du das Ende von Vertrauen erreicht hast, wenn Besitzanspruch für dich gefährlich wird oder sich auch nur im Ansatz gefährlich anfühlt, wenn die kaputte Seele eines anderen zu deinem Problem wird, nur weil das Wort Liebe fällt, dann kann dahinter nichts Gutes mehr kommen. Gewalt ist die Grenze aller Grenzen, und das Land dahinter ist Ödland, trockener, verseuchter Boden, auf dem keine Früchte wachsen können, keine Hoffnung, keine Liebe, keine Zukunft.

Und wenn du schon nicht für dich einstehen kannst, dann steh wenigstens auf.

Steh auf und geh! Okay? Bitte. Geh. Es wird eines Tages alles wieder gut sein, aber dafür musst du dich zusammenreißen und ihn verlassen. Um deinetwillen musst du gehen.»

Das würde ich mir sagen. Aber weil ich das nicht kann, Geschehenes nicht umkehren kann, sage ich es meinem Zukunfts-Ich. Mein Zukunfts-Ich weiß jetzt Bescheid. Es ist nicht erfreut, nicht immer mit allem einverstanden, nicht mit jeder meiner Dummheiten und meinem viel zu langen Verharren im Reinen, aber es weiß um jedes Detail. Und es verzeiht mir. Und ich verzeihe mir auch. Weil ich es vielleicht besser wusste, aber es einfach nicht besser konnte. Nicht damals. Aber heute. Darum verzeih mir, Vergangenheits-Ich, dass ich nicht gegangen bin in dieser Nacht. Und auch nicht in so vielen Nächten, die noch folgen sollten.

Aber ich werde gehen.

Es wird schwer sein. Es wird weh tun, und ich werde lange brauchen, um mich davon zu erholen. Aber dennoch werde ich gehen.

Und ich werde nicht zurückkehren.

Eine Million Momente

Der berühmte eine Moment. Wie mag er wohl aussehen? Wie klingt er? Wonach riecht der Tag, an dem er geschah? Hat er sich angekündigt? Jener Moment, an dem sich all das Gute zwischen zwei Menschen in etwas Ungesundes verwandelt. Der Moment, in dem die Eisscholle, auf der wir beide tanzten, ins Wanken geriet. Abtaute. Oder Schlagseite bekam, bis wir dann schlussendlich miteinander ertranken. Ich würde ihn so gerne festhalten können. Ihn raussuchen aus dem Wust an Momenten, die zusammen den Zeitraum einer Beziehung ergeben. Es muss ihn geben. Vielleicht ist es ein großer. Vielleicht sind es viele kleine, aber irgendein Moment ist immer der erste, und ab dann bekommt das gemeinsame Märchen einen Riss. Der Moment an sich ist eine mittelalterliche Zeiteinheit und umfasst exakt 90 Sekunden. Eine Stunde hat somit 40 Momente. Betrachtet man ein ganzes Jahr mit 356 Tagen, so setzt sich dieses aus 350 400 Momenten zusammen. Nach all unseren gemeinsamen Jahren hatten wir am Schluss also weit mehr als eine Million Momente gesammelt, und einer davon muss es gewesen sein. Wie der letzte Drink in einer Partynacht, der immer irgendwie schlecht ist. Zu viel oder völlig unnötig. Er muss klein gewesen sein, aber es gab ihn. Es gibt ihn immer, wenn eine Beziehung zerbricht. Diesen einen Moment, in dem es schiefging. Und das ist nie der Moment, in dem es einem bewusst wird, sondern geschieht schon weit früher.

Wie viele Nächte und Tage habe ich schon damit zugebracht, mich immer wieder zu fragen, ab wann sich alles änderte. Wo war er, der Hinweis darauf, dass die Beziehung ungesund ist. Ich meine nicht jene Holzhammerhinweise, die man am Ende sieht. Dann, wenn längst alle Kinder stapelweise am Grund des Brunnens liegen. Nicht die streitenden, sich beschimpfenden, verletzenden Hinweise, von denen aus es ohnehin kein Zurück mehr gibt. Ich meine jene Momente, in denen man noch heile rauskommen würde aus einer Verbindung. Zu einer Zeit, zu der man noch genügend Kraft hat, genügend Mut und noch nicht so am Ende ist mit sich, seinem Gegenüber, dem eigenen Latein und den ewig gleichen Versuchen, Stärke aufzubringen. Die richtigen 90 Sekunden, um auf die Stimmen zu vertrauen, die einem raten, ab hier nun vorsichtig zu sein oder am besten gleich zu gehen.

Es muss sie geben, diese Warnzeichen. Diese roten Flaggen am Rand des gemeinsamen Weges. Diese Augenblicke, in denen sich in wohliges Anschmiegen die ersten kleinen Flecken Unwohlsein mischen. Es muss diese Stimmen geben, die einem sagen, dass da etwas falsch läuft, dass hier etwas nicht stimmt, dass das so, wie es läuft, doch nicht ganz richtig ist. Das berühmte Bauchgefühl.

Ich habe das. Dieses Bauchgefühl. Ich kenne es gut, und ich vertraue ihm. In fast allem. Wenn es um meinen Beruf geht, um mein Gefühl in Sachen meiner Kunst, um das Kennenlernen fremder Menschen. Ich vertraue auf dieses Gefühl bei vielen Entscheidungen und liege nur selten falsch. Es ist ein starkes Gefühl. Ein lautes. Ein sehr nuancenreiches, und ich kann den Code meines Bauches meist gut dechiffrieren. Auch dann, wenn es zu meinen Ungunsten ausfällt. Ich weiß fast immer, ob Menschen mich mögen, nicht mögen oder nur so tun, als ob, weil sie mit mir gut Geld verdienen können. Ich kann den Unterschied zwischen Aufrichtigkeit und Lüge in einem Satz und im Verhalten im Regelfall gut unterscheiden, und ich bin feinfühlig, wenn es um jede Art von Schwingungen geht, aber diesen einen Moment unter Millionen, ich habe ihn übersehen. Und ich möchte das so stehen lassen. Ich möchte sagen, dass das passieren kann und dass die Anzeichen subtil und klein sind und mir deswegen durchgegangen sind. Und das stimmt auch. Zu einem gewissen Teil ist das wahr. Die Momente sind klein. Sie sind subtil. Man kann sie schnell übersehen. Die Wahrheit ist aber, dass ich den Moment, in dem ich die Notbremse hätte ziehen müssen, deswegen nicht sah, weil ich ihn nicht sehen wollte. Jetzt, im Nachhinein, sicher und wieder klar und voller Zuversicht, kann ich die wichtigen 90 Sekunden sehen und weiß daher, dass ich es damals auch gekonnt hätte. Aber ich wollte verliebt sein und war es, bis über beide Ohren. Ich wollte mich geliebt fühlen, begehrt und angenommen, und das war ich, so dachte ich, für eine gewisse Zeit auch. Ich wollte die Frau sein, für die er alles empfindet. Zu ihm aufschauen. Dieses Gefühl haben in der Magengegend, das sich nach tausend Schmetterlingen aus Zuckerwatte anfühlt und ich immer dann empfand, wenn er reinkam. Ich wollte jemanden vermissen, wenn er nicht da war, und Sehnsucht haben nach gemeinsamen Momenten. Viele 90 Sekunden lang. Ich wollte das Schöne, das Aufregende, das Kribbelnde und dieses Fahrstuhlgefühl im Bauch, wenn sein Name auf meinem Handydisplay aufleuchtete. Dieser eine kleine Moment des Atemanhaltens, wenn ich seine Stimme hörte. Diese Gänsehaut, wenn er mich berührte. Dieses Leuchten in seinen Augen, wenn er mich ansah, und jenes in mir für ihn. Ich habe all das Schöne sehr gewollt, ich habe ihn sehr gewollt, und die Währung, um all das zu bekommen, war das Wegsehen in Momenten, in denen ich genauer hätte hinschauen müssen. Aber was ist schon dabei? Will man so etwas oder Ähnliches nicht immer in einer Beziehung? Ist dieses Wegsehenkönnen nicht auch Teil der Magie? Teil des

Deals, um eine Partnerschaft überhaupt führen zu können? Das Drüberwegsehen über Schwächen, Macken und manche Fehler. Das Eingehen von Kompromissen. Das Zurückstecken manchmal auch. Das Aushaltenkönnen, wenn der Partner mal schlecht gelaunt ist. All das. Gehört das nicht auch irgendwie dazu?

Bestimmt sogar. Nur wie erkennt man dann, wenn etwas nicht mehr so dazugehören sollte? Wie schaut es aus, das Maß, und wie gehe ich dann damit um?

Wie. Ein so kleines Wort mit so viel Gewicht. Wie hat es so weit kommen können? Das ist vermutlich eine der schwierigsten Fragen, die ich mir so manches Mal stelle. Wie? Ich muss doch etwas gemerkt haben. Ich muss doch mitbekommen haben, dass mit dem Typen etwas nicht stimmt. Wie? Und wieso habe ich mich nicht rechtzeitig getrennt? Wieso so spät erst etwas gesagt? Wieso bin ich nicht einfach gegangen? Eine ganze Welt voller Fragen, und jede einzelne habe ich mir auch gestellt. Ich habe auf all meine Fragen heute Antworten. Nicht jede davon ist schön. Manche sind gruselig, und die Antwort auf die wichtigste Frage, die nach dem «Wieso habe ich ihn nicht einfach verlassen?», die ist vieles, aber einfach ist sie nicht.

Es war keine Liebe auf den ersten Blick, die mich an ihn band. Das war es in meinem ganzen Leben noch nie. Mit keinem Mann. Ich kann mich in Menschen verlieben, in Tiere, sogar in Pflanzen. Ich war schon binnen Sekunden hin und weg von dem Wesen eines Menschen. Von Seelen und Gedanken. Ich verliebe mich ständig in Kunst. In Künstler. In alles, was kreativ ist. Ins Meer. In Musik. In Frühlingsabende. In den Geschmack von Tonkabohnen. Immer wieder in Licht. Manchmal nur für eine Nacht. Für die Dauer eines Telefonates. Manchmal für Jahre. In Frauen wie in Männer. Aber jene, mit denen ich Beziehungen einging, waren nie die Männer, denen ich auf den ersten Blick verfiel. Vielleicht liegt es daran, dass ich eigentlich ein vorsichtiger Mensch bin, wenn es um ernsthafte Verbindungen geht. Vielleicht mangelt es mir auch einfach nur am Können, mich in ein Äußeres zu verlieben. Natürlich spielt das Aussehen auch für mich eine Rolle. Ebenso natürlich habe auch ich meine Vorlieben in Sachen Erscheinung eines Mannes. Bis zum heutigen Tag hatte ich jedoch noch nie eine Beziehung mit einem Menschen, dessen Aussehen ich von Anfang an umwerfend fand. Diese Phase kommt bei mir immer erst später. Wenn mein Kopf sich in einen Menschen verliebt hat. Mein Bauch nachgezogen hat. Sich alles an mir darauf geeinigt hat, diesen Weg nun zu beschreiten, erst dann fragen meine Augen nach der Optik und verwandeln das, was da ist, in den einen Traummenschen. Vielleicht gibt es daher bei mir eher Liebe auf den letzten Blick. Was weit weniger unromantisch ist, als es klingt. Ich kann mich nun einmal viel besser in ein gutes Gefühl verlieben als in eine schöne Optik.

Mein Typ war er also nicht, aber das hat mich noch nie gestört. Vermutlich würde ich auch eine Beziehung mit einem Gnu führen, wenn dieses nur genügend gute Gefühle mit sich brächte. Unser Start war leise, und er war langsam. Auch etwas, auf das ich viel Wert lege. Zumindest mittlerweile. Ich lasse mir gerne Zeit. Lerne gerne kennen. Habe gerne Sex. Erlebe gerne erst einmal mein Gegenüber, ehe ich mich auf etwas Festes einlasse. Eine Lehre aus der Vergangenheit. Aus einer verpatzten Beziehung nach der anderen. Aus unüberlegtem Zusammenziehen. Aus einer unnötigen Ehe. Aus vielen Jahren mit reichlich Erfahrungen.

Es sollte anders sein dieses Mal. Auf einem festeren Fundament stehen. Keine Blitzentscheidung. Kein Handeln aus einer

Torschlusspanik heraus. Jedoch auch keine Entscheidung, die nur auf den ersten rosa Wölkchen beruht.

Wenn ich verliebt bin, bin ich schwachsinnig. Liebe macht ja angeblich blind. Das stimmt nicht. Nicht für mich. Mich macht Liebe nicht blind, sie macht mich ans Debile grenzend dumm. Ich treffe dann viel zu schnell weitreichende Entscheidungen. Ich bin mir der Konsequenzen zwar durchaus bewusst, jedoch sind sie mir meist egal, weil es da diesen Teil in mir gibt, der an eine Märchenliebe glaubt und immer glauben wird. An den einen Menschen für immer. An ein «aber dieses Mal bestimmt». Und ganz gleich, was mich mein Leben lehrte, ich werde auch immer daran glauben, und eines Tages wird es stimmen. Irgendwann ist er der Eine. Oder sie. Oder das Gnu. Für immer.

Wir lernten uns kennen. Auf Tausende Arten. Mit jedem Tag, jedem Wort, jeder verstreichenden 90-Sekunden-Einheit ein bisschen mehr. Das dachte ich zumindest. Und wir lernten, uns zu lieben. Auch das dachte vermutlich nur ich, weil ich es lernte, ihn zu lieben. Und so ganz nebenbei lernte ich dann auch, dass man Liebe auch gegen einen Menschen verwenden kann. Gegen mich auf jeden Fall. Und dass mein Glaube in mich, mein Vertrauen in mich, mein Wissen über meinen Wert, mein Können, mein ganzes Sein, erschütterbar, manipulierbar und angreifbar ist. Alles dies, von dem ich immer felsenfest überzeugt war, dass es mir niemals passieren könne.

Wenn ich eines Tages in einer Beziehung Gewalt erlebe, dann gehe ich. Waren das nicht stets meine Worte? War das nicht Mamas und Papas Erziehung? Sagt man das nicht so, schon weil es sich gehört, das zu sagen? Wenn ein Mann die Hand gegen mich erhebt, dann ist es vorbei. Wenn er mich schlägt, dann stehe ich auf, schlage zurück und gehe. Eiskalt. Keine zwei Meinungen. Genau so habe ich es zu Hause gelernt. Niemand schlägt mich. Niemand tut mir körperlich weh, ohne dafür die Konsequenzen zu tragen. Du kannst noch so groß und noch so kräftig sein, wenn du mich schlägst, wehre ich mich. Ich lasse mich nicht verprügeln. Von niemandem. Seinen Partner zu schlagen, ist das absolut Allerletzte. Es gibt dafür keinen Grund, keine Erklärung, keine Entschuldigung. Kein «Er macht es ja bestimmt nie wieder» und kein «Es tut ihm ja so leid!». Wer einmal die Hand gegen seinen Partner erhebt, der überschreitet diese Grenze immer wieder, und ich, das ist ja wohl mal ganz klar, bin keine Frau, die sich schlagen lässt. Das soll sich ein Mann mal erlauben. Der wird sich wundern, wie hart ich zurückschlagen kann, und viel mehr noch, wie gut ich darin bin, ihn zu verlassen. Ich gehe einfach. Tschüss, du Lappen! Soll der Bastard doch sehen, wie er klarkommt. Ich bin mir zu viel wert, als dass ich mir von einem Typen, der mit Fäusten argumentiert, etwas sagen lasse. Ich bin ohne Schläge groß geworden. In meinem Umfeld gab es keine körperliche Gewalt, und ich werde als Erwachsene nicht damit anfangen. Denn, wie gesagt, ich bin keine Frau, der so was passiert. Ich nicht.

Das stimmt. Dennoch ist es Hybris. Kein Mann hat mich je geschlagen. Auch dieser Mann nicht. Nicht ein einziges Mal. Er wusste auch, ich würde gehen, wenn er es versuchen würde, und wir beide wussten, dass das stimmt. Dennoch bin ich am Ende der Beziehung genau dort: am Ende. Ein nervliches und körperliches Wrack. Müde. Gealtert. Emotional leergesaugt. Mit Tinnitus auf beiden Ohren nach zwei schweren Hörstürzen. Irreparabel. Nervös. Ängstlich. Angeschlagen nach mehreren Panikattacken. Nervenzusammenbrüchen. Verunsichert. Misstrauisch. Mit kaputter Magenschleimhaut. Nervösen Ticks. Kaputten Nägeln. Kaputten Händen vom zu vielen Dranherumkratzen. Ausschlägen. Entzündungen auf der Haut. Im Körper. Bin ich leiser als vorher. Nachdenklicher als vorher. Zurückgezogen. Immer auf der Hut. Immer wackelig auf den eigenen Beinen. Tausend Symptome. Eine Diagnose: hoher emotionaler Stress. Ausgelöst durch psychische Belastung innerhalb der Partnerschaft. Es waren also keine Schläge, es war langsames Zermürben. Eine Art von Gewalt, von der ich immer gedacht habe, dass es sie in dieser Form nicht geben kann, und wenn, dann würde es Frauen treffen, die emotional weitaus weniger stabil seien als ich.

Ein Trugschluss.

Wenn man mich heute zur Seite nehmen und fragen würde, ob ich wisse, wie alles anfing, würde ich vermutlich sagen: Es begann am ersten Tag. Er trat in mein Leben, und er brachte die Gewalt mit. Ich konnte es am Anfang nur noch nicht so gut erkennen. Das ist das Problem mit psychischer Gewalt: Sie ist leise, sie kommt in tausend Gewändern, und sie muss erst einmal als solche erkannt werden. Was ganz besonders dann schwer ist, wenn man diejenige ist, gegen die sich diese Gewalt richtet.

Es fing so an, wie man es aus jedem mittelklassigen Thriller kennt: harmlos. Er war immer ein dominanter Mann. Ich ließ das geschehen, begrüßte das sogar, weil ich meine Partner dominant mag. Nicht in allen Lebenslagen, aber ich muss in meinem Leben sonst so oft alles entscheiden, handeln, für alle da sein und führen, dass ich es im privaten Rahmen einer Partnerschaft nicht ständig möchte. Dort will ich mich in starke Arme kuscheln, nicht immer alles selbst bestimmen müssen, ab und an einfach nur mit meinem Partner mitfließen können. Mich in gesundem Rahmen vergessen können. Abschalten. Fallenlassen. Wissen, es ist da jemand, der passt auf mich auf, trifft auch mal Entscheidungen, hat eine Meinung und ein Rückgrat. Der Unheil von mir abhält. Der mich beschützt. Nicht jeden Tag, aber eben ab und an. So wie ich immer dachte, dass es in einer gesunden Beziehung eben ist. Man stützt und unterstützt sich, man steht füreinander ein, man beschützt, man hilft, man nimmt Lasten ab, und sei es nur durchs Zuhören und Zuversichtschenken. Man gibt und nimmt. Lebt und lässt leben. Eine Beziehung ist wie das Pendeln auf einer Wippe. Im besten Fall im Gleichgewicht. Mal der eine weiter oben, mal der andere, aber im Grunde immer in der Waage. Immer abwechselnd. Beide dürfen bodenständig sein. Beide dürfen fliegen. Beide haben mal nur den Kopf, mal auch die Füße in der Luft, aber stets sind die Blicke einander zugewandt. Aufeinander gerichtet. Aufeinander achtend. Abwechselnd in Höhe und Tiefe, und wenn einer nicht mehr mitwippt, kommt auch der andere nicht so recht vom Fleck. Die Beziehung als dieser eine magische Ort, an dem einem nie wirklich etwas passieren kann, weil man zu zweit immer einer mehr ist als alleine. Gemeinsam stärker. Ein Ganzes. Wir gegen den Rest der Welt. Und ich habe ihn wie verrückt geliebt. Er idealisierte mich. Ließ mich glauben, es ginge in unserer Verbindung tief um mich. Er trug mich auf Händen.

Überschüttete mich mit Liebe. Ließ mich wissen, dass alles, was er täte, aus Liebe zu mir geschah. All die guten Dinge. Dass ich einen besseren Menschen aus ihm machen würde. Ihn glücklich machen würde. Die Frau sei, die er sich immer gewünscht hat. Dass er immer nur gegeben hätte in seinem Leben und jetzt, durch mich, zurückbekam. Was ihn zum glücklichsten Menschen auf der Welt machte, und um mir dies zu zeigen, würde auch er mich glücklich machen wollen.

Anfangs fand er alles toll, was ich machte. Lobte meine Arbeit über den grünen Klee. War fasziniert von meiner Passion. Meiner Kunst. Meiner Kreativität. Er beschrieb mich als eine Lichtgestalt, mit der ich selbst nicht mithalten konnte, aber es schmeichelte mir. Wir hatten grandiosen Sex. Und ich meine wirklich richtig guten Sex. Die Art, die süchtig macht. Er liebte alles an meinem Körper. Eine Erfahrung, die ich zuvor nie so erlebte. Was auch an mir lag, weil ich mich lange Jahre für meinen dicken Bauch schämte, meine dicken Beine, für eigentlich alles Dicke an mir, und ich mich schon allein deswegen nicht fallenlassen konnte, weil mein Kopf mir im Weg war. Er schaltete das aus. Begehrte mich mit Haut und Haar. Unser Alltag war geprägt von Erotik. Begehren. Er schenkte mir all seine Aufmerksamkeit und so viel Zeit. Er war sensibel. Einfühlsam. Verständnisvoll. Er wollte alles über mich wissen. Meine Pläne. Meine Ziele. Wünsche und Hoffnungen. Von der Kindheit bis jetzt. Kein Detail war ihm zu langweilig. Keine noch so blöde Sehnsucht zu kitschig. Er liebte alles an mir. Glaubte auf eine Weise an mich, die so kraftvoll war, und gab mir das Gefühl, mir auf jedem Weg den Rücken zu stärken. Er war meine starke Schulter und vermittelte mir das Gefühl, mit mir bis ans Ende der Welt zu gehen. Das ließ er mich zumindest eine Zeitlang glauben. Er war am Anfang also kein Bösewicht im schwarzen Umhang. Er war die große Liebe. Ich war verrückt nach ihm. Ich wollte alles mit ihm teilen. Ihn an allem teilhaben lassen. Mit ihm angeben. Mich an seiner Seite wohlfühlen, sicher und beschützt wie sonst nirgends. Und er kreierte eine beinahe schon magische Verbindung zwischen uns, die auf Vertrauen basierte. Tiefes, alles meinendes Vertrauen. Ihm war kein Geheimnis zu pikant. Wir sprachen über alles. Jede sexuelle Phantasie. Jeden Wunsch. Alle Leichen im Keller und jede Verfehlung der Vergangenheit. Und ich vertraute ihm. Zutiefst. Er erzählte mir seine dunkelsten Geheimnisse und gab mir damit das Gefühl, etwas ganz Besonderes zu sein. Das erste Mal in meinem Leben fühlte ich mich besonders. Ganz und gar geliebt. Wertvoll. Nichts und niemand vor ihm hat es jemals geschafft, dass ich mich so fühlte.

Wenn man mir zu diesem Zeitpunkt erzählt hätte, dass er sich eines Tages als für mich gefährlich herauskristallisieren würde, er irgendwann darüber bestimmen würde, wie ich mich fühle, wann und wie ich schlafe, mit wem ich mich treffen darf, wann ich Sex habe, wann ich eine Meinung haben darf und wann nicht, wie ich wohne, wo und wie ich mich wohlfühle oder eben nicht, welche Jobs ich annehme und wie ich mich benehmen soll, was ich in meiner Freizeit mache und was ich nicht mehr tun darf – ich hätte kein Wort geglaubt. Er war in meinen Augen einfach nicht so. Er war der eine Mann. Die Liebe. Er war perfekt für mich. Bis er sich vor meinen Augen ganz langsam verwandelte.

Mir war früher nicht klar, dass häusliche Gewalt in verschiedene Abschnitte oder Stufen eingeteilt werden kann. Allesamt abwärts führend. Die erste Stufe in einer toxischen, gewalttätigen Beziehung ist fast immer das Umgarnen des Partners und späteren Opfers, das Verführen und Mit-Liebe-geradezu-Bombardieren. Diese Liebeserfahrung, diese intensive, emotionale Bindung, dieses tiefe Vertrauen zum Partner, das am Anfang entsteht, ist maßgeblich für den späteren Missbrauch und das Fesseln des Opfers an den Partner und diese Beziehung. Für den Moment, an dem ein Lippenbekenntnis, ein Liebesschwur, für die Ewigkeit gedacht, zur Bedrohung wird.

Ich bin vorsichtiger geworden mit solchen Gedanken über die niemals endende Liebe. Noch vorsichtiger mit meinen Worten. Ich sage nicht mehr «Für immer», weil «Für immer» im ungünstigsten Fall eine unerträglich lange Zeit ist. Ich zucke zusammen, wenn ich «Du bist der Sinn meines Lebens» höre, denn ich weiß, wie es ist, die Frau an der Seite eines Mannes zu sein, der Liebe und Zusammengehörigkeit zu einem Gefängnis pervertiert. Der «Nur wir beide» sagt und dabei «Nur du für mich» meint. Ich verwende keine Floskeln mehr, seien sie auch noch so schön. «Ich würde alles für dich tun» ist so eine Floskel.

Das kann man sagen, sogar so meinen. Ich meinte und meine es immer so. Ich meine damit, dass ich nachts um drei aufstehen und dich in Kuba aus dem Knast holen würde, wenn du mir viel bedeutest. Dass ich meine Niere geben würde. Dass ich mir eine Kugel für den Menschen einfangen würde, den ich liebe. Dass ich bereit bin, auf flüssigem Glas zu laufen, wenn es nur irgendwie Leid von dem Menschen abhält, dem mein Herz gehört. Ich dachte immer, alles zu geben, beinhalte, all das zu geben, was ich geben kann. Bis ich lernte, dass es Partner gibt, die das anders verstehen. Denen «alles» nicht genug ist. Weil es nicht darum geht, was ich bereit war zu geben, sondern darum, was mein Partner von mir haben wollte.

Sein Alles war ein anderes als mein Alles. Und es war einseitig. Von mir wollte er hundertprozentige Transparenz in Bezug auf all die Dinge, die ich tue. Wollte stets wissen, wo ich bin. Was ich tue. Mit wem ich mich umgebe. Was ich denke, plane, vorhabe. Alles, was anfangs so voller Liebe war, wandelte sich nach und nach in Zwang und Kontrolle. All meine Belange wurden zu seinen Belangen, während ich aus seinem Leben hingegen kaum etwas mitbekam. Meine Freunde waren ihm ein Dorn im Auge. Menschen, mit denen ich arbeitete, empfand er immer als Bedrohung, immer als Grund zur Eifersucht. Meine Familie, insbesondere meine Schwester, war ihm zuwider. Er verlangte ausnahmslos Exklusivität, und das schloss auch meine Nähe zu anderen Menschen mit ein, die er ohne Ausnahmen als Verrat empfand. Jede Minute, die ich mit einem anderen Menschen als ihm verbrachte, war eine Minute, die ich nicht ihm schenkte, und somit nicht gern gesehen und irgendwann auch nicht mehr geduldet. Treffen mit anderen wurden reglementiert. Zeitlich begrenzt. Hielt ich mich nicht an diese absurden Grenzen, tauchte er auf. Auf Partys, vor Restaurants, bei mir zu Hause, vor den Haustüren von Freunden. Holte mich ab. Brachte mich nach Hause. Nannte es Fürsorge und Liebe und Sorge, dass mir etwas passieren könne, oder Sehnsucht nach mir. Wie romantisch beim ersten Mal. Wie gruselig beim zwanzigsten Mal. Es verging kein Treffen ohne mindestens zwei bis drei Kontrollanrufe. Jede Stunde mindestens eine Nachricht und wehe, ich las diese nicht rechtzeitig, dann folgte der nächste Kontaktversuch. Anschließend Streit. Ich würde ihn vernachlässigen, hätte bestimmt einen anderen. Ich würde doch eh zu viel arbeiten, dann könne ich die wenige Zeit, die ich habe, doch mit ihm verbringen, und wenn ich ihn nur genug lieben würde, würde ich das auch tun. Das Totschlagargument. Wenn ich nur genug empfinden würde, würde ich ihm all seine Wünsche erfüllen. Zeitliche, sexuelle, monetäre.

Das ist eine weitere Stufe auf dem Weg nach ganz unten. Die Isolation. Das Abspalten des Partners von anderen Menschen. Ganz besonders von Freunden und Familie. Da diese als Korrektiv eingreifen und oftmals durchaus in der Lage sind zu sehen, was passiert, werden sie in den Augen des misshandelnden Partners nahezu automatisch zu einem Problem. Er begann, bei allem mitreden zu wollen. Erst in der Familie, dann später auch im Job, und noch später sagte er mir, was ich zu fühlen habe und was nicht. Er nahm mir viel Arbeit ab. Ein Umstand, der mich anfangs sehr freute, denn an Arbeit mangelt es in meinem Leben nie. Mit der Zeit wurde aus abgenommener Arbeit eine Verpflichtung meinerseits. Meine Dankbarkeit war ihm nie genug. Meine Anerkennung für seine Arbeit niemals angemessen hoch. Mein Lob immer zu wenig, aber wenn ich ihm dann anbot, sogar darum bat, mir einfach alles zurückzugeben, oder ihm sagte, dass ich das auch alleine geregelt bekäme, schließlich sei ich eine erwachsene Frau, dann lehnte er ab. Ließ es zur Not eskalieren. Wie ich es denn wagen könne, ihm alles wegzunehmen. Wie undankbar ich sei. Ihn so zu hintergehen, dass ich ihm erst alle Arbeit aufhalse und ihm dann, wenn doch gerade alles richtig gut liefe, die Lorbeeren vorenthalten wollen würde. Lorbeeren, die es nie gab. Für Aufgaben, die er sich selbst nahm. Arbeit, die keine war, bis er sie zu welcher machte. Es ließ alles immer viel wirken, immer wahnsinnig kompliziert, immer hochwichtig. Darin war er gut. Dinge so aufzubauschen, dass sie riesig wirkten. Probleme schaffen, wo keine waren, um sie dann selbst zu lösen und sich angemessen als der Held feiern zu lassen, der in letzter Sekunde noch mal alle Kühe vom Eis geholt hatte. Er war der Mann, das musste er immer wieder betonen, und ich gehörte ihm. Meine Aufgabe war es, ihm stets ein gutes Gefühl zu geben. Ihn seine Großartigkeit spüren zu lassen. Er war der Macher, und es war meine Aufgabe, ihm zu huldigen, zu ihm mit großen Augen aufzusehen und staunend mit offenem Mund seine Unfehlbarkeit zu bewundern. Bewunderung war ohnehin sein Ding.

Seine Droge. Seine Ambrosia. Alles, was er tat, wovon er berichtete, was er konnte, war stets eine Spur zu phantastisch. Er war reich und angesehen, mächtig erfolgreich und unheimlich beliebt. Feierte sich gleichzeitig dafür, dass er so viele Feinde hatte, und sah sich selbst als eine unverzichtbare Persönlichkeit an. Er konnte unglaublich viel. War schon überall. Hatte zu allem eine Meinung. Niemand machte ihm so leicht etwas vor. Er konnte einfach alles. War ein Meister der Strategie. Pokerface am Verhandlungstisch. Zog alles und jeden über genau diesen und war stolz auf jede einzelne Geschichte, in der er wieder einmal einen anderen Menschen vernichtet hatte. Ein Unsympath, wie ich nie einen zweiten traf.

Und dann war da noch diese eine Kleinigkeit, die er vergessen hatte, mir zu erzählen, als wir uns kennenlernten. Es muss im Eifer des Gefechtes untergegangen sein. Verständlich. Unsere Kennenlernphase war aufregend, da vergisst man so manche Unwichtigkeit schnell mal. Wir lernten uns über ein Online-Portal kennen. Er suchte dort eine Partnerin und hatte mich gefunden. Eine glückliche Fügung, dachte ich immer. Eine Lektion fürs Leben, denke ich heute. Ich wusste anfangs nicht viel über ihn und auch heute weiß ich nicht, was von dem, was er erzählte, eigentlich stimmte. Er arbeitete viel. War viel unterwegs. Ich war es auch. Wir trafen uns immer bei mir. Mir war das anfangs sehr recht, später fand ich es merkwürdig, und noch viel später fand ich heraus, dass ich nicht die einzige Frau in seinem Leben war. Nicht die einzige Beziehung. Dass es auf seiner Seite ein ganzes Leben gab, das er mir samt mehreren Kindern, Trauschein und einigen Haustieren verschwieg. Gekonnt. Dank Job und vieler Geschäftsreisen ein Kinderspiel anfangs. Ein Drahtseilakt später, und als er es nicht länger verheimlichen konnte, begannen andere Lügen über längst erfolgte Trennungen, baldige Scheidung, den Aufbau eines neuen Lebens mit mir. Und ich war geduldig. Wollte ihm glauben, als er sagte: «Wenn ich es dir gleich von Anfang an gesagt hätte, hättest du mich nicht gedatet, und davor hatte ich halt Angst.» Womit er übrigens vollkommen recht hatte, denn ich date keine Männer, bei denen ich von Anfang an weiß, dass sie eigentlich vergeben sind – das hatte ich ihm gleich am Anfang gesagt. Ihm erschien es dann jedoch nicht so wichtig, mir reinen Wein einzuschenken. Was bezeichnend für ihn werden sollte.

Er handhabte es, wie er alles handhabte: Er nahm sich, was er wollte, und um das zu bekommen, in diesem Falle mich, war ihm jedes Mittel recht. Lügen inklusive.

Und als ich diesen auf die Schliche kam, weil ich selbst als verliebte Frau nicht völlig dusselig bin, begannen die Schuldzuweisungen. Der Druck. Die Zurückweisungen und das Spiel mit Liebesentzug, Bestrafung, Ignorieren und Manipulationen aller Art. Mit anderen Worten, er zündete die nächste Stufe einer Gewaltbeziehung. Jene, in der irrationales Verhalten, Terror und Manipulation zum Alltag werden. Plötzlich war ich an allem schuld, machte alles verkehrt, litt er Höllenqualen und vermittelte mir, dass ich der Grund dafür sei. Ich war für nichts mehr gut genug, entsprach über Nacht keinem seiner Wünsche mehr, war ausnahmslos mangelhaft in allem, was ich tat. Was er mir so nicht immer sagte, sondern mich vor allem spüren ließ. Es begann ein Jahre andauerndes, zermürbendes Psychospiel. Bestehend aus dem Entzug von Liebe, was einfach war, weil er immer subtil damit drohte, einfach zurück zu seiner Frau zu gehen, wenn ich ihm nicht genug von dem geben würde, was er so unbedingt brauchte. Liebe, Sex, Macht, das Gefühl, in allem mein Gott zu sein. Und auf der anderen Seite gnadenloses Umgarnen und Beschenken mit Aufmerksamkeit, Gefühlen, Zuwendung und großzügiger Zärtlichkeit. Von jetzt auf gleich wechselten seine Umgangsweisen mit mir. War ich im einen Moment noch sein Feind, war ich im nächsten seine Königin und umgekehrt. Er wartete immer genau den Augenblick ab, in dem ich mich wieder sicher fühlte, um dann wieder alles zu kippen. Wenn die Beziehung sich gerade eben wieder so anfühlte, als könne alles gut werden, als hätte sich meine Mühe, mein Leisetreten, das Erfüllen all seiner Wünsche gelohnt. Als hätte ich genug Buße getan und zur Genüge Ablass gezahlt, und nun ernteten wir gemeinsam die Früchte der Arbeit. Harmonie. Zweisamkeit. Dinge, die mir unheimlich wichtig sind. Harmonie vor allem. Ich bin geradezu süchtig danach, und er wusste das genau. Er fütterte mich damit an, und wenn ich mich gerade wieder traute, diese als wahrhaftig anzunehmen, mich traute, zu glauben, die Beziehung sei nun auf einem guten Weg, dann entzog er mir erneut alles. Regnete es Vorwürfe. Schuldzuweisungen. Verletzungen. Machte er Schluss. Warf Türen ins Schloss. Nur um die kommenden drei Tage dann um mein Zuhause herumzuschleichen und mich dafür zu rügen, dass ich die Tür nicht wieder aufmachte.

Ein Spiel, das er unendlich gern spielte. Wenn ich nicht spurte, drohte er mit dem ultimativen Ende. Ein jedes Mal herzzerreißend inszeniert. Mit vielen Tränen. Von ihm. Er, der gebrochene Mann. Er könne einfach nicht mehr mit mir leben. Er wolle es so gerne, aber meine Unvollkommenheit ließe ihm keine Wahl. Er gehe kaputt mit mir. Er brauche nun einmal all das, was ich ihm nie bereit sei zu geben, und eigentlich noch viel mehr. Und jetzt, adieu, schnöde Welt, müsse er mich verlassen. Hinforteilen in eine Zukunft ohne Wiederkehr. Es hätte nur noch traurige Geigenmusik gefehlt, und das Possentheater wäre perfekt gewesen. Er ging auch immer. Jedoch nie weit. Maximal bis zum Auto. Zur Straßenecke. In den Park. Fuhr drei Straßen weit und kam dann zurück. Und wenn ich nicht öffnen wollte, weil ich fassungslos war und wütend und es einfach nicht einsah, dass er das Beenden einer Beziehung als Erziehungsmaßnahme anwenden wollte, und weil, ganz ehrlich gesprochen, ein großer Teil in mir irgendwie auch immer erleichtert war, dass er weg war, dann war ich diejenige, die alles kaputt machte. Meine Gefühle waren allerhöchstens eines: ihm lästig, wenn sie ihm nicht unmittelbar dienten. Also hatte ich einfach keine zu haben. Ich hatte nicht traurig zu sein, nicht verletzt, und wenn, dann hatte ich mich wieder einzukriegen, und das bitte in der Minute, in der er es für sich so entschied. Er kam immer wieder in großen Gesten zurück. Jedes Mal mit dem Hinweis, dass er glücklicher wäre ohne mich, aber er mich ja so schrecklich lieben würde, er könne nicht anders. Selbst dann nicht, wenn ich sein Untergang sei.

Was so albern klingt, war in Wirklichkeit alles andere als das. Wir führten eine Beziehung, wie sie widersprüchlicher nicht sein konnte. Wenn sie gut lief, war sie wirklich unglaublich gut. Immer für ein paar Tage, manchmal sogar Wochen. Danach folgten Wochen und Monate des Terrors. Ich war irgendwann stets an allem schuld. Trug für alles die Verantwortung. Wenn er Fehler machte, dann machte er sie meinetwegen. Wenn er mich anschrie, dann nur, weil ich es ja nicht verstehen wollte. Verbaute er mir Wege, waren andere schuld. Vergaß er Dinge, tat er, als hätte es diese nie gegeben. Er verdrehte Tatsachen so lange, bis erst ich und dann auch alle um mich herum glaubten, dass er recht hatte. Mitten im Gespräch veränderte er Sachverhalte. Drehte jedes Wort in meinem Mund so oft um, bis ich selbst dachte, ich werde verrückt. Er forderte stets Dinge ein, und wenn er exakt diese bekam, behauptete er, er habe ganz anderes gewollt. Er schuf Termine, die es nie gab, und sagte Dinge zu, die er nie einhielt. Er erfand ganze Geschichten, die so nie stattfanden, und nutzte jede sich bietende Gelegenheit, um mir das Gefühl zu geben, wieder etwas vergessen zu haben. Dinge zugesagt zu haben, die ich hinterher nicht umsetzte. Was ich tatsächlich auch nicht tat, weil ich nie etwas davon wusste. Es ging so weit, dass ich an meinem Verstand zweifelte und dachte, ich müsse mir therapeutische Hilfe suchen, weil ich allem Anschein nach völlig neben der Spur laufe. Was ich, wie mir dann irgendwann klar wurde, jedoch offenbar ausschließlich im Zusammenhang mit ihm tat. Nur da war ich vergesslich, hielt ich mein Wort nicht, schaffte ich meine Aufgaben nicht, erinnerte ich mich nicht an Verabredungen, ganze Urlaube, abgemachte Vereinbarungen oder gemeinsame Ziele.

Es gibt in der Psychologie sogar ein Wort für dieses Verhalten. Gaslighting.

Wikipedia beschreibt dieses Phänomen in etwa so: «Als Gaslighting wird in der Psychologie eine Form von psychischer Gewalt beziehungsweise Missbrauch bezeichnet, mit der Opfer gezielt desorientiert, manipuliert und zutiefst verunsichert werden und ihr Realitäts- und Selbstbewusstsein allmählich deformiert beziehungsweise zerstört wird. Die Wahrnehmung der Realität wird beim Opfer in Frage gestellt. Dies geschieht nicht permanent, aber wiederholt und über einen langen Zeitraum durch eine nahestehende Person. Das kann durch Verleugnung von real existierenden Dingen, Verhaltensweisen oder Ereignissen geschehen, seltener auch durch eine bewusste Inszenierung derselben. Dabei ist eine Grundvoraussetzung, dass sich Täter und Opfer in einem Vertrauensverhältnis befinden, also dass das Opfer dem Täter und seinen manipulierenden Aussagen vertraut. Mit der Zeit beginnen die Opfer, an ihrem Gedächtnis, ihrer Wahrnehmung und an ihrem Verstand zu zweifeln. Einen Grund, die manipulativen Aussagen durch einen Dritten überprüfen zu lassen, gibt es nicht, weil das Opfer dem Täter vertraut. Besonders perfide ist es, wenn Täter auch Menschen aus dem sozialen Umfeld des Opfers manipulieren und dazu missbrauchen, dass sie den Standpunkt oder die Aussagen des Täters bestätigen oder ebenfalls die Wahrnehmungen des Opfers anzweifeln und so unbewusst in der ‹Inszenierung› des Täters mitwirken. Hierdurch kann oft innerhalb kurzer Zeit das Selbstvertrauen des Opfers weitgehend zerstört und eine soziale Isolierung erreicht werden.

Nicht allen Tätern sind die Mechanismen der Methode und deren Bezeichnung als Gaslighting bewusst. Davon ist auszugehen, wenn es im Rahmen von Krankheitsprozessen stattfindet, wie bei Menschen mit narzisstischer oder psychopathischer Persönlichkeitsstörung. Jenseits von Verhalten im Rahmen von Erkrankungen wird in den meisten Fällen von einer gezielten Anwendung ausgegangen. Das Motiv der Täter ist eine Machtausübung über das Opfer.»

Es geht immer um Macht. Ihm ging es immer um Macht. Um jeden Preis. In seiner Welt gibt es nur ihn. Würde man ihn fragen, so spräche er hingegen von Aufopferung. Wie er alles geben würde, um die Menschen in seinem Leben glücklich zu machen. Blind dafür, dass niemand um ihn herum glücklich ist. Er ist wie der dunkle Zwilling von König Midas. Alles, was er berührt, wird zu Dunkelheit und Unsicherheit. Er nennt es Schutz und Aufpassen und Beschützen. Er meint damit aber Kontrollausübung, Einengung und Unselbständigkeit. Er liebt nicht, er besitzt. Er will keine Gespräche, er hat eine Meinung und erwartet auf diese Gehorsam. Es gelten seine Regeln. Seine Gesetze. Seine Wertvorstellungen. Seine Anschauungen. Er ist Gott, und er straft hart und voller Zorn. Er ist ohnehin ein zorniger Mann. Voller Wut und unerfüllter Bedürfnisse. Weil niemals jemand 100 Prozent nur für ihn leben kann, nicht einmal dann, wenn man es wollen würde, ist er dazu verdammt, ein auf ewig unerfüllter Mann zu sein. Er sieht sein Genie stets unerkannt, immer unterschätzt und erzürnt darüber von Mal zu Mal mehr. Ich glaube, tief in seinem Inneren ist er ein sehr trauriger, einsamer Mensch, und manchmal glaube ich, dass er in seinen dunkelsten Stunden merkt, was er anrichtet, und es ihm dann nicht egal ist, dass der Boden unter seinen Füßen zu Brachland wird, wenn er ihn berührt. Aber eben auch nur dann. Oder vielleicht möchte ich das auch nur glauben, weil die Alternative mir zu düster vorkommt.

Entladen hat sich König Midas stets an mir. War seine Frau nicht gut zu ihm. Nervten die Kinder. Die Tiere. Der Hof. Das Leben im Allgemeinen. Seine Arbeitskollegen oder der Chef? Dann eilte er zu mir, fand Trost in meinen vier Wänden, die nach und nach für ihn so eingerichtet wurden, dass er sich wohlfühlte. Sein zweites Zuhause nannte er es. Seinen Zufluchtsort. Ich, die Frau, bei der er er sein konnte. Die ihn liebte und die er liebte. Hier, wo er einfach nur ein starker Mann sein durfte, der auch seine Schwächen hat, der auch mal loslässt. Genau das, was ich hören wollte. Was so viele Frauen hören wollen. Der Bad Boy, der sich aber traut, in ihrer Nähe Schwäche zu zeigen. Böse Jungs, die in den Armen ihrer Frau zu liebevollen Lebensgefährten werden. Gefährlich immer nur für die anderen. War auf der Seite seines Lebens alles in Butter, hatte er wieder genug Kraft, mein Leben auf den Kopf zu stellen. Mich auf meine Unzulänglichkeiten hinzuweisen und mir aufzuzeigen, wo meine Schwächen sind. Viele, die er alle kannte, alle nutzte, und viele, die er selbst erst erschuf. Ich war exakt so viel wert, wie er es mich sein ließ.

Du bist nichts ohne mich. Das war einer seiner Lieblingssätze. Er hat ihn nur selten so gesagt, aber er hat es so gelebt. Wenn ich abends nach einer Show und stehenden Ovationen von der Bühne kam, müde und geflasht von den Stunden voller Emotionen und Lachen, fing er später via WhatsApp oder Telefon Streit an. Oder, wenn er mal dabei war, gleich vor Ort. Ließ mich wissen, dass das auf der Bühne vielleicht ganz toll sei, ich aber darüber hinaus die winzigsten Kleinigkeiten nicht hinbekommen würde. Wieder habe er irgendeine Mail geschrieben, wieder habe ich nicht rechtzeitig, nicht richtig oder nicht vollumfänglich darauf reagiert. Wieder hatte er doch etwas für mich getan, und wieder hatte ich es nicht genügend honoriert. Der Preis für seine Hilfe, selbst wenn diese nicht erbeten wurde, war stets hoch, und Vorhaltungen gehörten dazu. Ich durfte mir zu jeder Zeit sicher sein, dass alles, was er für mich tat, mir irgendwann als Frevel vorgeworfen wurde. Jeder Gefallen wurde nachtragend erwähnt, völlig unabhängig davon, wie ausschweifend ich mich revanchierte. Alles, was ich ihm anvertraute – alles!!! –, verwendete er an irgendeinem Punkt gegen mich. Ganz besonders gern im Zusammenhang mit meinen Freunden oder der Arbeit. Denn wieder arbeitete ich abends nach einem Auftritt noch an meinem Bühnenprogramm. Wieder war mir alles andere wichtiger als er. Das war ohnehin sein Lieblingsthema: Mein Job war sein Feind. Die Anerkennung, die ich dafür bekam, war ein persönlicher Affront ihm gegenüber. Mein Erfolg bedrohte ihn regelrecht, also tat er das für ihn einzig Logische: Er machte alles, was ich tat oder tun wollte, schlecht. Gefeierte Erfolge, gewonnene Preise, unterschriebene Verträge – all das diente in seinen Augen nur dazu, ihm die Zeit mit mir zu stehlen, die ihm eigentlich zustehe. Hatte ich TV-Auftritte, fühlte er sich um die Zeit betrogen. Dachte ich über weitere Projekte außerhalb der Bühne nach, war er sofort zur Stelle, um mir zu sagen, wie unsäglich unnötig und mies er das fände. Wie teuer und schwer es werden, wie wenig es bringen und dass ich es am Ende nicht schaffen würde. Er redete mir ein, dass alles viel zu viel würde, dass ich es nicht schaffen könne, schon gar nicht ohne seine Hilfe, und dass alle Menschen, mit Ausnahme seiner Person, es nur schlecht mit mir meinten. Jeder versuche, mich auszunutzen, alle lägen mir auf der Tasche, keiner meine es ehrlich. Außer ihm natürlich. Er war der einzige Mensch, dem es zu vertrauen galt, und wenn ich das anzweifelte, gab es derart mächtigen Ärger, dass ich verstört zurückblieb. Ich brach wegen seines Verhaltens ganze Veranstaltungen ab. Wenn ich wichtige Termine hatte, machte er mir in der Nacht zuvor die Hölle heiß. Stritt mit mir bis in die frühen Morgenstunden, selbst dann noch, wenn ich längst im Bett lag und ihn anflehte, mir wenigstens zwei, drei Stunden Schlaf zu gönnen, damit ich im mir so wichtigen Termin am Folgetag brillieren könne. Immerhin ginge es da um viel für mich. Aber das war das Problem: Es ging nicht um ihn und bedeutete ihm daher nichts.

Ich könnte mit solchen Beispielen ewig weitermachen. Eines absurder als das nächste. Ich würde es schreiben. Man würde es lesen. Mit dem Kopf schütteln. Vielleicht ein wenig Bedauern empfinden. Vielleicht ein wenig Wut. Auf ihn. Vielleicht sogar auf mich. Weil man sich insgeheim eigentlich die ganze Zeit diese eine Frage stellt:

Himmelherrgott noch mal, wenn der Typ so scheiße ist, warum verlässt sie ihn dann nicht einfach? Kann doch wohl so schwer nicht sein!

Tja. Das ist die 6-Millionen-Dollar-Frage. Die 350 400-Momente-pro-Jahr-Frage. Die Frage, die ich mir auch unzählige Male nicht beantworten konnte. Bis ich eines Morgens aufstand, hinunter in die Küche ging, wie ich es jeden Morgen tue. Wasser aufsetzte, mir einen Becher aus dem Schrank nahm, meine Kaffeedose öffnete, feststellte, dass diese leer war, und als Reaktion darauf weinend in der Küche zusammenbrach.

Ausgegangener Kaffee ist schlimm. Wirklich schlimm. Wenn man wie ich ein Koffeinjunkie ist, dann ist das ein Desaster. Jedoch darf dabei gern die Kirche auch in ihrem jeweiligen Dorf gelassen werden, denn so dramatisch, dass ich deswegen Rotz und Wasser heule, ist es nun eigentlich auch nicht. Und ich bin auch kein derart zartes Pflänzchen, dass mich das an den Rand des Erträglichen bringt.

Wenn es also nicht der fehlende Kaffee ist, der schuld an diesem Zustand ist. Wenn eine solche Kleinigkeit mich so aus der Bahn wirft. Wenn das Wissen darüber, dass die einzigen Minuten, die ich am Tag Ruhe finde, jene sind, in denen ich diesen verdammten Kaffee trinke, weil kurz danach an jedem einzelnen Morgen seit Jahren seine Hölle über mir losbricht und es deswegen einfach nicht sein kann, nicht sein darf, dass ich diese Minuten nicht haben darf, weil dann gar kein Fluchtpunkt mehr bleibt, und wenn ich deswegen so zusammenbreche, dann ist es an der Zeit einzusehen, dass ich alleine nicht weiterkomme, dass etwas gewaltig schiefging und ich wohl Hilfe brauche.

Und genau die habe ich mir dann gesucht.

Hilfe – und einen geöffneten Coffee-Shop.

Eine von dreien

Die offizielle Schreibweise des Wortes «Trööööt» ist genau so: Trööööt. Mit drei ö. Keines weniger. Und es wird auch mit einem langen ö ausgesprochen. Es gibt exakt einen Menschen, der dieses Wort regelmäßig benutzt: meine kleine Schwester. Und es gibt ebenso viele Menschen, die darauf hören. Eine. Ich. Trööööt ist ihr Kosename für mich, wohingegen ich sie Hörnchen aka die Hornmaus nenne. Die Spitznamen stammen aus unserer Kindheit, und wir haben sie völlig ungeniert ins Erwachsenenalter gerettet. Mit dem Vermerk, dass niemand, wirklich niemand, außer uns selbst uns so nennen darf. Es hätte auch keinen Zweck. Keine von uns reagiert auf ihren Kosenamen, wenn er nicht von uns ausgesprochen wird, und sollte es doch mal ein anderer tun, wird er sofort zurechtgewiesen. Wenn es um unsere Kosenamen geht, versteht keine von uns Spaß. Namen sind heilig. Spitznamen erst recht, und unsere bilden da keine Ausnahme. Mein Vater nannte mich als Kind «Klüten». Die norddeutsche Verniedlichung des Wortes Kloß. Also kleiner Kloß. Diese kleinen Dinger, die in Saucen entstehen, wenn man nicht schnell genug rührt oder wenn die Suppe etwas ansetzt und dann in kleinen Klumpen oben schwimmt. Das sind Klüten. Ich liebe dieses Wort. Es klingt für mich nach Zuhause. Nach warmem Grießbrei. Nach Sonntagnachmittag in der Sonne im Garten. Nach Wespen auf Erdbeerkuchen und nach einer Welt, die eigentlich echt voll okay ist. Wenn ein Mensch dich mit einem Kosenamen anspricht, dann kann er nicht sauer auf dich sein oder dir etwas wirklich Schlechtes mitteilen. «Hasibärchen, die

Welt geht unter.» Das ist doch ein Satz, den niemand sagen würde. «Renn, Wuschelpups, da ist jemand hinter dir her.» Das nähme doch niemand ernst. «Was? Du gehst fremd? Mit SCHNUFFEL?», sagt halt niemand. Kosenamen sind der heilen Seite der Welt vorbehalten, und ich liebe das. Mama nannte mich Mäusekind. Beide zusammen nannten mich «die Große». Klar, oder? Immerhin war meine Schwester «die Kleine». Getreu der Reihenfolge, in der wir geboren wurden. Wie sie uns wohl genannt hätten, wenn wir Zwillinge geworden wären? «Die Rechte» und «die Linke»? Benannt nach der Seite des Wickeltisches, auf der wir zusammen gelegen hätten? Oder vielleicht doch: «Das Kind» und «das andere Kind, das genauso aussieht»? Irgendwie so wäre es vermutlich gewesen. Mein Vater nannte meine Schwester Stinki, bis ihr das als erwachsene Frau irgendwie zu blöd wurde. Komisch. Dem Zufall sei Dank hatte sie aber noch einen zweiten Kosenamen, auf den nun einfach ausgewichen wird. Erbse. Wahlweise auch Erbsi. Mein Vater hat es irgendwie mit runden Dingen. Meine Mama nennt sie «Mäuschen». Tja. Was Vater die kugeligen Dinge sind, sind meiner Mutter die Nager. Wir nennen beide bis heute Mama und Papa. Oder, wenn es nach Sonne und Erdbeeren und «Papa? Kannst du kommen und hier im Haus was reparieren?» klingen soll, Muddi und Vaddi. Mit doppeltem d. Geschrieben und gesprochen. Mein Onkel ist der einzige Mensch, der mich Nicci nennen darf. Allen anderen verbiete ich es. Gleiche Regel wie bei Trööööt. Meine Katze heißt Maus. Wahlweise auch Prinzessin. Floof. Kuschel-Floof. Flitzmaus. Schmausmaus oder Kuschelmaus. Ich befürchte, man erkennt da ein gewisses Muster, und die Vorliebe für Nager ist gewiss angeboren.

Jeder Mensch und jedes Ding, der oder das mir am Herzen liegt, bekommt von mir im Laufe der Zeit einen Namen oder

Kosenamen. Ich mache das nicht einmal mit Absicht. Es ergibt sich einfach mit der Zeit und ist immer ein Zeichen von Zuneigung. Meine Pflanzen haben Namen. Meine Kuscheltiere sowieso. Mein Auto hat einen Namen und ein Geschlecht. Das haben meine Pflanzen allerdings auch. Frau Tute beispielsweise ist meine allererste Efeutute, die bei mir im Schlafzimmer hängt. Mr. Koralle hängt daneben und ist ein Korallenkaktus. Dr. Fluff und Sherlock Schnuck sind Farne, die ebenfalls in meinem Schlafzimmer wohnen. Einer hängt von der Decke, der andere steht einfach nur so herum. Um nur ein paar Beispiele zu nennen. Dass auch mein Zuhause einen Namen trägt, wird nunmehr vermutlich nicht mehr allzu sehr verwundern. Alle Menschen, die über meine Schwelle treten, betreten das «Schloss». Und es nennen auch alle so. Das muss so eine Sache mit Spitznamen oder Namen im Allgemeinen sein. Wenn man sie nur mit genügend Überzeugung ausspricht, nehmen auch andere dies gern an und tragen es weiter. «Treffen dann bei dir im Schloss am Wochenende, oder?» ist genauso normal wie «Konferenz dann im Schlossgarten, wenn es warm genug ist?» von meinem Team.

Bei Außenstehenden wirft das oft Fragen auf. Ob ich denn wirklich in einem Schloss wohnen würde? Die Antwort lautet ganz klar: ja und nein. Nein, es ist kein Schloss. Es ist ein über 200 Jahre altes Fachwerkhaus. Ja, weil ich es eben als Schloss empfinde. Es ist schief, es ist irgendwie pummelig, es hat zahlreiche Risse und Narben, braucht viel Pflege und passt eigentlich kaum in diese Schickimicki-Gegend, in der ich lebe. Alles in allem also sehr zu mir passend.

Eine der Eigenheiten, die Gästen immer auffällt, wenn sie das erste Mal hier sind, ist meine Phobie gegen Bilder an den Wänden. Wie schon beschrieben, dekoriere ich gerne mit Licht.

Bis ich mich aber mal für ein Bild entscheide, das dann auch länger an einer Wand hängen darf, vergehen mitunter Jahre, und wenn es dann mal eines schafft, ist es meist keine Fotografie, sondern in irgendeiner Weise abstrakte Malerei.

Vielleicht, weil ich gerne auf weiße oder farbige Wände schaue. Projektionsflächen für die Filme und Bilder in meinem Kopf. Mich entspannt der Anblick. Die meisten Menschen finden es eher merkwürdig. Vielleicht, weil es nicht so recht zum Rest meiner Einrichtung passen möchte. Zu den ausladenden Möbeln. Der Heimeligkeit. Zu all den Pflanzen oder dem schweren Massivholz. Vielleicht aber auch einfach nur, weil leere Wände Menschen manchmal nervös machen. Umso verblüffter sind sie dann, wenn sie irgendwann entdecken, dass es doch zwei Fotos in meinem Schloss gibt. Die einzigen beiden Bilder, die als Fotografie durchgehen würden, und beide dienen dazu, mich an etwas sehr Wichtiges zu erinnern. Das eine zeigt eine rote, verwitterte Parkbank. Es hängt bei mir im Wohnzimmer zwischen zwei Fenstern. Das andere findet sich in meinem Schlafzimmer und zeigt ein Pferd, das mit einem Seil an einen Plastikstuhl angebunden ist und sich dort nicht wegzubewegen scheint. Unter dem Bild steht: «Sometimes the thing that is holding you back is all in your head». Ich übersetze es für mich so: Manchmal ist das, was dich davon abhält zu gehen oder dir das Gefühl gibt, gefesselt zu sein, was dich anbindet und einsperrt, nur in deinem Kopf.

Immer dann, wenn ich gefragt werde, warum ich nicht einfach ging. Mich nicht einfach von diesem Mann trennte. Mich nicht einfach aus einer Beziehung löste, die derart toxisch war, möchte ich dieses Bild hervorkramen, draufzeigen und sagen: zu einem großen Teil genau deswegen. Nicht nur deswegen, aber auch. Weil ich nicht konnte. Wegen der Fesseln in meinem Kopf. Sie machen in meiner Geschichte nicht hundert Prozent der Gründe aus, aber doch einen großen Teil, und um mich immer wieder daran zu erinnern, dass ich sowohl die Kraft als auch die Macht habe, mich von solchen Menschen, Fesseln und Partnerschaften zu befreien, steht dort dieses Bild. Nicht als Warnung, sondern als gute Nachricht. Als Hinweis. Als kleiner Kraftspender und ein ganz klein wenig auch aus Stolz darüber, dass ich nicht mehr das Pferd in diesem Bild bin. Denn der Weg, fort von diesem metaphorischen Plastikstuhl, der in Wirklichkeit ein manipulativer, gewalttätiger Mann war, war ein kräfteraubender Kampf. Gegen ihn, aber auch gegen all die Dinge, die in mir passierten.

Eine der meistgestellten Fragen an Frauen und Männer, die Opfer von Gewalt in Partnerschaften werden und wurden, körperlicher wie psychischer, ist immer wieder dieselbe. Warum, wenn er so mit dir umgeht, dir das antut oder dir gegenüber so ein mieses Verhalten zeigt, verlässt du den Mann oder die Frau nicht einfach? Die Frage scheint einfach und naheliegend. Die Antwort ist verstörend.

Das Problem an dieser Frage ist, dass sie bereits die Annahme impliziert, es sei einfach, sich aus einer schlechten, gewalttätigen Beziehung zu lösen. Allerdings ist das ein absoluter Trugschluss. Es ist alles andere als das. Eigentlich liegt das nah – denn wer bleibt gerne bei einem Menschen, der einen misshandelt, wenn man auch ganz einfach gehen könnte? Vermutlich die wenigsten, und dennoch passiert es überall. Hinter Türen, die für die Öffentlichkeit verschlossen bleiben. Gut verborgen hinter Fassaden. Hinter einem Lächeln, wo keines sein sollte. Hinter «Ach was, geht schon», überdeckendem

Make-up, der gut gespielten heilen Welt. Hinter dem schamvollen Schweigen der Opfer und dem schamlosen Verhalten der Täter. Gewalt in Beziehungen ist eines der bestgehüteten Geheimnisse der Neuzeit. Dabei ist sie wahrlich alles andere als eine Seltenheit. Sie hat einen Namen: häusliche Gewalt. Ein auf mich irgendwie zu harmlos wirkendes Wort. Häuslich klingt nach Geborgenheit, Sicherheit und Schutz. Nach Zuhause und behüteter Atmosphäre. Quasi dem genauen Gegenteil des Wortes Gewalt, und vielleicht ist es deswegen auch im gleichen Maße schlimm wie verborgen. Weil es angeblich niemanden etwas angeht, was hinter verschlossenen Türen passiert. Blödsinn, wenn einer der Beteiligten hinter diesen Türen zu Schaden kommt. Zudem ist das Wort «Gewalt» so mächtig, so kantig und so scharf auf der Zunge und in den weichen Teilen unseres Selbst, dass es das Wort «häuslich» regelrecht aufzuschrecken scheint. Genau das ist eine der vielen schlimmen Seiten von häuslicher Gewalt. Sie geschieht dort, wo sie niemals Platz haben dürfte und wo man sie am allerwenigsten erwartet: im geschützten Rahmen eines Zuhauses, welches sicher sein sollte. Und ist dieses Sicherheitsgefühl erst einmal durchbrochen, bringt es eine ganze Welt ins Wanken. Denn wenn man sich nicht einmal mehr zu Hause wohl und sicher fühlen kann und darf, wohin rettet man dann all seine zerbrechlichen Anteile, die man tagein, tagaus zu beschützen versucht?

Nach gängiger Definition ist mit häuslicher Gewalt jede Form von Gewalt gemeint, die zwischen Menschen passiert, die in einem Haushalt leben oder diesem angehören. Dabei ist unerheblich, ob Täter und Opfer in einem gemeinsamen Haushalt leben oder nicht. Jegliche Form von Gewalt, die nicht von einer Staatsmacht, von fremden Menschen oder in der Öffentlichkeit ausgeführt wird, also im häuslichen oder privaten Rahmen unter Menschen geschieht, die sich nahestehen, ist häusliche Gewalt. Die Gewalt in einer Partnerschaft bildet dabei die häufigste Art der häuslichen Gewalt. Und dabei geht es keinesfalls allein um körperliche Gewalt. Zwar wird darüber in den Medien am häufigsten berichtet, ein deutlich größerer Teil ist aber sexuelle, psychische und verbale Gewalt. Und obgleich diese Formen für das Opfer nachweislich ebenso folgenschwer sind wie körperliche Gewalt, erfahren sie deutlich weniger Erwähnung und Aufmerksamkeit. Vielleicht ist das Teil des Problems. Ganz sicher sogar. Denn ich hatte immer das Gefühl, damit alleine zu sein. Zu niemandem gehen zu können, weil ich nicht wusste wohin, und ich bin, wie so viele, stets davon ausgegangen, dass man mir nicht glauben würde. Dass ich mich gar nicht richtig erklären könnte. Dass ich klänge wie eine Verrückte, die alles einfach nur überbewertet. Weil auch ich davon ausging, dass Gewalt nur dann Gewalt ist, wenn sie mit Schlägen einhergeht. Nicht mit Angst, verbalen Attacken, Drangsalierung, Demütigung und Psychospielchen. Ganz gleich, wie oft Gewalt passiert, wirklich offen drüber gesprochen wird selten. Was mich mit dem Eindruck zurückließ, ich hätte die Exklusivrechte an diesem ungesunden Beziehungsmodell. Pustekuchen. Leider. Statistiken zeigen auf, dass eine von drei Frauen im Laufe ihres Lebens Opfer von körperlicher, psychischer oder sexueller Gewalt in ihrer Partnerschaft ist oder wird.

Bei Männern nimmt diese Art von Gewalterfahrung ebenfalls drastisch zu. Dennoch sind bei Vergewaltigung, sexueller Nötigung und sexuellen Übergriffen in Partnerschaften die Opfer zu 98,1 Prozent weiblich; bei Stalking, Bedrohung und Nötigung in der Partnerschaft sind es 89 Prozent. Bei vorsätzlicher, einfacher Körperverletzung waren 79,5 Prozent der

Opfer Frauen und bei Mord und Totschlag in Paarbeziehungen waren es 76,4 Prozent.[1]

Weltweit ist häusliche Gewalt die am stärksten verbreitete Menschenrechtsverletzung.

Amnesty International schreibt zu diesem Umstand Folgendes:

«Die öffentliche Diskussion über häusliche Gewalt hat in den letzten zehn Jahren zwar zugenommen. Trotzdem werden die Drohungen, Nötigungen, Schläge, Vergewaltigungen und Morde, denen vor allem Frauen in den eigenen vier Wänden ausgesetzt sind, selten als Menschenrechtsthema wahrgenommen.

Auf dem Spiel stehen jedoch die grundlegendsten Menschenrechte: das Recht auf physische und psychische Unversehrtheit, das Recht auf Freiheit und Sicherheit, das Recht auf Gesundheit, das Recht auf Freiheit vor Folter oder anderer erniedrigender Behandlung – und nicht selten das Recht auf Leben.»

Häusliche Gewalt betrifft also de facto uns alle. Auch dann, wenn wir sie nicht direkt am eigenen Leib erfahren. Denn den Zahlen zufolge hat jede Frau in ihrem Freundeskreis mindestens eine Freundin, die Erfahrungen mit Gewalt in der Partnerschaft hat oder erfahren wird. Das ist nichts für verschlossene Türen. Gewalt unter Partnern ist keine «Privatangelegenheit», denn in diesem Fall bedeutet «privat» zeitgleich auch einsam und hilflos. Häusliche Gewalt zerstört Leben, persönliche,

1 Quelle: Bundesministerium für Familie, Senioren, Frauen und Jugend

aber auch gesellschaftliche Ressourcen und Unversehrtheit und verursacht schon allein aufgrund der Folgen Kosten in Milliardenhöhe. Und ich sitze da, ich Pferd, angebunden an meinen Plastikstuhl, und denke, dass ich allein bin mit meinem ganz persönlichen kleinen Drama, das für mich so riesig ist.

Warum bin ich also nicht einfach gegangen? Auf diese Frage gibt es so viele Antworten, dass ich nicht weiß, wo ich beginnen soll. Um die Reise in mein Inneres ein klein wenig einfacher zu machen, möchte ich mit dem beginnen, was am einfachsten zu erklären ist.

Ich hatte Angst.

Vor ihm und vor den Konsequenzen der Trennung. Nicht vor dem Alleinsein, sondern vor der existenziellen Bedrohung, die eine solche Trennung mit sich bringen würde. Als ich das erste Mal gehen wollte, drohte er mir mit Selbstmord. Auf sehr glaubwürdige Weise schilderte er mir das Wie, das Wann, das Wo und machte auch klar, wer die Verantwortung für seinen Suizid tragen würde. Ich. Ich würde seinen Tod auf mich laden. Gleich mehrere Kinder zu Halbwaisen machen. Eine Frau zur Witwe. Tiere und einen Hof und Haus würde ich um den Versorger bringen. Alles wegen meines Egoismus, ein freies Leben ohne diese paar kleinen Streitigkeiten, wie er sie nannte, zu führen. Meine Konfliktscheu mache ich zu unserem Problem, meinte er, und in seiner überbordenden Liebe habe ein Leben ohne mich für ihn keinen Sinn mehr. Die ersten Male glaubte ich ihm, als er ausufernd sein selbst herbeigeführtes Ableben schilderte. Das war einfach. Ich wollte ihm glauben. All diese Tränen. All dieser Schmerz in seiner Miene. Ich wollte die Eine für ihn sein. Die Art von Liebe leben, die Shakespeare blass vor

Neid hätte werden lassen. Und ich konnte die Verantwortung nicht ertragen. Die für den Suizid nicht, aber auch das damit aufkeimende Schuldgefühl nicht. Ich hätte mit dem Gedanken, den Menschen, den ich am meisten liebe, an den Tod zu verlieren und dann auch noch schuld dran zu sein, nicht ertragen. Damals nicht.

Dass es nicht meine Verantwortung gewesen wäre, nicht meine Schuld, wurde mir erst viel später klar. Da waren wir längst schon viel tiefer in unseren toxischen Beziehungssumpf gerutscht. Als seine Selbstmorddrohungen bei mir nicht mehr die gewünschte Wirkung erzielten, schwenkte der Hauptdarsteller um: Er ersetzte seine Person durch mich. Sollte ich mich also wirklich trennen wollen, würde ich das nicht überleben. Das war fortan sein Versprechen. Und nicht nur ich stand auf seiner Drohliste, er würde gleich einen Rundumschlag auf Familie und Freundeskreis planen.

War er irre genug, um das zu tun?

An irgendeinem Samstagabend in irgendeinem dieser Jahre. Ich sitze auf dem Sofa, er hat seinen Arm um mich gelegt. Ich krampfe, zittere und hyperventiliere herzrasend in einer Panikattacke. Nicht die erste in dieser Beziehung. Nicht die letzte in dieser Beziehung.

Er bleibt ganz ruhig. Nimmt mir das Handy aus der Hand, mit dem ich den Notruf zu rufen versuche. Legt es weit genug weg. Streichelt mir über die Wange. Küsst sie. Zieht mich fester an sich ran und sagt in einem Tonfall, als seien wir auf einer Fahrradtour: «Wenn du jetzt stirbst, stirbst du wenigstens in meinen Armen. Ist das nicht irgendwie romantisch? Es wäre so leicht. Dann wären wir zusammen. Ich würde weiterleben und immer an dich denken und mich um alles kümmern.»

Man stirbt an einer Panikattacke im Regelfall nicht. Das

glaube ich zumindest. Es fühlt sich aber manchmal so an. Dass der völlig durchgeknallte Partner neben einem sitzt und wirkt, als wolle er sich um die Hauptrolle im nächsten Psychothriller bewerben, hilft auch nicht direkt. Es war nicht lustig. Es war erschütternd gruselig. Mir zu drohen. Mit dem Verlust meines Lebens. Meiner Existenz. Von Menschen, die ich liebe. Das geschah sehr oft. Ja, ich glaubte ihm. Genug zumindest, um eine ganze Weile zu bleiben. Ich hatte zu große Sorge über den Wahrheitsgehalt seiner Drohung, als dass ich es hätte drauf ankommen lassen wollen. Zumindest zu jenem Zeitpunkt. Er war wahnsinnig genug, um viel Kraft und Geduld darauf zu verwenden, Dinge zu zerstören, die mir wichtig waren. Sukzessive und mit vollem Bewusstsein. Er war an jenem Punkt schon seit Jahren damit beschäftigt, mich wissen zu lassen, wie egal es ihm ist, wie es mir geht und was ich empfinde. Wie untergeordnet meine Bedürfnisse seien. Zermürbend. Desorientierend. Mich aus dem Gleichgewicht bringend. Er war ausnahmslos gut darin. Ich lernte Seiten an ihm kennen, gegen die flüssiger Sauerstoff kuschelig warm wirkt. Ja, ich hatte genug Respekt vor seinen Worten. Ich machte am eigenen Leib die Erfahrung, wie weit er bereit ist zu gehen, und wie viel Spaß es ihm bereitet, die Menschen um ihn herum – nicht nur mich – zu manipulieren und zu verletzen. Er war stolz auf seine zerstörerische Kraft, und er fühlte sich am wohlsten, wenn er die absolute Kontrolle hatte. Um jeden Preis. Macht auszuüben, war und ist noch heute sein Fetisch, und er badete zu gern in meiner Angst, als dass ich es auf die leichte Schulter hätte nehmen können. Ich bin also nicht einfach gegangen, weil ich das Gehen fürchtete. Und vielleicht ist es deswegen so schmerzhaft und traurig, diese Frage so oft zu hören, zu lesen und oft selbst zu denken. Und es ist eine der schwierigsten und verletzendsten Frage, die man einem Opfer von häuslicher Gewalt stellen kann. Denn wenn man in einer solchen Beziehung steckt, weiß man etwas, was Menschen ohne diese Erfahrung nicht wissen. Es ist nicht nur schwer, es ist auch unheimlich gefährlich, einen Misshandler zu verlassen. Der finale und letzte Schritt, die letzte Stufe auf dieser Gewaltspirale nach unten, ist in erschreckender Häufigkeit ein Gewaltverbrechen mit tödlichem Ausgang. Das bedeutet nicht, dass jede toxische Beziehung zu einem gewaltbereiten Menschen auch gleich mit Mord und Totschlag endet. Dennoch ist es eine beunruhigende Tatsache, dass 70 Prozent der Tötungen, die innerhalb häuslicher Gewalt passieren, nach einer Trennung erfolgen, weil der Partner dann nichts mehr zu verlieren hat und all seine Wut und seine unerfüllten Wünsche und vor allem seinen Herrschaftsanspruch auf das Opfer fokussiert. Getreu dem Motto: Wenn ich dich nicht haben kann, dann soll dich niemand haben.

Auch neigen solche Partner selbst Jahre nach der Trennung noch zu Stalking und versuchen immer wieder, den verlorenen Partner zurückzuholen. Die Bedrohung, die vom Partner ausgeht und die eine sehr fest gebundene Fessel sein kann, ist also nicht pauschal nur eingebildet, sondern sehr real.

Angst ist also ein naheliegender Grund. Viel überraschender ist das, was auch für mich am allerschwersten zu verstehen war:

Ich habe es nicht gewusst.

Ich wusste nicht, dass er mich misshandelt. Dass das, was er tat, Gewalt war. Dass nicht ich das Problem war, sondern er. Ich wusste es nicht. Ich wusste nichts über psychische Gewalt in Beziehungen. Ich hatte keinerlei Ahnung von dem Begriff der häuslichen Gewalt. Keine zumindest, die über das hinausging, was man eben so aus den Medien mitbekommt. Die immer gleiche Geschichte. Wieder ein armes Ding vom Partner verhauen.

Schlimm, schlimm. Umblättern zur nächsten Seite. Im Hinterkopf die Stimmen, mit denen ich groß wurde. Dass Frauen, die sich schlagen lassen, selbst schuld seien. Schwach. Irgendwie immer eine Spur armselig. Dass man nicht verstehen könne, wieso die denn bei ihrem Partner bleiben, man selbst würde ja so was von abhauen. Sätze, die klangen, als sei die Frau eigentlich selbst schuld an ihrem Unglück. Selbst verantwortlich für das, was ihr angetan wurde. Oder als würde sie zumindest einen Teil der Schuld tragen. Durch was auch immer.

Alles an dieser Annahme ist vollkommen verkehrt und zudem eine bodenlose, beschämende und die Opfer verleumdende Frechheit. Aber so bin ich groß geworden. So ist eine ganze Generation groß geworden, und die vor und nach ihr auch.

Um zu wissen, dass man Opfer häuslicher, psychischer Gewalt ist, muss man wissen, dass es sie überhaupt gibt. Ich wusste es nicht. Nicht in diesem Ausmaß. Und für mich kam erschwerend hinzu, dass ich es für mich nicht annehmen konnte und wollte, mich in der Rolle eines Opfers zu sehen. Ich wehrte mich mit Händen und Füßen gegen diesen Begriff und all das, was er mit sich bringt.

Dieser Punkt haut mich bis zum heutigen Tag immer wieder um. Denn ich weiß noch, wie es war. An jenem Tag, an dem ich das erste Mal zulassen konnte, darüber nachzudenken, ob all das, was passiert, vielleicht nicht nur auf meine sensible Ader und meine überreizte Emotionalität zurückzuführen ist. Die Schuld bei mir suchend. Sie vom Partner auch stets bei mir verortet zu wissen, ließ gar nicht zu, über andere Möglichkeiten nachzudenken. Zumal dies zu tun, auch erst einmal Überwindung kostet.

Über häusliche Gewalt nachzudenken, bedeutet, über sich selbst nachzudenken. Die Beziehung zu hinterfragen. Den

Menschen, den man am meisten liebt, in Verbindung mit Gewalt und Bedrohung zu bringen. Sich selbst auch. Seine eigene Position in einer solchen Beziehung zu betrachten und ungeschönt zu beurteilen, was passiert.

Ich hätte nicht gedacht, dass es so schwer für mich sein würde, zu akzeptieren, dass ich einen Täter liebe, dessen Opfer ich selbst bin. Ich habe mich niemals zuvor als Opfer gefühlt. Keinen einzigen Tag lang. Für mich kam das einfach nicht in Frage. Nicht, weil ich keinen Grund dazu gehabt hätte. Vielleicht hätte es ihn gegeben. Nach einer Nacht voller Sex, den ich niemals hatte haben wollen. Vor vielen Jahren. Zu dem ich niemals ja gesagt hatte. Mit einem Menschen, den ich kaum kannte. Auf eine Art, wie ich ihn niemals haben wollen würde. Alles an dieser Nacht war ein großes, schreiend rotes Nein. Aber mein Wort zählte nicht. Meine Tränen nicht. Mein Um-Hilfe-Schreien nicht. Er war größer. Stärker. Brutaler. Er hatte gewonnen. Aber nur in dieser einen Nacht. Nur meinen Körper. Nur diesen Kampf. Nicht mehr. Ich habe ihm nicht erlaubt, mehr von mir zu nehmen als meinen Körper. Meine Gedanken hat er nicht erreicht. Meine Seele hat er nicht erreicht. Er konnte sich meinen Körper nehmen, aber nicht mein Herz. Nicht meine Fröhlichkeit. Nicht das Licht in mir. Es war keine gute Erfahrung. Es war schlimm, und ich weiß das. Es war schmerzhaft, aber es hat mich nicht kaputt gemacht. Das war's. Nicht weniger als das, aber ich habe ihm auch nicht erlaubt, mehr als das zu sein: ein armseliges, erbärmliches Stück Scheiße, das ein «Nein» nicht akzeptiert und Gewalt einsetzen muss, um eine Frau ins Bett zu bekommen. Ich habe mich aufgerappelt. Viel darüber gesprochen. Weitergelebt. Ich weiß, dass sehr viele Frauen solche Nächte erleben. Ich weiß auch, dass manche es gut wegstecken, andere ihr ganzes Leben lang dran verzweifeln und sich nie wieder erholen. Ich kann beides unglaublich gut verstehen, und es gibt in dieser Situation kein Richtig, kein Falsch und schon gar keine Vorschrift darüber, wie man sich zu fühlen hat. Niemand hat das Recht zu bestimmen, wie lange und wie tief etwas schmerzt. Wie lange man zu leiden hat. Wie viel Hilfe man braucht oder wie wenig. Niemand. Niemals.

Für mich war es, wie ich es beschrieben habe. Ich stand auf und machte in meinem Leben weiter. Ein bisschen vorsichtiger und misstrauischer als vorher, aber alles in allem steckte ich den Tiefschlag gut ein. Diese Nacht ist ein Teil meiner Historie. Ich kann gut über ihn reden. Ich muss es aber nicht mehr. Ich bin fein mit diesem Kapitel. Sollte es aber jemals wieder ein Mann versuchen, werde ich ihn an Ort und Stelle kastrieren. Notfalls mit meinen Zähnen, wenn ich gerade kein rostiges Messer finde.

Ich hatte also Erfahrung mit Gewalt. Auch körperlicher und sexueller. Ich fühlte mich dennoch nicht als Opfer. Ganz gleich, ob ich eines war (war ich!) oder nicht. Ich wollte das nicht für mich annehmen. Opfer. Ein Wort, das ich bei jedem anderen Menschen vorurteilsfrei akzeptieren konnte, aber nicht bei mir. Ich bin eine Kämpferin. Ich bin groß und stark. Ich überlebe Dinge. Ich komme immer irgendwie klar. Habe ich ja schon bewiesen. Ich bin kein typisches Opfer. So, wie man sich im Regelfall eine Frau vorstellt, die Opfer von häuslicher Gewalt wird. Ich bin erwachsen, schwer, tough. Ich bin kein Mäuschen. Kein verschrecktes kleines Wesen. Keine Frau, die angewiesen ist auf einen Mann. Selbst wenn ich all dies wäre, hätte kein Mensch der Welt das Recht, mich zu misshandeln. Natürlich nicht! Nur stellt die Gesellschaft sich so das durchschnittliche Gewaltopfer vor. Ich entspreche diesem

Bild nicht so richtig. Ich lebe auch nicht in einem Umfeld, in dem diese Form von Missbrauch vermutet wird. Ich wohne in einer schönen Gegend. Ich habe Freunde. Ein sozial stabiles Umfeld. Ich werde geliebt. Ich bin erfolgreich genug, um mein eigenes Geld zu verdienen. Ich lebe gut. Ich habe viel Bildung genossen. Ich bin aktiv, neugierig und sehr lebensfroh. Ich passe nicht in das Klischeebild einer Frau, die zum Opfer häuslicher Gewalt wird.

Und warum dachte ich so? Weil ich von der völlig falschen Annahme ausging, dass es ein typisches Opfer überhaupt gäbe. Jetzt, viele Monde, Gedanken, Recherchen und Gespräche mit Spezialisten später weiß ich, dass ich eben doch ein typisches Opfer bin. Was aber nicht daran liegt, dass es «den einen Opfertypus» gibt, sondern viel mehr daran, dass häusliche Gewalt so viele Frauen betrifft, dass die einzige Gemeinsamkeit derjenigen, die in diesem Kontext Opfer werden, ihr Geschlecht ist.

Natürlich gibt es auch die schreckhaften Frauen, die schon ihr Leben lang in Gewaltbeziehungen leben, zusammen mit einem arbeitslosen Schläger, irgendwo in einem sozialen Brennpunkt. Diese Frauen gibt es. Sie sind da. Sie bilden aber nur einen Bruchteil der Frauen, die Gewalt in der Partnerschaft erleben. Die Wahrheit ist: Es ist so weit verbreitet, dass kein sozialer Stand, keine Intelligenz, keine Schönheit, keine noch so robuste Erscheinung, kein Einkommenslevel, kein Alter, keine Religion und kein Wohnort eine Ausnahme bilden, und dass noch immer das Bild der eingeschüchterten, verhuschten kleinen Maus als Prototyp eines Opfers herhalten muss, ist lächerlich und vor allem gefährlich. Denn es sorgt auch dafür, dass andere Frauen (ebenso wie Männer) nicht als Opfer wahrgenommen werden. Sich selbst nicht erlauben, sich als ein solches zu sehen. Aus Unwissenheit. Aus Scham. Aus Angst. Aufgrund sozialer Normen und Werte. Weil sie Angst davor haben, nicht ernst genommen, sondern belächelt zu werden, und mit dieser Angst häufig auch richtigliegen. Was nicht selten zu jahrelangen Martyrien führt.

Als ich Berichte von und über Frauen las, die genau das Gleiche erleben, als ich Begriffe wie «Narzisstische Persönlichkeitsstörung», «Gewalt» und «Täter» sowie «Opfer» las, war ich, vorsichtig formuliert, schockiert. Griff zum Hörer. Rief meine beste Freundin an und ergoss einen Redeschwall durch die Sprechmuschel direkt in ihr Wohnzimmer. «Ich hänge kopfüber in einer toxischen Beziehung, glaube ich. Ich bin nicht verrückt. Ich bin NICHT verrückt! Ich bilde mir das nicht ein. Das steht hier. Es gibt auch andere Menschen da draußen, denen das auch so geht. Es gibt Therapeuten, die darüber schreiben. Er ist vielleicht krank. Oder was weiß ich. Aber es liegt nicht an mir, verstehst du? Nicht nur zumindest. Nicht! An! Mir! Ich bin nicht schuld. Das, was er macht, ist nicht harmlos und von mir falsch verstanden. Ich werde bekloppt, das gibt es doch nicht. Es gibt Hilfe, Schatz! Da draußen ist Hilfe!»

Der Tag, an dem sich für mich alles änderte, war der, an dem ich erfuhr, womit ich es zu tun habe. Als ich der Sache einen Namen geben konnte. Dem Verhalten meines Partners Worte zuordnen konnte. Am wichtigsten aber war das Wissen darüber, dass ich mit diesem Problem nicht alleine bin und dass ich nicht langsam, aber sicher durchdrehe, sondern es mit einem handfesten Problem zu tun hatte. Das an sich ist nicht gut, aber sich einem Gegner zu stellen, den man kennt und sieht, ist ungleich besser, als gegen unsichtbare Dämonen zu kämpfen. Unwissenheit ist ein mächtiger Gegner. Immer.

Nicht umsonst gibt es diese schöne Redewendung, dass Wissen Macht sei. Es ist viel Wahres in diesen Worten. Denn so paradox es klingen mag: Man muss erst einmal von psychischer Gewalt wissen, ehe man sie als solche erkennen kann. Gerade dann, wenn man wie ich davon ausgeht, dass so etwas eigentlich nur anderen passiert. Dieser Punkt war eine starke Fessel in der Beziehung und hielt mich sehr lange an Ort und Stelle. Ein absurd wirkender Punkt. Man möchte doch meinen, dass man weiß, wenn einem Gewalt angetan wird. Dass man weiß, dass man einfach gehen kann, wenn es nicht mehr gut ist. Dass man weiß, dass es gar nicht sein kann, dass man an allem als Einzige schuld ist, und dass spätestens in dem Moment von Gewalt gesprochen werden muss, wenn es einem nicht mehr gut geht! Klingt alles sehr klug, und genau das war auch stets meine Überzeugung. Allerdings war ich auch in dem Glauben unterwegs, dass Gewalt in einer Partnerschaft immer nur dann Gewalt ist, wenn sie mit Schlägen einhergeht, und alles andere einfach nur ein mieses Verhalten seinerseits ist, das auf meine starke und zugleich sensible Emotionalität trifft. Dass eine Trennung, wenn man doch wirklich liebt, einen echten, handfesten Grund braucht. Nicht irgendwas mit Emotionen oder Unwohlsein, sondern klassische Gründe. Fremdgehen zum Beispiel, oder dass er ausholt und mich schlägt. Zwei Dinge, von denen er genau wusste, dass ich sie jederzeit zum Anlass genommen hätte, um ihn zu verlassen. Also gab er mir diesen Anlass nicht. Das ist eine der Schwierigkeiten an häuslicher, psychischer Gewalt. Es ist unheimlich schwer, als Opfer zu erkennen, was noch richtig ist und was nicht.

Ich habe mich nicht getraut, und ich habe mich geschämt.

Ich schämte mich unendlich dafür, dass ich mich so behandeln ließ. Dass ich dachte, wie ich dachte, und handelte, wie ich handelte. Ich habe immer geglaubt, ich könne ihn irgendwie retten, ihn von all den Dämonen erlösen, die ihn antrieben, sich mir gegenüber so zu verhalten, wenn ich ihn nur dolle genug liebe. Ich war eine starke Frau, und er war ein Mann, der meine Hilfe braucht. Das dachte ich in jedem Moment.

Ich kann ihn glücklich machen. Das hat er mir gesagt. Mir gezeigt. Er hat sich mir anvertraut. Und ich liebe ihn so aufrichtig. So hart. So erschütternd intensiv, dass ich alles tun möchte, um ihn diese Liebe spüren und wissen zu lassen. Ich rette ihn um jeden Preis. Weil er mich so wahnsinnig liebt, und ich ihn ebenso. Weil man für seine ganz große Liebe nun einmal Opfer bringen muss, und je mehr er mir weh tat, desto stärker versuchte ich, ihn zu lieben. Immer in der Hoffnung, es würde irgendwann wieder so werden, wie ich es am Anfang empfand. Denn der Anfang, der war in so vielen Momenten atemberaubend schön. Gewalt in dieser Form beginnt nicht mit Schmerz, sie beginnt mit der ganz großen Liebe. Mit vielen guten Emotionen. Mit dem Gefühl, den einen Menschen gefunden zu haben, der einen vervollständigt. Eine Verbindung, so stark und intensiv, dass sie wie eine Droge ist, und wenn sie dann weggenommen wird, diese Liebe und der Zusammenhalt verweigert und entzogen wird, verhält man sich wie ein Junkie. Ich war abhängig. So einfach ist es. Abhängig von dem Gefühl. Von dem, was diese Beziehung mir anfänglich gab. Von ihm. Emotional.

Mit der Zeit hing mein komplettes Wohlergehen an seinen Launen. War er gut drauf, war ich es auch. Was er schlecht drauf, versetzte es mich in Panik. Stets alles an Kraft aufbringend, ihn wieder fröhlich und glücklich zu machen. Das Raubtier zu besänftigen. Bis hin zur Selbstaufgabe. Die forderte er sogar ein. Er wollte eine Frau, die ohne selbständiges Handeln und Denken seinen Idealen folgt. Ich war dafür nie die richtige Frau, weil ich mich so weit nicht einmal dann unterwerfen könnte, wenn ich es unbedingt wollte. Aber anstatt daraus die Konsequenz zu ziehen, dass einer von uns hier mächtig einen an der Waffel hat und dass das zur Abwechslung mal nicht ich bin, verhielt ich mich wie ein Mensch, der sich dafür entschuldigt, nicht passend genug zu sein. Ein Thema, ein Verhalten, in dem ich mich ein klein wenig zu gut auskenne. Das stete Gefühl zu haben, nicht auszureichen, das kenne ich. Nicht genug zu sein und deswegen auch nicht genug geben zu können. Das Montagsmodell einer Frau. B-Ware. Aufgrund meiner Figur. Meines Gewichtes. Meiner spröden Haare. Meiner Größe. Meiner optischen Unvollkommenheit. Meines Unvermögens, mich jedem anzupassen. Meines Eigensinns. Meiner Macken. Meiner starken Sensibilität. Eine Liste, die noch viel länger ist.

Ich schätze, es ist ein im wahrsten Sinne dieser Worte hausgemachtes, erlerntes Verhalten und Problem. Ich bin damit aufgewachsen, dass ich mit Liebe und Anerkennung belohnt werde, wenn ich ein braves Mädchen bin, und wenn ich das nicht bin, gegen Regeln verstoße, meinen Willen durchsetze oder irgendetwas tue, das nicht in das geforderte Bild passt, dann wird gestraft. Mit Liebesentzug, mit Schweigen, mit dem Meiden meiner Person und dem simplen, aber sehr effektiven Mittel des Ignorierens. Es gab Tage in meiner Jugend, an denen ich mich frei von jedem Humor fragte, ob ich wirklich vorhanden bin oder nur als Gedanke in den Köpfen anderer Menschen existiere. Ich fühlte mich in meiner Jugend oft fehl am Platz. Störend. Unerwünscht. Irgendwie so, als wäre ich übrig und nur das wert, was ich auch zu leisten im Stande bin. Immer ein bisschen zu viel von allem und dennoch ständig unsichtbar.

Fehler wurden geahndet. Nicht mit Schlägen. Nicht mit Hausarrest. Sondern mit Stille.

Auf leisen Sohlen durch die Wohnung schleichen. Der eigene Herzschlag so laut, dass es taub macht. Auf jede Reaktion der Umgebung lauschen wie ein Reh auf weit offenem Gelände. Die Fühler ausgestreckt nach den kleinsten Anzeichen der Veränderung der Stimmungslage. Nicht gefragt werden, wie mein Tag war, ob es mir gut geht, was ich so mache. Wortlos an mir vorbeigehen. Blicklos. Die kühle Brise, die von einem Herzen in ein anderes wehen kann, ist arktisch. Schweigen als meinungsverstärkender Machtbeweis. Das wortlose Ziehen am stets längeren Hebel. Es ist einfach, einen emotionalen Menschen wissen zu lassen, dass er etwas falsch macht. Man muss nur aufhören, mit ihm zu sprechen. Oder ihn zu sehen. Oder sich um ihn zu kümmern. Nicht zu fragen, ob ich zum Abendbrot zum Essen komme, sondern ohne mich anzufangen. Ich konnte mir etwas holen. Natürlich. Man war ja kein Unmensch. Ich durfte in meinem Zimmer essen. Ich durfte mich auch dazusetzen. Was ich nur oft nicht konnte in solchen Augenblicken. Das Gefühl, der ungebetene Gast am Tisch der eigenen Familie zu sein, wiegt tonnenschwer im Magen eines Kindes. Auch dann, wenn dieses in der Pubertät nervt oder längst dem Erwachsensein entgegenprescht.

Keine allzu guten Chancen mehr, dann etwas zu essen. Keine Chance, das wegzulächeln. Keine Chance, den Blick der kleinen Schwester zu ertragen, die stumm in ihrem Essen herumstocherte und nicht verstand, was los war. Die nur spürte, dass das falsch ist. Jeder spürte, dass das falsch ist.

Sie lernte später auch, wie es sich anfühlt, unsichtbar zu sein. Vorher lernte sie, wie man in dritter Person über einen Menschen spricht, der mit am Tisch sitzt und um Entschuldigung für Fehler bittet, die keine Fehler waren, um wieder aufgenommen zu werden in den Kreis derer, von denen er abhängig ist. Nicht allein monetär, sondern vor allem emotional. Liebe ist manchmal ein garstiges Stück. Und sie lernte auch, wie ein Mensch aussieht, der darum bettelt, bitte wieder wahrgenommen zu werden, und dennoch weiter unsichtbar bleibt.

Hat da jemand was gesagt? Habt ihr etwas gehört? Wenn die Große etwas will, wird sie schon wissen, was zu tun ist.

Wusste sie damals oft nicht. Heute sieht das anders aus. Heute, da ich die Mechanismen hinter einem solchen und auch meinem eigenen Verhalten und meiner Reaktion darauf verstehe, kann ich anders handeln. Kann ich rechtzeitig Reißleinen ziehen. Kann ich aufstehen und gehen. Heute weiß die Große, was zu tun ist, und sie weiß auch, dass es nicht richtig ist, so behandelt zu werden, und dass es nicht ihre Aufgabe ist, immer alles richtig zu machen, nur damit alle zufrieden sind. Sie weiß, wie man sich entschuldigt, wenn man Mist baute, und dass man reden muss, um sich und einfach alles zu verbessern, statt mit Schweigen zu strafen. Die Große weiß, dass ihr Wert als Mensch, als Frau, als Partnerin und Wesen im Allgemeinen nicht davon abhängt, dass sie stets fehlerfrei und herausragend ist. Sie weiß, dass sie liebenswert ist. Dass sie der Liebe eines Menschen wert ist. Dass sie wertvoll ist. Heute. Heute weiß die Große das.

Als Jugendliche konnte ich das nicht sehen. Wusste ich das nicht. Als junge Frau auch nicht. Als erwachsene Frau in einer Beziehung voller Missachtung, Demütigung und Gewalt auch nicht. Heute jedoch. Und das zählt. Dennoch ist es tief in mir verwurzelt. Der Wunsch, alles richtig zu machen. Das Hängen meines Wertes an meine Leistungen. Die tief in mir steckende Stimme, die immer mal wieder leise murmelt, dass ich es nur wert bin, geliebt zu werden, wenn ich keine Fehler mache.

Wenn ich endlich gut genug bin. Schlank genug bin. Schön genug bin. Nur hart genug an mir gearbeitet habe. Ich weiß, dass das nicht stimmt. Ich bewege mich mit diesem Wissen durchs Leben. Ich verhalte mich aufgrund dieses Wissens heute anders als früher. Aber wenn ich behaupten würde, dass diese Stimme nicht mehr da ist, wäre das eine glatte Lüge. Sie ist da, und sie ist manchmal sehr laut, und sie verführt mich auch heute noch manchmal zu ungesundem Denken und Verhalten. Ich bin konditioniert auf das Vermeiden von Disharmonien, und ich glaube nicht, dass ich das jemals gänzlich abstreifen werde. Ich lerne. Ich wachse. Ich lerne mehr. Ich wachse mehr. Ich scheitere und lerne dann auch daraus. Und vielleicht, eines Tages, ist die Stimme nur noch ein minimales Flüstern. Ganz verschwinden wird sie jedoch nicht. Was heute nicht mehr so viel ausmacht. Denn die Arbeit am eigenen Selbstwert hilft dabei, schwerhörig zu werden gegenüber solchen Stimmen – denen in uns selbst und denen anderer Menschen.

Es ist nicht so, dass ich nicht versuchte hätte, mich zu lösen. Ich war nur zu sehr darauf bedacht, es richtig zu machen. Schließlich hatte er mich doch mal geliebt, oder nicht? Und ich hatte es nun kaputt gemacht. Er ließ keinen Moment aus, mich das wissen zu lassen. Also versuchte ich, es zu heilen. Fuchtelte wild mit den Armen am imaginären Abendbrottisch unserer Beziehung, um gesehen zu werden. Entschuldigte mich tausendfach. Warf mich in den Staub vor seinen Füßen, damit er auf mich steigen konnte, um noch ein wenig größer zu wirken und von dort auf mich herabzublicken. Weil er aus eigener Stärke heraus gar nicht groß sein konnte, es bis zum heutigen Tage nicht kann, brauchte er meine Schultern, meinen Rücken, meine Hände für seine Räuberleiter nach oben. Das Stützen auf mich, um weiter emporzusteigen. Ein emotional kleiner Mensch erhöht sich am einfachsten, indem er die Menschen um sich herum kleinmacht. Das Runterziehen anderer, anstatt nach und nach zu deren Größe heranzuwachsen, ist ein beliebtes Mittel der Selbstüberhöhung. Das gibt es nicht nur in Beziehungen. Es passiert auch in ganz simplen Alltagssituationen. An Arbeitsplätzen zwischen Vorgesetzten und Angestellten. Unter Kollegen. In toxischen Freundeskreisen. Im Vorbeigehen. Ein fallengelassener Satz. Das Reduzieren eines Menschen auf das, was man sieht. Das berühmte «Guck mal, die fette Sau da drüben» oder «Das Klappergestell da, mehr Haut und Knochen als alles andere» oder «Leck mich fett, ist die hässlich» von der anderen Straßenseite. Triumphierendes Gelächter und Beifallsbekundungen. High five. Wieder eine Kerbe im Bettpfosten der Eitelkeiten für das Verletzen eines fremden Menschen. Sich einen kurzen Moment besser fühlen, weil man selbst nicht so aussieht, mehr Geld hat, schöner ist oder glaubt, weniger Probleme zu haben. Sich einen kleinen Augenblick besser fühlen. Die Kosten dafür trägt ein anderer. Und wenn der eigene Wert nicht klar ist, die Stimmen im eigenen Kopf ohnehin von morgens bis abends tadeln, dann ist es ein Kinderspiel, einen Menschen glauben zu lassen, diese Stimmen hätten recht und es läge an einem selbst, wenn man herabsetzend, respektlos und verletzend behandelt wird. Daraus entsteht der Irrglaube, dass im Grunde der oder die Täter und all jene, die einen so behandeln, das Recht dazu haben, weil sie nur bestätigen, was man tief in seinem Inneren selbst von sich hält.

Opfer sind niemals, nicht ein einziges Mal, selbst schuld an dem, was ihnen passiert. Es gibt bei Gewalt keine andere Seite, die man sich anhören muss. Es gibt keinen Grund, der die Taten eines Täters legitimiert. Es gibt keine Teilschuld beim Opfer.

Man muss Gewalt, die nicht der Notwehr dient, niemals verstehen oder entschuldigen. Kein Mensch hat das Recht, einem anderen Menschen weh zu tun. Dem eigenen Partner schon mal gar nicht. Jeder Mensch hat das Recht auf Freiheit, Selbstbestimmung, Unversehrtheit, Würde und das eigene Leben.

Genau das ist der Grund, warum das Selbstwertgefühl so elementar wichtig ist. Damit man das weiß. Es spürt. Es verinnerlicht und lebt. Selbstwertgefühl lässt uns erkennen, was falsch läuft. Selbstwert schenkt uns das Wissen über den eigenen Wert. Lässt uns die Kostbarkeit unserer eigenen Existenz erkennen. Hängt ein Preisschild an die eigene Seele, die unbezahlbar ist. Ist ein Schutzschild gegen Angriffe von außen, aber auch von innen, und hilft uns zu erkennen, wann wir uns selbst retten und in Sicherheit bringen müssen. Selbstwert ist die Heilung für Wunden, die immer wieder aufreißen. Der Mangel an Selbstwert macht einen Menschen hingegen krank. Machte mich krank. Verleitet zu falschen Glaubenssätzen und erlaubt es anderen Menschen, uns schlecht zu behandeln. Es geht bei Selbstwert also nicht nur um gutes, gesundes Essen, tolle Kleidung, Duftkerzen, Gewicht, Aussehen, den nächsten Healthy-Lifestyle-Hashtag auf Instagram oder das berühmte und oft zitierte Selbstbewusstsein. Selbstbewusstsein ist nicht das Problem. Die meisten Menschen sind sich ihrer selbst durchaus sehr bewusst. Es ist das Selbstwertgefühl, an dem es mangelt, und dieser Mangel ist nicht nur schlecht für die Meinung, die man von sich selbst hat, sondern bricht einem emotional das Genick. Ein Mangel an Selbstwert bedeutet auch, dass man alle anderen über sich selbst stellt. Alle. Auch Täter. Dass man die Kraft nicht mehr findet, sich selbst vom Boden aufzusammeln, sich an seinem eigenen Schopf zu packen und sich aus einer toxischen Beziehung zu lösen, hat auch viel damit zu tun, dass man sich über seine eigene Kraft, seine eigene Stärke, seinen eigenen Mut nicht im Klaren ist. All das sind Bestandteile des eigenen Wertes. Selbstwert ist keine Modeerscheinung. Das Arbeiten daran ist kein Trendthema. Das Erlangen eines gesunden Selbstwertgefühls ist kein Luxus, kein Modeaccessoire, sondern ein elementares Grundbedürfnis und wichtig für die eigene Gesundheit und Stabilität, psychischer wie physischer. Weil ein kaputtes oder mangelndes Selbstwertgefühl die eigenen Potenziale untergräbt, schwächt, unglücklich macht und einen in toxischen und manchmal sogar gefährlichen Situationen nicht immer rechtzeitig erkennen lässt, dass man gehen muss.

Mein Mangel an Selbstwert war ein Problem. Was nicht rechtfertigt, was passiert ist. Gewalt kann nicht damit relativiert werden, dass man dem Opfer sagt: «Du hättest ja gehen können, und wenn du das nicht konntest, dann hättest du halt ein bisschen an deinem Selbstwert arbeiten müssen.» Täter machen Menschen zu Opfern, nicht Opfer sich selbst. Jedoch hat das Auseinandersetzen mit meinem Mangel an Selbstliebe und -wert dazu beigetragen, dass ich den Mut fand, aus meinem Mäuseloch hervorzukriechen, mir Hilfe zu suchen und schlussendlich zu gehen.

Heute kann ich über all dies sprechen. Aufrecht stehen und anderen Frauen die Hand reichen. Selbstwert hält gewiss nicht jedes Unheil von einem Menschen ab, aber es kann dabei helfen, nicht wieder die gleichen Fehler zu machen. In die gleichen Fallen zu tappen. Die ewig gleichen Verhaltensmuster an den Tag zu legen.

Bevor man also das nächste Mal von der Sicherheit der eigenen Couch aus über das Verhalten eines Menschen urteilt, der sich nicht aus einer ungesunden Beziehung löst, hilft es vielleicht, sich all diese Aspekte einmal ins Gedächtnis zu rufen. Es langen auch die bloßen Zahlen, um zu verstehen. Denn auch wenn es von außen betrachtet oft so wirkt, als könne ein Mensch, der Gewalt in Partnerschaften erlebt, sich ganz einfach und mal eben so von diesem Partner trennen – genau das kann er eben ganz oft nicht.

Eine von drei Frauen. Die Chancen stehen also leider verdammt gut, dass du eine solche Frau kennst oder kennenlernen wirst oder selbst genau jetzt Opfer häuslicher Gewalt bist. Und wenn das so ist, wenn du dich angesprochen fühlst, möchte ich, dass du Folgendes weißt:

Du bist nicht allein.
Du bist nicht die Einzige.
Du bist nicht unsichtbar.
Du wirst gesehen.
Du wirst gehört.

Du bist nicht schuld.
Du kannst nichts dafür.
Du bist wertvoll.
Du bist einzigartig.
Du hast ein Recht auf Freiheit.
Du hast ein Recht auf Unversehrtheit.
Du hast ein Recht auf Würde.
Du hast ein Recht auf dein eigenes Leben.

Du wirst da rauskommen.
Du wirst Hilfe finden.
Du bist stark genug.
Du bist groß genug.

Du kannst das.
Du schaffst das.
Du bist nicht angewiesen auf deinen Partner.
Du wirst das überstehen.
Du wirst Liebe finden, die nicht zerstörerisch ist.
Du
bist
nicht
alleine!

Du findest ganz hinten in diesem Buch eine Anlaufstelle, an die du dich wenden kannst. Informationen, die dir helfen, einen Ausweg zu finden. Bitte ergreife jede Hand, die dir gereicht wird. Und das Allerwichtigste, von einer Frau, die aus diesem ganzen Scheiß rausgekommen ist, an dich, die du das gerade liest:

Rede drüber! Erzähle es allen. Deiner Familie. Deinen Freunden. Deinen Kollegen. Deinen Nachbarn. Der Polizei. Einem Anwalt. Wildfremden. Vergiss die Scham. Du musst dich nicht schämen. Du bist in so starker, so großer Gesellschaft. Es stehen so viele Frauen hinter dir und an deiner Seite. Du bist keine Versagerin, keine Idiotin, und du hast es nicht verdient, schlecht behandelt, geschlagen, terrorisiert, missbraucht oder misshandelt zu werden.

Lasst uns alle darüber sprechen. Auch wenn ihr nicht direkt betroffen seid.

Eine von drei Frauen ist es. Jeder von uns kennt sehr wahrscheinlich mindestens eine Frau, die Hilfe braucht. Denn das, was mir am Ende am meisten geholfen hat zu verstehen, zu erkennen, Hilfe anzunehmen, diesem Scheinriesen die Luft abzulassen und schlussendlich zu gehen, war das Sprechen über meine Situation. Zumal es für einen gewalttätigen Partner ungleich schwieriger ist, weiter Gewalt auszuüben, wenn plötzlich alle Augen auf ihn gerichtet sind. Also erzählt es jedem. Damit sich eine andere Frau nicht mehr alleine fühlt und Licht fallen kann in die Dunkelheit häuslicher Gewalt, toxischer Beziehungen und zerstörerischer Dynamiken.

Ich bin keine Psychologin. Keine Expertin in Sachen häuslicher, psychischer oder physischer Gewalt. Keine Fachfrau für Beziehungsdynamiken. Ich bin eine Frau mit einer Geschichte und einer ganz großen Hoffnung. Dass das Sprechen über meine Erlebnisse einer anderen den Mut gibt, um zu gehen, wenn es nötig ist. Damit es irgendwann nicht mehr eine von drei Frauen ist, sondern im besten Fall keine.

Sometimes the thing that is holding you back is all in your head.

Und manchmal, da liegen auf diesem Plastikstuhl echte Waffen, und ein Typ sitzt drauf, der wirklich gruselig ist. Aber immer gibt es für jede Frau, die Hilfe braucht, eine andere Frau, die zwei Hände, zwei Ohren, einen Mund und ein Herz voll Kraft hat. Die dir zuhört. Die dir hilft.

Wenn du betroffen bist, dann nimm Hilfe an!

Und wenn du nicht betroffen bist, dann sei eine Frau, die Hilfe anbietet.

Weil echte Königinnen sich gegenseitig die Krone richten.

Egal, wie verbeult das Ding ist.

Don't fuck with Güntherbär

Die Wohnung, in der wir stehen, hat knapp 40 Quadratmeter. Sie liegt im dritten Stock in Hamburg-Barmbek. Einem Stadtteil, der durch Rotklinker und hanseatische Gelassenheit geprägt ist. Alles wirkt ein wenig bunter und wuseliger als anderenorts. Ein bisschen weniger glanzvoll als Eimsbüttel, wo ich aufgewachsen bin. Ein bisschen grauer, ein bisschen ärmer, aber deswegen keinen Deut weniger charmant. Wir haben nicht lange anstehen müssen bei der Wohnungsbesichtigung, meine Mama und ich. 15 Minuten vielleicht, bis uns der Makler empfängt. Das Treppenhaus ist schön hell, meint Mama. Tolle Blumen. Im Treppenhaus. Die Fenster könnten mal wieder geputzt werden, und das Linoleum der Stufen bräuchte dringend einen guten Reiniger, aber das, so sagt Mama, sei ja Gott sei Dank nicht ihre Aufgabe. Wir lachen beide darüber. Ein Geräusch, mit dem wir uns schon den ganzen Vormittag bewerfen. Wir reden, damit es nicht still wird. Lachen, um uns gegenseitig zu beruhigen. Mama raucht an diesem Vormittag zu viel. Sie ist angespannt. Ich bin es auch.

Oben in der Wohnung erwartet uns der Makler. Ein großer, gelangweilter Typ mit Klemmbrett in der Hand und dem bekannten Verhalten eines Menschen, der kein gesteigertes Interesse in seine Aufgabe legt. Er ist einfach da. Wäre nur eben gerne woanders. Ich kann ihn verstehen. Wer steht sich schon gern an einem Samstagvormittag in einer winzigen Wohnung die Beine in den Bauch bei dem Versuch, einer gestressten Mutter und ihrer ältesten Tochter die erste Wohnung nach dem Abi anzudrehen.

Meine Mutter tritt gegen jede Fußleiste in jedem Raum. «Man weiß nie, ob die lose sind», raunt sie mir zu. «Das geht ganz schnell, so was. Da wird ein wenig gepfuscht. Schimmel überdeckt. Dann klatschen die billige Tapeten an die Wand, bisschen Spachtelmasse und zack, hast du in zwei Jahren Flecken an der Wand und musst das zahlen.»

«Ich kenne da nichts», meint Mama zum Makler. Wirklich, sie kannte da echt nichts. Für den Hohlraum hinter einer Leiste gab es keinerlei Entrinnen. Die Schuhspitze von Mama hätte ihn aufgespürt. So wie die eine lose Fliese in der Küche. Die sei ganz schnell Schrott, meinte Mama. Sie kenne sich da genauestens aus, da müsste man ihr gar nichts vormachen. Mama kennt sich tatsächlich aus. Sie ist gelernte Fliesenlegerin, und wenn sie eines hasst, dann sind es schiefe Fugen. Pfusch, das war meine ganze Jugend über klar, geht absolut gar nicht. Das ist ihr Handwerkerherz. So wie das von Papa. So wie heute meines. Obwohl ich nicht einen einzigen Tag lang Handwerkerin war. Stolz darauf, Handwerkerkind zu sein, bin ich trotzdem. Ich weiß nicht einmal, warum. Aber meine Eltern waren stolz auf das, was sie taten, und ich war stolz auf das Leben, das sie durch ihre Arbeit meisterten. Vielleicht kommt das daher. Auch der Gedanke, man müsse nicht um Hilfe bitten, man bekäme das schon alleine hin, kommt aus dieser Richtung. Es gibt für jedes Problem eine Lösung. Manchmal muss man halt nur erfinderisch sein. Oder phantasievoll. Oftmals beides. Aber mit ein bisschen Köpfchen und viel Arbeit schafft man alles. Was nicht passt, wird passend gemacht. So wie diese Fliesen in der Küche. Und dann würde das gefälligst ordentlich gemacht, meinte Mama. Wenn sie etwas macht, dann ganz. Anderenfalls könne man es sich auch gleich sparen. Das sollte ich mir merken. Ich habe es mir bis heute gemerkt.

Der Boden im Flur und Schlafzimmer war nackter Estrich. «Da kommt noch Boden hin?», fragt sie den Makler. «Sieht ja fürchterlich aus so!» Recht hatte sie. Vorgesehen sei dies nicht, war seine Antwort. Aber wenn meine Mutter sich um die Fliesen selbst kümmere, würde er sehen, dass der Vermieter vielleicht was zum Fußbodenlaminat dazugeben würde. «Aber nicht dieser Billigscheiß, der sofort aufquillt. Damit brauchte er gar nicht erst ankommen», stellte Mama klar. Dann würde sie auch die gesprungene Fliese im Bad ersetzen. Ist ja nicht so, dass ihr diese nicht aufgefallen sei. Und wegen des Bodens auf dem Balkon, da müsse jemand mit einem Kärcher kommen. Das könne sie zwar auch selbst, aber sie schleppt das Ding nicht hier hoch. Sie kann sich ja auch nicht um alles kümmern.

Nein. Konnte sie nicht. Aber um vieles. Zum Beispiel um mich.

Eine Dreiviertelstunde und vier Unterschriften sowie eine Bürgschaftszusicherung später sitzen wir auf der kleinen Steinmauer vor dem Haus, welche das kleine Rasenstück, das zur Wohneinheit gehört, vom Gehweg trennt. Gemauert aus roten Backsteinen. Wie alles hier. Mit der Schuhspitze meiner ausgetretenen Turnschuhe stupse ich gegen die Wurzel des massiven Baumes, der vor uns aufragt und so schön grün vor meinem künftigen Wohnzimmerfenster steht. Mama raucht.

«Willst du ein Eukalyptusbonbon?»

Das ist Teil der Geruchswelt meiner Jugend. Eukalyptusbonbon und Zigarettenrauch der Marke West. Eine rote Packung mit schwarzem Aufdruck. Immer irgendwo in der Handtasche verstaut. Dort, wo auch die Bonbons sind. Immer eingerollt in grünes Papier mit schwarzer Schrift. Immer ein wenig verknittert, und nie bekommt man diese Bonbons, die so braun wie Kaffee sind, vernünftig ausgewickelt, weil sie immer ein bisschen zu sehr am Einwickelpapier kleben. Selbst dann, wenn sie ganz frisch sind. Bis heute, beinahe 20 Jahre später, wühlt sie jedes Mal in ihrer Handtasche, wenn wir zusammen unterwegs sind, und ich weiß, dass sie irgendwann fragen wird: «Willst du ein Eukalyptusbonbon, mein Kind?» Ja, will ich, Mama. Will ich immer. Weil Eukalyptus für mich nach Heimeligkeit und «alles okay» schmeckt. Aber nur, wenn sie von dir kommen, sonst mag ich sie nicht.

Ich fummle an dem Papier herum und brauche meine Zähne, um das klebrige Ding von seinem Papier zu befreien. Wie immer ist die oberste Schicht ein klein wenig zu weich. Klebrig. Ich drücke Muster mit meinen Schneidezähnen in die weiche Masse. Mama macht sich die nächste Zigarette an. Verschnaufpause nach einem anstrengenden Vormittag. Nicht körperlich, sondern emotional.

«Tja. Was sagt man dazu. Deine erste eigene Wohnung. Dann fahren wir mal nach Hause, was? Und erzählen das Papa. Solange das noch dein Zuhause ist.» Sie hasst es, das zu sagen. Ich höre es an ihrem Tonfall. Ich werde viele Jahre später wissen, dass mein Zuhause immer mein Zuhause sein und bleiben wird. Dass ich immer nach Hause kommen kann. Dass ich den Schlüssel, den ich am Tag meines Auszugs aus erzieherischen Gründen meinem Papa zurückgeben musste, irgendwann wieder zurückbekommen würde und dass sich nie wieder irgendein Ort so anfühlen wird wie das Nest meiner Eltern. Jenes, in dem die Zeit stillsteht. Selbst, wenn sie es nicht tut. Dieser magische Ort meiner Kindheit und Jugend, auf den meine Eltern bis zum letzten Tag aufpassen werden und an dem ich immer wieder 16 Jahre alt bin, sobald ich über die Türschwelle trete. Mein Zuhause, und das Zuhause von

20 Jahren Erinnerungen. Gute. Manchmal richtig gute. Und schlechte. Manchmal richtig schlechte.

In der letzten Umzugskiste, die ich einige Wochen später an einem Samstagmorgen in den Kofferraum eines Freundes schiebe, befindet sich all das, was ich aus meiner Kindheit und Jugend mit in meine neue, große weite Welt retten möchte. Ein Fotoalbum, CDs, die ich nie wieder hören werde, was ich zu diesem Zeitpunkt allerdings noch nicht weiß. Ein paar Erinnerungen an die Schulzeit, an mein altes Kinderzimmer, an Mama und Papa und meine kleine Schwester. Kabel, von denen ich nicht weiß, wozu genau sie gehören, und lauter Kleinkram, der zusammen eine Schublade füllt und den ich nie brauchen werde, von dem mich aber auch nicht von trennen konnte. Ganz oben auf mein liebstes Kuscheltier. Güntherbär.

Der Auszug von zu Hause ging verblüffend schnell. Irgendwie ein klein wenig zu schnell. Es ist wie mit so vielen Dingen, auf die man sich lange vorbereitet. Plötzlich sind sie da, und dann geht alles ganz rasch. Ein paar Freunde kamen, um mit anzufassen. Es war nicht viel, was mitmusste. Ein paar schnell auseinanderzuschraubende Möbel. Ein paar Klamotten. Krimskrams. Nicht viel davon würde die Wohnung ein Jahr später heile wieder verlassen. 20 Jahre Kinderzimmer sind viel, wenn man mal wieder keine Lust hat, aufzuräumen, nur weil Mama und Papa es so wollen. Aber überraschend wenig, wenn man alles in Kisten verstauen soll. Und vieles von dem, was man wirklich braucht, besitzt man zu diesem Zeitpunkt noch nicht. Gabeln beispielsweise. Teller, Töpfe, eine Klobürste oder Handtuchhalter. In den Wochen vor meinem Auszug gingen meine Mama und ich auf Beutezug durch die heimischen Schränke. «Abstauben» nannte Papa das, was ich machte, und Mama beteuerte immer wieder: «Wir haben so viel davon, was wollen wir denn damit?»

«Dann gib es der Großen halt mit, meine Güte», antwortete er dann nahezu jedes Mal, und so wanderte nach und nach ein kleiner Hausstand in meinen Besitz. Die tollen alten Gabeln mit den Goldverzierungen, von denen alles nach Zuhause schmeckte. Auch in den Jahren nach meinem Auszug noch. Die ehemaligen Senfgläser, die schon lange als Trinkgläser dienten. Ein buntes Sammelsurium aus Tellern, Töpfen, Pfannen und Auflaufformen. Alles, was mehrfach da war, kam in einen Umzugskarton. Fein eingewickelt in Berge von Zeitungspapier. Jedes Teil einzeln. Dafür sorgte Mama. Sie sorgte auch dafür, dass das Shoppen durch Möbelhäuser nicht nur lustig, sondern irgendwie auch teuer war. Für meine Eltern. Handtücher mussten her. Unbedingt. Denn, so lernte ich beim Einpacken von Gläsern in Zeitungspapier, man kann ruhig Geschirrhandtücher von zu Hause mitnehmen, aber Handtücher, Kind, da brauchst du doch ein paar neue. Mama kaufte ein, und ich dackelte ihr hinterher. Kleinkram. Hauptsächlich. Ein bisschen Putzzeug. Einen Eimer. Handfeger und Schaufel, weil man die immer brauchen würde. Eine Wolldecke, weil die fünf Wolldecken, die ich schon eingepackt hatte, bestimmt nicht reichen würden. Mama hatte schon Angst, dass ich einen plötzlichen Kältetod sterben könnte, als ich noch klein war. Einen Flaschenöffner. Ein Nudelholz, das ich noch immer habe, einen Duschvorhang, eine Knoblauchpresse, die man nach dem ersten Benutzen nie wieder so richtig sauber bekam, und zu guter Letzt eintausend Teelichter. Gegen den Allibertschrank konnte ich mich mit Händen und Füßen wehren. Gegen die Spülbürste mit lustigen Füßen und Gesicht drauf nicht. Und dann war da noch dieses kleine, aber wunderschöne bordeauxrote Sofa. Für zwei Personen. Flauschig bezogen über einem Rattangestell. Das Schmuckstück der eher unifarbenen Einrichtung. Die Möbel aus meinem Jugendzimmer zogen mit in meine erste eigene Wohnung. Für mehr war kein Geld da, aber das machte mir auch überhaupt nichts aus. Ich hatte ja dieses Sofa, die Hilfe meiner Eltern, einen nagelneuen Akkuschrauber und einen Satz Schraubenzieher. Bis zum heutigen Tag keine einzige Zange, aber grob geschätzt viertausend Dübel. Die kann man nämlich immer mal brauchen, meinte Papa und packte mir ein Werkzeugsammelsurium zusammen. Er wusste genau wie ich, dass ich das Werkzeug nicht brauchen würde. Meinen Vater gab es serienmäßig mit eingebauter «Papa macht es heile»-Garantie und dem tief in ihm wohnenden Bedürfnis, gebraucht zu werden. Nichts sagt in der Welt von Papa mehr «Ich brauche dich» als ein Anruf von einer seiner Töchter, die ihn fragt, ob er nicht kurz mal vorbeikommen und irgendetwas reparieren könne.

Irgendwann, Jahre später, da war ich längst schon mehrfach umgezogen, einige Jahre älter und keinen Deut weiser, habe ich verstanden, dass die Love-Language meines Vaters das Heilemachen der Welt seiner Weiber, wie er immer sagte, ist. Als wir noch Kinder waren, war es das Spielzeug. Als wir älter wurden, waren es die Wohnungen, und als es hart auf hart kam und er feststellte, dass er kaputte Knochen und gebrochene Herzen nicht so ohne weiteres heile machen konnte, da fand er andere Wege oder wurde zornig auf die Welt.

Und als er dann strauchelte. Auf Arbeit fiel. Das Knie nachgab und brach und ihn in Rente schickte, da hörte ich mir an einem warmen Abend auf dem Balkon an, wie es für ihn ist, nicht mehr arbeiten zu dürfen. Für einen Mann wie meinen Papa war das Folter. Herabsetzung seines Wertes. All die Zeit, die plötzlich da war, womit sollte die gefüllt werden, wenn nicht damit, sich um seine Familie zu kümmern? Das war doch seine Aufgabe, meinte er. Heilemachen. Das war sein Ding. Also fing ich an, zu schauen, wo er in meinem Haushalt vielleicht Sachen heile machen konnte. Und als da nichts mehr war, was festgeschraubt, angezogen, gebohrt, genagelt oder gesägt werden musste, da rief ich meine Schwester an, und wir beschlossen, dass fortan Dinge kaputtgehen werden, auch wenn sie nicht kaputt sind. Und so lockerten wir Fußleisten. Schraubten Muffen ab. Behaupteten jedes Jahr, die Heizungen gingen nicht mehr so richtig. Brachen Dinge entzwei, die danach dringend repariert werden mussten, hatten ständig einen Platten, einen technischen Defekt, eine Lampe, die unbedingt getauscht werden oder einen Mangel an Batterien, der unbedingt behoben werden musste. Seine Art, «Ich habe dich lieb» zu sagen, war das Reparieren. Unsere Art, darauf zu antworten, war es, ihn das so sagen zu lassen und dafür notfalls etwas zu zerbrechen. Er weiß es übrigens heute. Wir machen es nichtsdestotrotz nach wie vor genauso. Er sagt dann: «Das kannst du auch alleine», ich antworte jedes Mal: «Stimmt, aber du kannst es besser, und du machst es gern.» Dann grinst er. Und wenn er grinst, grinse auch ich. Und heute, mit über 70, kann er dann mit seinen prankenartigen Händen und seinen kurzen Fingern im Vorbeigehen an mein Brillengestell schnipsen und sagen: «Ich hab dich lieb, Kind.»

Ich weiß, Papa. Du hattest damals nur echt eine komische Art, das zu zeigen.

Beispielsweise an jenem Tag, an dem er die Stereoanlage und alle sonstigen Besitztümer meines ersten festen Freundes aus meiner ersten richtigen Wohnung auf den ersten grünen kleinen Vorgarten meines Lebens warf. Dort, eingerahmt von einer roten Backsteinmauer, endete meine erste richtige und zeitgleich erste ungesunde Beziehung. Denn schlechte Beziehungen konnte ich schon immer so richtig gut.

Wir lernten uns über Freunde kennen. Er und ich. Klar gab es schon Männer vor ihm, aber nie so was richtig Festes. Ein bisschen rumprobieren. One-Night-Stands. Abenteuer. Affären. Verbindungen, die mal nur für eine Nacht, mal für ein paar Wochen hielten, aber nie war es richtig eng. Nie waren Gefühle ein Teil der Verbindung. Zumindest keine, die erwidert wurden. Mit ihm war das anders. Und weil es das erste Mal war und ich das Gefühl hatte, aufholen zu müssen und zu wollen, und weil man das irgendwie halt so tat, zogen wir sehr schnell zusammen. In meine kleine Wohnung, dort im dritten Stock, in der mein rotes Sofa wohnte. Er war selbständig. Irgendwas mit IT. Ich war daheim. Jobbte. Irgendwas zwischen Leben-nicht-auf-die-Reihe-Bekommen und kleinen Minijobs von zu Hause aus. Es war eine komische Verbindung zwischen uns, die aus Sex, Träumen von einer besseren Zukunft und Welt und viel Alltag ohne Gemeinsamkeiten bestand. Wir waren nicht mehr ganz Teenager, aber viel reifer waren wir auch nicht. Wir lebten so vor uns hin. Spielten Beziehung. Er sprach von dem großen Weltimperium, das er eines Tages aufbauen würde. Ich hatte wenig Ahnung davon, was mein Leben so bringen sollte. So ging das einige Zeit, und in dieser Zeit ging es uns gut. Irgendwie. Ziellos, aber fröhlich.

Irgendwann zog die Unzufriedenheit mit in diese Wohnung ein. Vielleicht hatte er sie auch mitgebracht. In einem seiner Kartons, von denen er manche in all der Zeit nicht auspackte. Ihm war das Leben mit mir schnell zu klein geworden. Nicht, weil er so groß war, sondern weil er immer schon größer sein wollte. Er moderierte bei einem Webradio, nannte sich selbst DJ. Außer ihm tat das niemand. Er wollte ernst genommen werden. Vor allem von seinem Vater. Der ihn verachtete und mit ihm alles in seinem Leben. Auch mich. Ganz besonders aufgrund meiner Figur, aber ganz im Allgemeinen deswegen, weil ich die Freundin seines sehr ungewollten Sohnes war. Ein garstiger kleiner Mann, der einen traurigen und wütenden Sohn hatte. Macht nichts, dachte ich. Wir zwei bekommen das schon hin. Ich habe genug Kraft für uns beide, und es war höchste Zeit, dass ihn jemand vor seinem vernichtenden Vater rettet. Von seiner kleinlauten, heimlich rauchenden und stets ein klein wenig beschwipsten Mutter entführte und ihn aus diesem hässlichen Kaff, in dem die Brutstätte seiner Komplexe stand, wegholte. Er brauchte jemanden, der ihn befreit, und ich hatte immer einen Umhang dabei, den ich nach Bedarf meinem Herz umlegen konnte, um die Retterin in der Not zu sein. Superheartwoman. Die Rächerin einsamer Seelen. Heilemacherin kaputter Typen. Ich war schon immer eine verflucht schlechte Superheldin. Aber verdammt, Catsuit und Umhang stehen mir einfach so irre gut.

Er wollte unbedingt nach Hamburg, und ich fühlte mich so wohl als jene, die die Tore zur Welt für ihn öffnen konnte. Papa hatte recht. Gebraucht zu werden, ist ein tolles Gefühl. Ich, die Retterin gebrochener Männer. Damals wie auch in den folgenden Jahren immer der Meinung, ich könne alles, was kaputt ist, heile machen, wenn ich es nur lange genug versuche. Viele Jahre später habe ich die Lektion begriffen. Papas können vielleicht nicht immer alles heile machen. Und Lebensgefährtinnen auch nicht.

Wir wohnten einige Monate zusammen, als es langsam begann. Die Wohnung wurde ihm zu klein. Was sie ja für zwei Menschen auch war. Größeres konnten wir uns aber nicht leisten. Sein Job machte ihn unzufrieden. Die fehlende Anerkennung der Welt wiederum machte ihn wütend. Wir begannen zu streiten. Wegen Nichtigkeiten anfangs. Über so ziemlich alles am Ende. Er war höllisch eifersüchtig. Auf all die vielen Männer in meinem Leben, von denen er sich einbildete, dass sie immer dann in die Wohnung kämen, wenn er geschäftlich unterwegs war. Vielleicht war das nur eine Projektion. Denn am Ende allen Streits erfuhr ich dann, dass viele seiner geschäftlichen Termine Janina hießen und ich vermutlich die Eifersüchtige hätte sein sollen. Ich gab ihm keinen Grund. Ich hatte keine Affären. Keine Kontakte zu Männern, von denen er nicht wusste. Nichts Amouröses dabei. Ich hatte Freunde, und ein paar dieser Freunde hatten aus Versehen einen Penis. Schlüpfriger wurde es nicht. Er jedoch hörte die Flöhe husten. Wir schaukelten uns von Streit zu Streit weiter hoch. Es ging um Geld. Um den Haushalt. Um Nichtigkeiten. Er wurde lauter. Ich verschlossener. Bis er mir dann eines Tages Schläge androhte, weil mein Schweigen ihn zur Weißglut trieb. Vielleicht war mein Griff zum Telefon nicht das beste Paroli, das ich hätte bieten können. Vielleicht hätte ich erst mit ihm reden oder wenigstens nicht so ungläubig antworten sollen. Aber mir hatte noch nie zuvor jemand körperliche Gewalt angedroht. Ich fand das lächerlich. Ich fand das merkwürdig. Ich fand das unglaubwürdig. Ich saß auf meinem roten Sofa und fragte ihn, ob er Lack gesoffen habe oder was sonst bitte mit ihm nicht stimme. Was mir auch herzlich egal sei, er könne ja mal versuchen, auszuholen, ich rufe dann vorsorglich schon mal die Polizei und lasse ihn aus meiner Wohnung werfen. Ich kam beim Wählen des Notrufs noch bis zur 0. Danach war die Leitung tot. Er hatte das Telefonkabel aus der Buchse gerissen und dann die Buchse aus der Wand. Samt Wand. Alle Kabel lagen fein säuberlich unter Putz versteckt. Natürlich. Handwerkerfamilie eben. Die Aktion war aus seiner Sicht sehr schlüssig. Niemand ruft hier irgendwen und schon gar nicht zu Hilfe, und damit auch keiner in die Versuchung kommt, langt es natürlich nicht, nur das Telefonkabel rauszuziehen. Man entfernt am besten ganz fachmännisch auch alle dazugehörigen Kabel und Leitungen. Sicher ist sicher. Einleuchtend, irgendwie. Mein Handy, ein sehr altes Nokia 6110, verlor kurz darauf seinen Akku und ich, als ich mir das Handy nicht aus der Hand reißen lassen wollte, zwei Fingernägel. «Einen Scheiß rufst du.» So ging das Gebrülle los. Wie Rumpelstilzchen ums Feuer tanzte er durch die Wohnung. Laut polternd. Ständig hätte ich andere Kerle, erzählte er lautstark dem Kleiderschrank. Ich sei eine Nutte, brüllte er in den Kühlschrank, während er dessen Inhalt in der Küche und auf den Wänden verteilte. Sein Leben sei zerstört, nur wegen mir. Dafür konnte zwar die Schublade nichts, dran glauben musste sie dennoch. In diese Scheißstadt habe ich ihn geholt. In die er unbedingt wollte. Was zwar wahr war, als Antwort aber wohl fehl am Platze schien. Zumindest wenn ich dem Geräusch von auf dem Küchenfußboden zerbrechendem Geschirr Glauben schenken durfte. Die armen Fliesen, dachte ich. Mama wird sehr viel schimpfen und sehr viel rauchen. Nur sein Geld würde ich auffressen, ich fettes Schwein. Sein Geld. Das hauptsächlich ich verdiente mit dem bisschen, was ich machte. Und warum Männer immer erst am Ende einer Beziehung festzustellen scheinen, dass ihre Frau oder Freundin übergewichtig ist, während es zuvor nie störte, würde mir viele Jahre lang ein Rätsel bleiben.

Es stimmt, wir hatten nicht viel Geld. Er war chronisch pleite. Kredite. Darlehen. Leasing. Dispo. Und Geliebte sind teuer. Und ich war es auch. Nicht die Geliebte. Sondern pleite. Wir hatten wirklich nie viel. Ich fand das okay. Ich bin mit nicht viel aufgewachsen. Er hingegen schon. Er wurde von seinen Eltern zwar verachtet, aber sie waren immerhin wohlhabend. Money can't buy me love? Stimmt. Aber money can buy alles andere. Und er vermisste alles andere sehr. Schäbig war sie plötzlich, die Wohnung. Die Möbel. Die Beziehung.

Seine Beschimpfungen waren es ganz sicher. Seinen Worten verlieh er Nachdruck. Erst flogen diese durch den Raum. Dann Gegenstände hinterher. Und als ich als Reaktion darauf fragte, ob er nicht der Meinung sei, ein klein wenig überzureagieren, und in sein Aufbrausen hinein zurückschrie, dass er aufhören soll, meine Wohnung zu verunstalten, verlor er endgültig den Kampf gegen seine innere Selbstkontrolle. Beinahe lächerlich zornig zerlegte er mit seinen Händen meine komplette Wohnungseinrichtung. Jedes Glas, jede Vitrine, jedes Buche-Furnier-Regalbrett aus meinem einstigen Jugend- und jetzt Wohnzimmer. Zugegeben, optisch war es kein großer Verlust. Dennoch war es mein kleines Reich, das er dort verwüstete. Was zerrissen werden konnte, wurde zerrissen. Unterlagen. Briefe. Bilder. War es fester als Papier, wurde es zerbrochen. Gegen Wände geworfen, oder auf die so mühsam erneuerten Bodenfliesen. Schubladeninhalte landeten auf dem Boden. Jeder Inhalt. Aus allen Schubladen. Meine Schränke verloren ihre Türen, und seine Hände verteilten deren Eingeweide in der ganzen Wohnung. Irgendwann kramte er dann in all dem Kram, der auf dem Boden lag, und angelte sich die wohl bedrohlichste Waffe, die er in jenem Moment finden konnte. Ein winziges Messer. Dennoch war es groß genug, um Dinge aufzuschlitzen. Die Matratzen. Meine Kleidung. Kabel und Lampenschirme. Er wütete. Er brüllte. Er tobte. Ich war mir unsicher, ob ich ihn aufhalten oder Abstand halten solle. Ich machte Anstalten, die Wohnung zu verlassen. Solle er sie doch ohne mich in Schutt und Asche legen. Eine Idee, mit der er nicht einverstanden war. Die Wohnungstür war abgeschlossen. Mein Schlüsselbund flog über den Balkon in den kleinen, mit Rasen bedeckten Vorgarten. Nahe der Backsteinmauer blieb er liegen. Seinen Schlüssel trug er in seiner Tasche. Wenn ich ihn also nicht windelweich prügeln und ihm vorher noch das

Messer abringen würde, hätte ich schon fliegen lernen müssen, um aus der Wohnung rauszukommen. Also blieb ich.

Genau dort. Auf meinem roten Sofa, auf dem ich mir eine Decke bis zur Nase zog. Es flog viel und einiges sehr tief. Querschlägern entgeht man manchmal vielleicht am besten unter der Wolldecke Nr. 6. Die, die zusammen mit dem Sofa neu in die Wohnung eingezogen war. Mein Nuttensofa, wie er es an dem Tag dann noch mehrfach nannte. Mit wie vielen Männern ich es darauf wohl schon getrieben habe, wollte er wissen. Immer wieder. Ob er mich verarschen wolle, fragte ich dann wiederum. Nicht sehr eloquent, aber passend. Ich bin nicht direkt winzig. Zierlich noch viel weniger. Ich war schon damals eine dicke Frau. Sehr viel dicker als heute. Das Ding, auf dem ich mich verschanzte, war ein Sofa für zwei Personen. Wenn ich draufsaß, musste die zweite Person ein Strichmännchen sein. Als hätte ich darauf auch nur im Ansatz so etwas wie Sex haben können. Lächerlich. Aber das ist eines der Probleme mit Eifersucht. Sie lässt einen irrational werden. Er unterhielt sich vornehmlich mit den anderen Räumen. Zwischendrin kam er immer wieder zur Couch. In der einen Hand das Messer. Fuchtelnd. Nicht sonderlich bedrohlich. Kartoffelschälmesser haben einfach nicht den gewünschten Effekt. Es sei denn, man ist eine Karotte. Dann vielleicht schon. Gewiss lässt sich auch mit einem solchen Messer viel Schaden anrichten. An Möbeln in jedem Fall und bestimmt auch am menschlichen Körper, aber in dem Moment war nicht das Messer das Problem. Es war seine aufbrausende Wut und die Tatsache, dass ich mich eingesperrt fühlte. In der anderen Hand hielt er immer wieder irgendein Teil, von dem er wusste, dass es mir wichtig war oder mir zumindest gehörte. Kleidung. Schmuck. Alles, was ihm in die Finger kam, machte er kaputt. Ob ich versuchte, ihn davon abzuhalten? Natürlich! Er schob mich dann einfach beiseite oder warf irgendwas Hartes in meine Richtung. Was dafür sorgte, dass ich mich unter Wolldecke Nr. 6 sicherer fühlte als im Rest der Wohnung. Wie gesagt, schlechte Beziehungen und ich, wir haben früh angefangen, miteinander zu leben. Sein letzter Beutezug an diesem Tag war auch sein letzter überhaupt. Zumindest in dieser Beziehung. Denn es gibt Dinge, die macht man nicht. Die Hände nach dem Besuch im Bad nicht zu waschen beispielsweise. Oder eine Katze gegen den Strich streicheln. Ganz blöd ist auch die Waghalsigkeit, bereits angebrochene Milch aus dem Kühlschrank zu nehmen und einen kräftigen Schluck daraus zu trinken, ohne zuvor daran gerochen zu haben, oder das Stochern mit einem Stock in einem Wespennest, weil es so leer aussieht, obwohl es noch so komisch summt. All dies sind Dinge, die einem nicht sonderlich gut bekommen. Richtig dumm allerdings ist die Idee, sich vor mir aufzubauen, in der einen Hand dieses Messerchen, in der anderen den einzigen Gegenstand in der Wohnung, an dem wirklich mein ganzes Herz hängt, und zu sagen: «Na? Was willst du machen, wenn ich Günni jetzt aufschlitze von den Eiern bis zum Hals, du dumme Nutte?»

Güntherbär ist der König meiner Stofftiere. Er heißt auch genau so. Güntherbär. Nicht nur Günther. Niemals nur Bär. Güntherbär. Sehr eingeweihte dürfen ihn auch Günnibär nennen, und wenn ich ihn abends auf mein Kissen lege, nenne ich ihn in meinem Kopf Günni.

Güntherbär ist so alt, wie ich es bin. Er war ein Geschenk. An mich. Von meinem Vater, zu meiner Geburt. Das Erste also, was mir an meinem ersten Tag in die winzigen Arme gedrückt wurde, war er. Güntherbär. Ein strubbelig-flauschiger Bär mit braunem Fell, Knopfaugen, halbrunden Ohren und mürrischem Blick. Günni war von Tag 1 an immer ein wenig missgestimmt. Kein Wunder bei dem Scheiß, den er mit mir durchstehen musste. Seinen Namen hat er von einem Freund meiner Eltern. Wie der hieß, lässt sich nun leicht erraten. Günther. Günther besaß eine Autowerkstatt. Er selbst war «Schrauber», wie mein Vater immer sagte. Ich dachte sehr lange, dass das eine richtige Berufsbezeichnung sei. Noch heute sind Kfz-Mechaniker in meiner Familie Schrauber. Wahlweise Autoschrauber, LKW-Schrauber oder Mopedschrauber. Worunter also alles von zwei bis 18 Räder fällt. Günther arbeitete nicht. Günther malochte. Seine Wohnung nannte er Butze, und eigentlich war er da nie, sondern zu jeder Tages- und Nachtzeit in der Werkstatt anzutreffen. Insgeheim glaube ich, dass er dort schon wohnte, bevor die Werkstatt dort stand. Sie wurde einfach nur um ihn herum gebaut. Günther rauchte wie mein Vater irgendwas ohne Filter, das tierisch stank, hatte immer einen Blaumann oder mindestens blaue Latzhosen an und war immer voller Öl, Ruß und Flecken. Und er war immer unendlich herzlich zu mir. Wir waren ständig da. Papa, Mama und er reparierten ständig irgendwas. Mama kümmerte sich um den Papierkram. Papa um Rußfilter, Lichtmaschinen, Ölwannen und um irgendwas da, wofür man Schmierfett brauchte. Eine braune Masse, die in hohen Behältern überall herumstand. Vielleicht werden aus genau dem Zeug auch Eukalyptusbonbons gemacht. Keine Ahnung.

Man half sich eben. In Günthers kleiner Schrauberwerkstatt. Zwei Straßen von jener entfernt, in der ich aufwuchs. Es war eine blaue Werkstatt, wie seine Hosen, das weiß ich noch. Irgendwas mit weißer Schrift. Vermutlich «Schrauber Günther». Das möchte ich mir zumindest einbilden. Heute steht an genau der Stelle ein Penny-Markt, wo ich früher unzählige Stunden meiner Kindheit verbrachte. Verdammt gute Stunden. Ich war ein Mädchen, umgeben von lauter Autoschraubern, die mich alle liebten. Ich durfte mich dreckig machen, Schrauben aufsammeln, allen ein Loch in den Bauch fragen. Mir wurde ständig über den Kopf gestreichelt, überall roch es nach Öl, ein Geruch, den ich noch heute mit guten Emotionen verbinde, und niemand lachte über den Bären in meinem Arm. Der, der überall mit dabei war. Beim Spielen, Essen, in der Badewanne, im Bett oder neugierig mit mir in eine geöffnete Motorhaube schauend.

Eines Tages zupfte Günther mir den Bären aus meinen Armen und entführte ihn in sein Hinterzimmer. Das Büro. So nannte er es. Es war eine Besenkammer mit einem Schreibtisch, ein paar Stühlen, einer Pritsche, einer nackten Glühbirne an der Decke und einem Kopierer. Der einzige gruselige Ort in der Werkstatt. Zwar roch es auch dort nach Öl, aber es war düster und erschien mir riesig. Vermutlich spielte auch die Erinnerung an den Tag, an dem ich dort hinten in den Untiefen der Werkstatt beim Pipimachen ins Klo plumpste und nicht alleine wieder rauskam, eine gewisse Rolle. Es ist frustrierend, im Klo festzustecken. Und beängstigend. Angst vor Enge hatte ich schon als Kind, und dass in der Ecke dieses winzigen Kabuffs mit Klo drin eine Spinne hockte, die mindestens so groß war wie eine Turnhalle, half auch nicht direkt. Proportionen ändern sich, wenn man selbst winzig ist und in einem Klo feststeckt. Ich bin manchmal sehr froh, dass es damals noch keine Handykameras gab. Meine Eltern lachen heute noch drüber.

Günther nahm meinen Bären, legte ihn auf den Kopierer und machte Fotokopien von Güntherbär, während ich Zeter und Mordio schrie. Das war so eine Sache mit mir und dem Bären. Man konnte alles mit ihm machen, aber ihn mir wegzunehmen, war eine Scheißidee. Ich bekam meinen Bären nach einer Minute zurück. Das Bild von ihm hing noch in der Werkstatt, als wir eines Tages, viele Jahre später, am Straßenrand standen und mit wehem Herzen dabei zusahen, wie sie abgerissen wurde, um Platz zu machen für den Lebensmitteltempel. Von dem Moment auf dem Kopierer an aber hieß mein Bär wie sein Entführer. Wohl das erste Kuscheltier mit Stockholm-Syndrom. Güntherbär aka Günnibär.

Güntherbär wuchs mit mir auf, und während ich älter wurde, wurde er haarloser. Sein Fell verlor er durch mich. Ich habe es aufgegessen. Ich möchte gerne behaupten, dass das ein Witz sei. Meine Eltern jedoch schwören steif und fest, dass ich es ihm als kleines Kind auszupfte und nach und nach auffutterte, bis er schlussendlich ein Nacktbär war. Bis heute. Es sieht mir zu ähnlich, als dass ich es leugnen könnte. Er ist in den letzten nunmehr 39 Jahren bestimmt 100 Mal von meiner Mama operiert worden. Mit Nadel und Faden. Er bekommt regelmäßig ein neues Innenleben, und noch heute sitze ich voller Argwohn vor dem Bullauge der Waschmaschine, wenn er alle Jubeljahre mal durchgewaschen wird. Operiert wird er nur in meinem Beisein, und wenn ich ihn aus meinem Schlafzimmer hole, während die Familie da ist, begrüßt und behandelt ihn jeder, als sei er ein sehr geliebtes Familienmitglied aus Fleisch und Blut. Günni ist platt wie eine Flunder, weil ich meistens nachts mit meinem Gesicht auf ihm liege, und wenn es jemals ein Geheimnis gab, das ich vor der Welt verbergen wollen würde, Güntherbär würde es kennen. Ihm vertraue ich seit jeher jede Träne, jede Sorge, jede Idee, alle Freude, alles Leid und jeden Gedanken an. Ich habe ihn überall mit dabei. Nur auf Tour und bei TV-Auftritten und sonstigen Dreharbeiten nicht, weil ich dort Angst hätte, ihn irgendwo zwischen Koffern, Kameras und Bühnen zu verlieren.

Dieses blöde kleine Stofftier ist mir heilig. Ohne zu übertreiben. Ich wurde in einem Interview mal gefragt, welche beiden Dinge ich bei einem Brand aus meinem Haus retten würde. Meine Antwort war: «Güntherbär und meine Katze. In dieser Reihenfolge.» Der Interviewer lachte laut auf. Ich nicht. Ob ich aus dem Alter für ein Kuscheltier nicht langsam raus sei? Ich antwortete ihm, dass ich seine Frage nicht verstehen würde. Er fragte daraufhin süffisant, so als sei ich ein ganz kleines bisschen verrückt: «Okay, Frau Jäger, nächstes Level. Sie können entweder Ihr komisches Kuscheltier und Ihre Katze retten oder fünf Menschen im Nachbarhaus. Wen oder was retten Sie?»

Ich antwortete: «Güntherbär und meine Katze. In der Reihenfolge. Und danach würde ich Sie aufklären, dass Sie Günni nie wieder ‹komisches Kuscheltier› nennen.»

Ich lachte. Er nicht. Das Interview wurde später veröffentlicht. Jedoch ohne diese beiden Fragen und Antworten. Komisch.

Und nun stand er da. Im völlig verwüsteten Wohnzimmer. Mit einem albernen Messer in der einen und Güntherbär in der anderen Hand und drohte mir damit, meinen Bären aufzuschlitzen. «Dann können wir mal sehen, womit das Vieh so gefüllt ist.»

Zehn Minuten später hatte er seine Jacke und seinen Schlüssel genommen und war gegangen. Ohne Güntherbär. Der lag heile auf meinem Sofa. Er würde wiederkommen, hatte er gesagt. Und dann würde ich mein blaues Wunder erleben und er auf jeden Fall ausziehen. Er warf erbost die Tür ins Schloss. Schimpfte noch im Treppenhaus. War dann aber fort, und ich wette, meine Antwort auf seine Frage, wie ich reagieren würde, wenn er Günnibär etwas antue, hatte damit zu tun.

Dabei hatte ich nur gesagt, dass ich, wenn er mit dem Messer auch nur in die Nähe von Günni käme, selbiges nehmen und ihn damit von den Eiern bis zum Hals aufschlitzen würde. Dann könnten wir mal sehen, womit er so gefüllt sei.

Nach einem kurzen Moment absoluter Stille wurde erst Güntherbär zu mir aufs Sofa und dann die Tür ins Schloss geworfen.

Gleiches solle man nicht mit Gleichem vergelten, hat mal irgendein Typ gesagt. Bestimmt hatte er recht. Geholfen hat es dennoch.

Den Akku meines Handys fand ich im Flur wieder. Umgeben von Klamotten, Scherben und einem Haufen Papierschnipseln. 45 Minuten später stand meine Geheimwaffe aus Jugendtagen in der Tür. Aufgebracht. Ungläubig den Kopf schüttelnd. 22 Meter groß und 13 Meter breit. Eine Größe, die nur richtig aufgebrachte Mütter erreichen können, wenn sie ihre Küken in Gefahr wähnen. Sie hatte sich selbst reingelassen. Den Schlüssel hatte sie von unten mitgebracht, und ich halte bis heute jede Wette, nie zuvor und nie danach hat sie derart schnell drei Stockwerke überwunden. Hätte sie den Schlüssel nicht gefunden, hätte sie die Tür eingetreten. Meine Mutter, das One-Woman-Swat-Team. Wenn mein Vater der Heilemacher war, war meine Mutter seit jeher diejenige, die die Kohlen aus dem Feuer holte. Wenn es darum ging, meinen Kopf aus einer Schlinge zu ziehen, wurde immer Mama angerufen. Immer. Mama war der Partner in Crime in sehr vielen Lebenslagen. Ich glaube, die geheime Superpower von Müttern ist es, stets eine Handbreit über den Dingen zu schweben. Selbst dann, wenn die Dinge ekelig, gruselig, schmerzhaft oder einfach lästig sind. Mama ist da. Wenn ich mit 16 die Zeit vergesse und mich viel zu spät auf den Heimweg mache, in dem Bewusstsein, dass es zu Hause nun mächtig Ärger gibt – schließlich war Pünktlichkeit eine Säule der Erziehung meines Vaters, bei der er keinerlei Spaß verstand. Mama war da. Stand draußen im Schnee. 45 Minuten lang. Und rauchte. Wartete auf mich und ging mit der Behauptung auf den Lippen wieder rein, sie sei nur kurz draußen gewesen, hätte mich getroffen und sei mit mir spazieren gegangen. Mein Vater glaubte ihr. Jedes Mal. Obwohl wir sonst niemals spazieren gingen. Immer nur abends nach 22 Uhr. Vermutlich weil er ihr einfach glauben wollte. Als ich mit 28 zu Hause anrief, weil eine Magen-Darm-Grippe mich und mein Badezimmer schwer erwischte, kam Mama. Kochte Grieß und Tee. Machte eine Wärmflasche und putzte das Bad. Drei Mal. Und am nächsten Tag auch. Und als ich eines Tages nach über zwölf Stunden Operation nicht aus der Narkose aufwachen wollte, war sie es, die am Bett saß und meine Hand hielt. In guten wie in schlechten Tagen. Das hatte sie einst nicht nur meinem Vater versprochen.

«Das Arschloch hat die Fliesen kaputt gemacht.» Das war ihr erster Kommentar beim Telefonat mit meinem Vater, nachdem sie sich vergewissert hatte, dass es mir wirklich gut ging. «Hier ist alles hinüber. Ja, der Großen geht es so weit gut. Kennst sie ja. Aber das hier ist echt Mist. Ne, keine Ahnung wann der zurückkommt. Was? Ne, die Große weiß es wohl auch nicht. Ja, aufräumen. Du bist lustig, Schatz. Hier kannst du nur noch alles wegschmeißen. Zumindest alles, was der Großen gehört. Seinen Scheiß hat Graf Koks natürlich nicht angerührt. Ich bin SO sauer, Schatz. Du machst dir ja kein Bild, wie sauer ich bin.»

Sie war noch immer SO sauer, als Papa in der Tür stand. Im Schlepptau den Bruder meiner Mutter. Meinen Lieblingsonkel.

Zwei Meter groß. Ein Herz auf zwei Beinen. An diesem Tag ein mächtig angepisstes Herz. Was mich fast verwunderte, denn ich hatte ihn noch nie aufgebracht erlebt. Mein Onkel ist das, was man im Allgemeinen als einen sanften Riesen bezeichnen würde. Handwerker natürlich. Pragmatisch. Herzlich. Lacht gerne und ist mit allerhand Seemannsgarn ausgestattet. Mein Onkel fuhr jahrelang zur See. Erzählt Geschichten über Äquatortaufen, brennende Schiffe, ferne Länder und die Liebe seines Lebens, die er in einem Hafen in Brasilien kennenlernte. Auch er war immer da, wenn man ihn brauchte. Selbst als er mit seinem Schiff auf Kenia zusteuerte und via Telegramm erfuhr, dass ich ins Krankenhaus gekommen war und keiner wisse, ob ich das alles so gut schaffen würde, war er da. 20 Stunden später. Ohne eine Minute Schlaf. Direkt aus Kenia. Vom Schiff ins Flugzeug und zurück nach Hamburg. Seine komplette Heuer, sein Urlaub und reichlich Nerven gingen dabei drauf, aber er war da und brachte meiner Mutter Gewürze und mir ein T-Shirt mit einer Giraffe mit, auf dem stand «I love Kenya». «Was machst du denn für einen Scheiß, sag mal?», war seine Begrüßung, als ich damals irgendwann wieder am Leben teilnahm. Genau das Gleiche sagte er auch jetzt, als er da in der Tür stand.

Könnte ich heute noch einmal in genau diesen Moment zurückreisen, würde ich wohl sagen: «Das ist der Beginn einer ganzen Reihe an dummen Entscheidungen und miesen Beziehungen. Irgendwie war das hier noch nicht Lektion genug. Ich brauche noch ein paar Anläufe, um zu lernen, was ich lernen muss. Wird in einigen Jahren echt ekelig gipfeln, das Ganze. Aber ich werde das auf die Reihe bekommen. Es wird echt besser werden. Ich werde besser werden. Und dann schreibe ich ein Buch drüber. Das wird alles mächtig gut. Aber bis dahin, puh, das wird ein Ritt, sage ich dir. Dauert auch noch ein bisschen an, das alles. Aber gib mir noch so 18 Jahre, dann habe ich mich und dieses ungesunde Verhältnis zu mir geheilt. Bis dahin brauche ich noch ein paar T-Shirts aus Kenia, schätze ich.» Sollte ich jemals wirklich ein Pferd stehlen wollen, dann nehme ich diesen Onkel mit. So viel ist sicher.

Mein Onkel ist übrigens ein miserabler Fänger. Das wusste ich bis zu diesem Tag auch noch nicht, aber er ist darin echt schlecht. Das zeigte sich vor allem in dem Moment, als mein Vater seine Lederjacke auszog, sie über das Sofa legte und anfing, die Stereoanlage von ihrem Ständer zu rupfen, die dort völlig unversehrt stand. Das Teil war nagelneu. Erst kürzlich vom damaligen Freund und Wohnungsrandalierer erstanden und sein ganzer Stolz. Damals, als Stereoanlagen noch Tausende Euro und mindestens eine Niere kosteten. Mein Vater entschied, dass der gute Besitzer dieser schönen Anlage noch heute ausziehen würde, und damit das ein wenig schneller ging, halfen mein Onkel und er ihm dabei, indem sie schon mal alles, was ihm gehörte, runterbrachten. Auf dem direktesten Weg. Die kürzeste Verbindung zwischen zwei Orten ist eine gerade Linie. Der kürzeste Weg vom dritten Stock ins Erdgeschoss führte über den Balkon.

«Langer?» Mein Vater benennt Familienmitglieder noch heute nach ihrem Erscheinungsbild oder Eigenschaften. Mein Lieblingsonkel ist «der Lange». Ein anderer Onkel «der Dicke». Wir haben ansonsten noch «den Schnösel», das ist der, selbst zu einer Poolparty im Anzug kommt. «Der Kaputtnick» ist der, der ständig in Schwierigkeiten gerät. «Komische Vögel», das sind alle angeheirateten Männer, «die Ollsch», das ist Plattdeutsch für «das alte Weib» und meint alle angeheirateten Frauen. Und dann sind da noch «ach die», «der braucht mir gar nicht mehr ins Haus zu kommen» und «deine jüngste Schwester», was die restlichen Brüder und Schwestern meiner Mutter umfasst.

«Langer? Gehst du schon mal runter und fängst es auf? Der Junge hat es ja nicht so mit Arbeit, und ich will ihm das Ausziehen nicht unnötig schwermachen. Wir packen alle kurz mit an. Am Ende macht er sich noch tot. Das will ja niemand.»

Der Lange ging runter. Nur das mit dem Auffangen, das war halt so eine Sache. Und so entstand der schönste Dialog, den diese Wohnung je gehört hatte – zwischen meinem Onkel und meinem Vater mit drei Stockwerken Höhenunterschied.

«Langer? Bist du fertig? Ich würde dir die Stereoanlage dann jetzt einmal vorsichtig runterreichen.»

«Jo. Kann losgehen. Reich mal an hier.»

«Stehst du auch gut? Ich meine, wegen deinem Rücken und so. Ist ja auch schwer das Teil. Achtest drauf, dass da niemand langläuft, ja? Man weiß ja nie. Nachher nimmt das noch jemand mit.»

«Ich stehe super und passe auf.»

«Alles klar. Stereoanlage kommt!» Mein Onkel trat einen Schritt beiseite. Streckte zwei Meter zu weit links die Arme in die verkehrte Richtung. Es schepperte einmal sehr laut.

«Stereoanlage ist unten! Ich habe die mal hier auf den Rasen gestellt», rief es von unten hoch zum Balkon.

«Das ist nett von dir», erwiderte mein Vater mit todernster Miene.

«Langer! Hier kommen dann jetzt die Boxen dazu. Geh mal ein, zwei Schritte weiter nach links. Ja so ist gut. Stehst du gut?»

«Ich stand nie besser!»

«Prima. Erste Box kommt!» Ein Schritt zur Seite. Zwei ausgestreckte Arme.

Eine Sekunde und einen dumpfen Aufprall später: «Yooooap. Box ist unten! Sehe ich genau. Habe ich zur Stereoanlage gestellt.»

«Da ist ja auch genug Platz.»

«Eeeeben! Ansonsten einfach ein bisschen mehr Schwung holen beim Runterreichen, dann stellen wir das auf den Gehweg. Die Betonplatten dämpfen den Aufprall sicher auch ganz vorzüglich. Falls mir wirklich mal aus Versehen was aus der Hand rutschen sollte. Geht ja schnell. Regnet schließlich.»

«Oh. Das ist eine gute Idee. Ich reiche dann mal die nächste Box an.»

«Jau. Kann losgehen. Ich bin so was von bereit.»

«Sind Sie bekloppt geworden?» Zwischen all den Dingen, die nach und nach gen Vorgarten-Grün segelten, meldete sich einer der Nachbarn zu Wort.

«Möglich! Aber der Freund meiner Tochter hat hier rumrandaliert und alles kaputt gehauen. Jetzt zieht er aus. Wir helfen nur.»

«Ach so! Ist das dieser Assi mit der Brille? Soll ich mit anpacken?»

«Ja, genau der. Ne, geht schon. Aber 'nen Kaffee könnten Sie machen. Die Kaffeemaschine von dem Typen haben wir nämlich schon runtergestellt.»

«Ja, ich sehe schon. Liegt da auf dem Rasen. Gute Aktion, Mann. Wäre der Freund meiner Tochter so, würde ich dem die Fresse polieren.»

«Ach was. An dem mache ich mir doch nicht die Pfoten dreckig. Wir helfen lieber beim Auszug. Man hilft ja, wo man kann. Nächstenliebe und so. Ich bin schließlich Katholik. Da ist das Ehrensache.»

«Auch wieder wahr. Also Kaffee. Ich mache welchen fertig.»

«Für den Langen mit Zucker und Milch! Der Rest schwarz.»

«Viel Zucker!», meinte der Lange.

«Kein Ding. Weitermachen!», meinte der Nachbar.

Kurz darauf regnete ein ganzer Haufen Kleidung wie merkwürdig geformter Schnee über meine Balkonbrüstung und bedeckte den Rasen rund um den Langen.

Auf dem Balkon gegenüber meiner Straßenseite applaudierte ein älteres Pärchen.

Der Nachbar brachte Kaffee. Und eine Rolle Müllsäcke.

Drei Stunden später war die Wohnung so gut wie leer. Mein Freund war offiziell ausgezogen. Er wusste es nur noch nicht. Mein Vater wechselte noch am selben Tag die Schlösser meiner Haustür, und Mama erzählte mir, wie wir die Flecken von den Wänden bekommen würden, während mein Onkel versuchte, die Schranktüren wieder einzuhängen. Die ab diesem Tag allesamt schief in den Angeln hingen.

Irgendwann gegen Abend kam dann der Assi mit der Brille zurück. In Begleitung seines Freundes und irgendeiner Tussi. Der Plan war wohl, seinen Kram aus der Wohnung zu holen und direkt bei der guten Dame einzuziehen. Ob er das am Ende wirklich tat, werde ich nie erfahren, und es ist mir heute auch egal. Seinen Kram aber nahm er mit. In blauen Säcken, die mein Vater ihm mit der Frage reichte, ob er mit anpacken solle. Klugerweise wurde das von allen dreien verneint, und so schauten wir von oben dabei zu, wie langsam die Wiese unten wieder sichtbar wurde.

Heute, beinahe zwei Jahrzehnte später, lache ich jedes Mal sehr herzlich, wenn wir uns in der Familie von diesem Tag erzählen. Damals jedoch war ich eigentlich die ganze Zeit nur sehr zerknirscht. Es ist kein gutes Gefühl, wenn die Eltern einen retten müssen, aber es fühlt sich verdammt gut an zu wissen, dass sie es tun.

Das ist eben die Sache mit den Dingen aus der Jugend. Es passiert sehr viel Mist, der einen verkorkst. Es entstehen die grauenvollsten Glaubenssätze, die einen nachhaltig begleiten, formen und geradezu prädestiniert dafür sind, im Erwachsenenalter zu Stolpersteinen zu mutieren. Es gibt aber auch solche Tage. Momente voller Zusammenhalt. Mit Rollenbildern voller Stärke. Hilfe. Liebe. Manchmal vorbildhaft. Manchmal völlig über die Stränge schlagend. Liebe hat viele Gesichter. Viele Nuancen. Nicht jede davon ist nur gut. Manche sind einfach nur gut gemeint, und manchmal ist gut meinen eben das Gegenteil von gut machen. Meine Eltern haben viel Mist verzapft. Sie haben aber auch so viel richtiggemacht. Vermutlich wiegt Liebe nicht jeden Fehler auf, und gewiss hätte es mir manch bescheidene Beziehung erspart, wäre mein Zuhause ein anderes gewesen. Nichtsdestotrotz bin ich zwischen all den Katastrophen erwachsen geworden und blicke mit einem Weichzeichner auf all das, was war, zurück. Absichtlich und mit offenen Augen und weitestgehend innerem Frieden. Weil ich mich dazu entschlossen habe, das ruhen zu lassen, was ich ohnehin nicht verändern kann. Da ich irgendwann verstand, dass man aus Liebe heraus auch ungesunde Dinge sagt und macht. Dass ich aus den Fehlern vergangener Zeiten lernen kann und dass meine Eltern, so wie auch ich, nicht nur schwarz oder weiß sind. Nicht nur gut oder schlecht. Nicht nur voller Fehler, aber auch nicht ausnahmslos perfekt. Ich bin das kaputte Kind von kaputten Eltern. Das ist nun einmal so. Ich habe die Möglichkeit, daran zu zerschellen oder daran zu wachsen. Ich werde einiges besser machen als die beiden. Vieles aber auch nicht. Und für mein Leben musste ich ganz langsam lernen, mich selbst neu zu erfinden. Weil das Kind meiner Eltern, das Produkt von Erziehung, Maßregelungen und kurzen Leinen zu sein, zwar ein Aspekt meiner Persönlichkeit ist, aber eben nur ein Aspekt. Nur ein Teil meiner Struktur. Der Rest ist das, was ich daraus mache. Ich kann mein Leben darauf verwenden, nach Fehlern zu suchen. Meinen Finger in die Wunden der Vergangenheit legen und Schuldige ausfindig machen. Wissend, dass diese Suche niemals ein Ende finden würde, alle Antworten niemals ausreichen würden, um meine Fragen zu beantworten. Vor allem aber weiß ich, dass ich retrospektiv nichts mehr verändern kann. Ich kann die Vergangenheit nicht neu schreiben. Ich kann nur mich immer wieder neu entwerfen, zusammensetzen und entdecken. Mit Blick nach vorn und so viel Liebe, wie ich sie nur irgendwie aufbringen kann, für alles, was war, und alles, was kommen wird. Nach vorn gerichtet. Mit Frieden und vielleicht sogar ein ganz klein wenig Vergebung, auch wenn das ein so ehrfurchteinflößend großes Wort ist.

Die Frage, wie es zu all diesen verzwickten und toxischen Beziehungen und Herausforderungen und diesem elendigen Mangel an Selbstwert in meinem Leben kommen konnte, ist also nur ein Aspekt meines Weges. Die Vergangenheit zu kennen und zu verstehen, kann durchaus sehr wichtig sein. Für mich war es das. Weil es mir heute hilft, meine Verhaltensmuster zu erkennen. Ich habe nur eines Tages herausgefunden, dass ich nur dann weiterkomme, wenn ich geradeaus blicke.

Als geliebtes, verkorkstes Kind von Eltern, die ich heute als erwachsene Frau mit einem Lächeln lieben und achten kann. Nicht, weil immer alles richtig war, sondern weil ich manches verstehe. Und für all das, was ich nicht verstehe, möchte ich versuchen, inneren Frieden zu empfinden. Das klappt nicht immer. Manchmal bin ich einfach nur wütend oder traurig oder wünsche mir, es wäre anders gewesen. Leichter vielleicht. Oder eben so, dass ich ein anderer Mensch geworden wäre. Einer, der nicht erst mit Ende dreißig wichtige Lektionen gelernt hat. Aber so wie es ist, ist es nun einmal, und ich arbeite daran, dass es besser wird. Vergebung für die Fehler anderer Menschen ist für mein Wertgefühl fast so wichtig wie die Vergebung, die ich für mich selbst versuche zu empfinden. Letzteres ist noch einmal schwieriger. Aber es wird mit jedem Tag, mit jedem Fehler, aus dem ich versuche zu lernen, mit jedem Wiederaufstehen und jedem Blick in den Spiegel ein klein wenig besser. Erwachsenwerden, auch und vor allem emotional, ist eben eine Reise, und ich glaube nicht, dass ich diese heute schon abgeschlossen habe. Vielleicht werde ich das nie. Was auch in Ordnung wäre. Die Geschichte meiner Eltern ist also auch meine Geschichte, und in dieser Geschichte gibt es nicht nur die Guten und die Bösen. Es gibt auch die Unwissenden, die Verunsicherten und die Überforderten. Es gibt die Menschen, die selbst eben auch nur die Kinder ihrer Zeit und das Ergebnis einer rabiaten Kindheit und Jugend waren. Meine Eltern sind nicht schuld. Ich bin es aber auch nicht. Es geht auch nicht um Schuldhaben, -geben oder -sein. Es geht einzig ums Verstehen. Und immer wieder um Liebe. Füreinander. Für andere und am allerwichtigsten für sich selbst.

«Ihr seid doch echt bekloppt. Alle drei! Aber hey. Danke schön. Fürs Zu-Hilfe-Eilen und so. Ihr wisst aber schon, dass in der Bibel steht, man solle Gleiches nicht mit Gleichem vergelten?!» Sagte ich und zeigte gen Balkon.

«Stimmt», meinte mein Vater. «In der gleichen Bibel steht aber auch Auge um Auge, Zahn um Zahn.»

«Genau», meinte meine Mutter. «Möchtest du ein Eukalyptusbonbon, mein Kind?»

«Och. Also wenn das so ist, ich hole mir auch ein Auge von dem Typen, wenn alle einverstanden sind», rief mein Onkel vom Balkon, auf dem er und Mama standen. Sie rauchte. Er lachte. Papa auch. Und ich drückte Muster in die zu weiche oberste Schicht dieses ekeligen Eukalyptusbonbons.

15 Minuten Mut

Fuchsien gehören zur Familie der Nachtkerzengewächse. Benannt wurden sie nach dem deutschen Botaniker und Mediziner Leonhart Fuchs, der 1501 in Wembing bei Donauwörth geboren wurde und 1566 in Tübingen starb. Fuchs war so eine Art Botanik-Superstar und zählte zusammen mit seinen Homies, Hieronymus Bock und Otto Brunfels, zu den sogenannten Vätern der Botanik. Quasi eine Boyband der Renaissance. Nur ohne Musik, dafür mit allerlei Grünzeug und in etwas übertrieben plüschigen Klamotten. Botaniker haben offizielle botanische Autorenkürzel für ihre Publikationen, Texte und Entdeckungen. Das Kürzel von Fuchs war L.Fuchs. Irgendwie naheliegend. Von Fuchsien hatte L.Fuchs übrigens überhaupt gar keine Ahnung. Er war es somit auch nicht selbst, der dieses hübsche Gewächs so benannte, sondern ein Mann namens Charles Plumier. Plumiers Botanikerkürzel war Plum. Was ich irgendwie gerne ausspreche, weil es sich im Mund so gut anfühlt. Plum. kannte L.Fuchs übrigens nicht persönlich. Die beiden sind sich nie begegnet. Was vermutlich hauptsächlich daran lag, dass L.Fuchs schon gute 100 Jahre lang unter Tübinger Erde lag, ehe Plum. geboren wurde. Dennoch fand er, dass Fuchs eine eigene Pflanze verdient. So kam die Fuchsie zu ihrem Namen. Es gab übrigens einen anderen berühmten Kerl, der im Gegensatz zu Fuchs die Fuchsien nicht nur kannte, sondern dessen Lieblingsblumen sie waren: Gregor Johann Mendel. Die hatten damals alle echt grandiose Namen, die Jungs. Wobei ich manchmal befürchte, dass Hieronymus und Co. auch nur die Kevins, Emils und Sky-Lucas ihrer Zeit waren.

Mendel kennen die meisten. Und selbst, wenn man noch nie etwas von ihm gehört hat, kommt man auch ohne jede Kenntnis seines Schaffens nicht an ihm vorbei. Der gute Mann hat die Vererbungslehre ganz weit nach vorn gebracht, und sein Schaffen sorgte dafür, dass wir damals und auch die Jugendlichen heute im Biologieunterricht der 7. bis 10. Klasse viel über Erbsen, Augenfarbe, Haarfarbe und die Vererbung von Merkmalen sprechen. Krasser Dude, dieser Mendel. Die Vererbungslehre ist auch schuld daran, dass ich beinahe durch meine Biologie-Abiprüfung gefallen wäre, weil ich irgendwas mit genetischer Vererbung von Weißdergeierwas bei einer Wespe aufzeigen und beschreiben sollte, was ich schlussendlich völlig vergeigte. Schönen Dank auch, Mendel, es war mir ein Vergnügen. Den Rest meines Abiturs rettete ich dann mit den übrigen Fächern. Im Vergleich zum Biologie-Leistungskurs waren das Singen, Klatschen und Im-Kreis-Hüpfen. Also Deutsch, Philosophie und Darstellendes Spiel, kurz DSP. Jeder Idiot besteht sein Abitur in Philosophie und DSP. Das war zugegebenermaßen auch der Plan bei der Wahl meiner Fächer. Hauptsache durch, und das mit möglichst viel Spaß. Mit Ausnahme von Biologie und Mathe war ich eigentlich immer recht gut in der Schule, ohne dass ich mich sonderlich hätte anstrengen müssen. Dass Fuchsien nach einem Mann namens Fuchs benannt sind, habe ich allerdings nicht gelernt, sondern gegoogelt. Und danach nie wieder vergessen. Erwähnte ich schon meine Vorliebe für Wissen, das kein Mensch braucht? Gern geschehen.

Die Fuchsie ist auch die Namensgeberin meiner Lieblingsfarbe. Fuchsia. Meine Lieblingspflanze allerdings ist sie nicht. Das ist die Celosia Venezuela. Ein Fuchsschwanzgewächs. In meinen Augen die schönste Pflanze der Welt. Sie sieht ein wenig aus wie eine grüne Topfpflanze, aus der oben ein flauschiger, fuchsschwanzartiger Büschel herauswächst. Die Blüte ist alles andere als kuschelig, auch wenn sie so aussieht. Dafür kommt die Venezuela-Variante der Celosia in einem obszön satten und wunderschönen Lila-Pink oder Fuchsiaton daher. Genauso wie die Schuhe, in denen ich hinter dem Bühnenvorhang vor einer Show stehe und mit deren Sohlen ich die abgewetzten Stellen im Bühnenboden nachzeichne. Wenn ich aufgeregt bin, lenke ich mich immer mit den Details völlig banaler Dinge ab. Wie der Farbe meiner Schuhe zum Beispiel.

Meine Bühnenschuhe sind immer rot. Simpler Aberglaube. Oder Glücksbringer. Vielleicht beides. Es gibt nur zwei Kriterien, nach denen ich sie auswähle. Welche Farbe haben sie, und wie sicher stehe ich in ihnen. Es gibt Kolleginnen, die das Kunststück vollbringen, ihr komplettes Comedy-Programm auf Absätzen zu absolvieren. Respekteinflößend. Ich würde mir etwa drei Minuten geben, ehe ich mir entweder den Knöchel oder die Absätze bräche. Sehr wahrscheinlich beides. Darum sind die Nikes, mit deren Hilfe ich gerade den Boden erforsche, flach, gut gepolstert und mehr oder minder bequem. Der Rest meines Outfits ist prinzipiell schwarz. Ich trage jeden Abend das Gleiche und habe einen ganzen Kleiderschrank voller identischer Kleider. Alle ausschließlich für die Bühne. Wickelkleider. Figurbetont. Nicht ganz knielang. Schwarz. Knitterfrei. Das müssen sie sein, ich hätte nämlich nicht den Hauch von Lust, irgendwo in meinem Hotelzimmer zwischen Check-in und Fahrt gen Bühne auch noch Kleider zu bügeln, und da ich meine Koffer zum Touren packe, indem ich reinwerfe, was ich brauche, käme alles mächtig gestresst aus dem Koffer wieder raus. Praktisch. Ich glaube, mit diesem Wort lässt sich mein Kleidungsensemble treffend beschreiben.

Shapeware, BH, Strumpfhose, Wickelkleid, Nikes. Fertig. Ich mag das Outfit. Es ist mir durchaus wichtig, wie ich aussehe. Noch wichtiger ist es mir allerdings, dass ich mich auf der Bühne bewegen kann, ohne mir Gedanken über meine Kleidung zu machen. Denn wenn ich erst einmal auf der Bühne bin, ist es mir plötzlich wieder völlig egal, wie ich aussehe, wenn ich da herumkaspere. Dafür ist in meinem Kopf ab da wohl einfach kein Platz mehr. Zumindest während der Show nicht. Vorher allerdings zupfe ich mich dumm und dusselig an allem, was ich anhabe. Ziehe noch einmal mein Kleid in Form. Unzählige Male die Strumpfhose hoch, obwohl sie nicht einen Millimeter rutscht. Forme wieder und wieder meine Oberweite in meinem BH zurecht und fange dann wieder von vorne beim Kleid an. Unsicherheit. Das ist es, was dieses Verhalten ausdrückt. Und Lampenfieber. Fürchterliches Lampenfieber. Ich bin aufgeregt vor meinen Shows. Vor eigentlich allen Shows, aber vor meinen Solo-Shows am schlimmsten. Das war ich von der Premiere der ersten Tour an, und ich bin es auch noch bei der 5000. Show. Jeden einzelnen Abend. Lampenfieber ist jeden Abend mein treuer Begleiter hinter dem Vorhang. Ein wichtiger Begleiter. Auch, wenn er sich in der Magengegend ekelhaft anfühlt.

19 Uhr 45. Das ist die Uhrzeit, zu der ich immer hinter dem Vorhang stehe. Ab hier beginnen die letzten, längsten und zugleich wichtigsten Minuten vor meinen Shows. 15 Minuten. Durchatmen. Sammeln. Dreihundertmal das Mikrofon in der Hand drehen, bis es richtig in der Hand liegt. Checken, ob es auch wirklich an ist. Ist es. Ist es immer. Das wurde von der Technikcrew längst gecheckt. Vor zwei Stunden schon. Ich kontrolliere es dennoch jedes Mal aufs Neue. Ich bin pedantisch, wenn es um meine Auftritte geht.

So ein Showabend beginnt früh. Um spätestens 17 Uhr ist Get-in. Ankunft in der Location. Je nachdem, wann die Show startet, bin ich mindestens drei Stunden früher vor Ort. Je größer die Show, desto früher bin ich da. Ich bekomme gerne mit, was passiert, schaue mir gerne alles vorher an. Bin ansprechbar. Arbeite mit. Lerne die Menschen vor Ort kennen, die Crew, die Techniker, die helfenden Hände aus der Gastro, die Backstageräume und allem voran die Bühne selbst. Der wichtigste Ort an diesem Abend. Der wichtigste Ort der Welt für mich.

Mal mit Brettern. Mal ohne. Aber egal wie, es gibt keinen Ort, an dem ich lieber bin als dort. Ganz gleich, wo die jeweilige Bühne steht. Meine Beziehung zu den Bühnen ist beinahe amourös. Sie, die Bühnen, sind für mich in gewisser Weise lebendig. Ein atmender, Energie ausstrahlender Organismus. Launenhaft. Charakterstark. Einschüchternd groß, selbst wenn sie klein sind.

Die Ankunft in einer Location ist immer gleich. Ich komme an, meine Crew lädt den Kram für den Abend aus, ich begrüße alle, und dann geht der immer gleiche Trubel los. Soundcheck, Lichtcheck, Musikcheck. Funktioniert alles? Check! Backstagevorbereitungen. Outfit. Perücke. Make-up. Ich schminke mich außer für TV-Auftritte immer selbst. Ein meditativer Akt, bei dem ich sehr laut Musik auf den Ohren habe und kurz, für ein paar Minuten, für niemanden zu sprechen bin, wenn es nicht unbedingt sein muss. Ich bin ganz schlimm verschroben, was meine Routinen hinter der Bühne angeht. Nicht die unfreundliche Art von verschroben. Das hoffe ich jedenfalls. Aber gut durchgeplant. Getaktet. Jeder Handgriff folgt einer bestimmten Idee. Nach einigen Jahren auf der Bühne schleicht sich so etwas ein, und ich halte daran fest. Weil es mir hilft, festen Stand zu wahren und mich zu orientieren. Mich vorzubereiten und nicht meinem aufkommenden Lampenfieber nachzugeben.

Es gibt eine Diskrepanz zwischen dem, was in mir passiert, und dem, was zeitgleich im Außen passieren muss. Während ich um mich herum das Treiben der Vorbereitungen erlebe und mich mitreißen lasse in die jeweilige Stimmung des Ortes, beschäftigt mein Kopf sich ein ums andere Mal mit der Frage, warum ich eigentlich nicht schreiend weglaufe. Ich soll da nachher raus. Alleine. Auf einer Bühne stehen und Menschen unterhalten, die hohe Erwartungen haben. Wie man sie eben meistens hat, wenn man für etwas bezahlt. Alles um mich herum ist riesig. Der Saal. Die Bühne. Die Herausforderung. Der Anblick Hunderter leerer Plätze ist beängstigend. Zugegeben, schlimmer wäre es nur, wenn sie den Abend über auch leer blieben. Nicht, dass ich das nicht schon erlebt hätte. Mein Negativrekord in Sachen Auftritt war während meiner allerersten Tour. 13 Menschen hatten sich an jenem Abend zu mir verirrt. In Worten: dreizehn. Menschen, die schlau genug sind, ihre Brötchen nicht auf der Bühne zu verdienen, sind oft der Ansicht, dass das Auftreten vor wenigen Menschen einfacher und weniger furchteinflößend wäre als vor Hunderten oder Tausenden. Es ist jedoch genau andersherum. Je weniger Menschen im Zuschauerraum sitzen, desto härter ist es, zu spielen. Das hat viele Vorteile. Man lernt selten so viel wie in solchen Momenten. Auch über sich selbst. Aber es ist eben überraschend holprig. Der Grund dafür ist einfach. Je weniger Menschen im Publikum sitzen, desto weniger Verbindung findet unter den einzelnen Protagonisten im Zuschauerraum statt. Menschen sind Herdentiere. Das sieht man anhand eines Publikums sehr eindrucksvoll. Je mehr Menschen, desto einfacher kommt Stimmung auf. Im Schutz der Gruppe sind wir anonymer. Sicherer. Da darf gelacht, geklatscht, gekichert und geweint werden. Geborgen unter Gleichgesinnten. Der Einzelne traut sich innerhalb einer großen Gruppe mehr, als wenn er alleine auf einem Stuhl sitzt und nun die Verantwortung dafür trägt, auch bei gemeinen Stellen laut zu lachen oder lieber nicht. Die Dynamik einer großen Gruppe ist eine gänzlich andere als die einer kleinen Ansammlung von Menschen. Was nicht bedeutet, dass das Spielen vor einer Handvoll Menschen keinen Spaß macht. Es ist sogar richtig gut. Nur eben schwieriger. Oder sagen wir anders schwierig. Ist ja nicht so, dass vor einer ausverkauften Hütte zu spielen oder überhaupt auf die Bühne zu gehen und abzuliefern, das Einfachste der Welt sei. Das Grandioseste allerdings ist es ganz sicher. Zumindest für mich.

Humor liebt die Gruppe. Je mehr Menschen, desto einfacher breitet er sich im Raum aus. Lachen ist ansteckend. Applaus auch. Gefühle fühlen sich weniger eigenartig an, wenn man von anderen umgeben ist, die das Gleiche fühlen. Die Gruppe bietet Schutz, und der Einzelne darf sich für einige Stunden als Teil einer Gemeinschaft sehen. Zusammengewürfelt aus völlig Fremden, die einen Abend lang verbunden sind. Durch Lachen. Emotionen. Und die Magie des Moments.

Es ist verblüffend schwer, so ein Mikro. Meines ist es. Ich liebe das Ding. Es ist mein allererstes eigenes. Bereits einige Jahre alt. Und es reist zu jedem Auftritt mit. Ich erlaube mir an der Bühne wenige Spleens. Mein Hospitality-Rider, also die Liste mit den Dingen, die ich an der Bühne beim Auftritt haben möchte, ist klein. Wasser. Kaffee. Coke Zero, für den Fall, dass mein Koffeinspiegel mir noch nicht gegen die Schädeldecke schlägt. Ein paar Weintrauben. Zwei Äpfel. Zwei Handtücher. Fertig. Mehr brauche ich nicht. Mir ist es im Grunde auch egal, wie die Backstageräume aussehen. Klar mag ich es schön, und auch ich freue mich, wenn die Crew vor Ort sich Mühe gibt, aber ich erwarte oder verlange es nicht.

Nachdem ich irgendwann einmal in einer Location spielte, in der der Backstageraum ein umgebautes Klo war und man sich direkt neben der Toilette schminkte, ist mir beinahe alles egal. Richtig gut wird diese Erfahrung übrigens ab dem Moment, in dem man gebeten wird, kurz mal aufzustehen und draußen zu warten, weil das umgebaute Klo kein umgebautes Klo ist, sondern eben die ganz normale Backstagetoilette. Dieser Glamour. Dieser Glanz. Wahnsinn, dieses Showbiz. Überall Lamettaregen.

Ich bin also sowohl hart gesotten als auch wenig anspruchsvoll, was meine Anforderungen an meinen Arbeitsplatz betrifft. Ich habe schon auf Bühnen gespielt, die wackelten. Auf einer regnete es während der Show durch die Decke. Bei der nächsten lief die ersten 20 Minuten YMCA aus meinen Monitorboxen, weil der Techniker nicht wusste, woher die Musik kommt. Ich habe schon ohne Licht gespielt. Ohne Ton alles, was ich sagen wollte, so gut es ging geschrien, und ich habe auch schon im Putzlicht gestanden oder wurde gefragt, ob mir eine Leselampe auf der Bühne reichen würde, ich könne mich ja in die Nähe des Lichtes setzen. Das ist kein Witz. Das ist Showbiz, wenn man anfängt.

Jegliche Allüren hat man mir also von vornherein abtrainiert. Mit Ausnahme derer, die ich charakterlich eh mitbringe. Nur was mein Mikro angeht, bin ich sehr eigen. Sehr, sehr, sehr eigen. Ich schleppe es in einem dazugehörigen, dunklen Koffer mit in die Location. Optisch in der Art, dass man nicht weiß, ob ich da gleich mein Mikro oder eine Knarre rausholen werde. Ganz so dramatisch ist es am Ende nicht. Es befinden sich lediglich der Empfänger, Mikrofonhalter, Batterien, Ersatzbatterien und Ersatz für die Ersatzbatterien in ihm. Sicher ist sicher. Und natürlich mein Mic selbst. Ich bin ganz unverhohlen verliebt in dieses Teil. Es symbolisiert eine ganze Welt und die dazugehörige Geschichte für mich. Ist Erkennungszeichen meines Berufsstandes. Repräsentation eines ganzen Lebensgefühls. Meines Lebensgefühls. Mein wichtigstes Werkzeug auf der Bühne. Mein Schwert. Mein Schild und etwas, an dem ich mich festhalten kann. Haptisch bei Lampenfieber, aber auch emotional. Ein Zepter, das tonnenschwer wiegt, wenn es nur noch 15 Minuten bis zur Show sind.

Die letzten 15 Minuten gehören mir allein. Um mich zu sammeln. Luftholen. Ein letztes Mal dehnen. Kopf freimachen. Auftanken der Stimmung vor dem Vorhang. Das Raunen der Menschen, die zu diesem Zeitpunkt im Regelfall schon alle eingetroffen sind, verrät viel über den weiteren Abend. Wie sind die Leute drauf, in dieser Gegend, an diesem Abend? Sind sie von sich aus laut? Ist es eher leise? Wie fühlt es sich an? Vibriert der Raum schon? Spüre ich freudige Erwartung oder eher Gelassenheit? Wenn viele Menschen in einem Raum zusammenkommen, bringen sie Energie mit, und diese Energie kann man hinter der Bühne spüren. Ich weiß von meinen Kollegen und Kolleginnen, dass sie genau das Gleiche berichten. Das Publikum fühlt sich an wie ein riesengroßes, atmendes, sich bewegendes, pulsierendes Tier. Wunderschön und furchteinflößend zugleich. Die Kraft, die vom Rhythmus Hunderter und Tausender Herzen ausgeht, haut mich jedes Mal aufs Neue um, und ich bin im gleichen Maße süchtig danach, wie ich eingeschüchtert bin.

Ich habe Angst vor dem ersten Augenblick einer jeden Show. Der erste Schritt ins Scheinwerferlicht kostet mich Überwindung. Jeden Abend. Obgleich es mich anzieht, wie es Motten anziehen würde. Vielleicht, weil ich manchmal fürchte, genau wie diese im Schein und in der Hitze dieses Lichtes zu verglühen. Oder mir zumindest die Flügel zu verbrennen.

Es sind die ersten Schritte, vor denen ich Sorge habe. Aus der Sicherheit des Schattens in die Unsicherheit der Scheinwerferkegel. Der Augenblick, in dem sich das «Niemand sieht mich» zu einem «Alle gucken mich an» wandelt. Weil es ab da kein Zurück mehr gibt. Ab jetzt ist alles, was ich mache, sichtbar. Ich bin sichtbar. Alles, was ich optisch bin und nicht bin, auch. Mein dicker Bauch. Meine breiten Hüften. Mein großer Popo. Meine meistens viel zu blasse Haut. Meine unechten Haare. Mein So-gar-nicht-reinpassen-Wollen in diese Welt, in der ich dennoch so viel Platz einnehme. Alles daran ist ein Mich-Hinaushieven aus meiner so flauschigen Komfortzone. Rein in all das, was ich sonst gruselig finde. Menschenmassen. Schutzlosigkeit. Unzählige Augen, die einen unablässig anschauen. Die jedes Wort hören und abwägen. Abwartend. Hungrig. Gierig nach Unterhaltung – und ich habe versprochen zu liefern. Mindestens zwei Stunden lang bin ich nun vollkommen bekleidet nackt. Ausgeliefert in der unbarmherzigen Helligkeit von 10 000 Watt. Keine Weichzeichner, keine Filter. Jetzt muss ich beweisen, was ich kann. Oder aushalten, dass alle sehen, wenn ich etwas nicht kann. Das Spannende an diesem Handwerk ist das ewige Operieren am immer offenen Herzen. Kein Ablauf, kein Abend, keine Show ist gleich. Kein Publikum wie jenes am Tag zuvor. Es gibt fast nichts, auf das man sich wirklich verlassen kann, weswegen man besser mit allem rechnet. Irgendwas ist definitiv immer. Wenigstens darauf ist Verlass. Menschen zum Lachen zu bringen, ist wie ein Tanz mit einem unbekannten Partner. Energiegeladen, atemberaubend, aufregend, unberechenbar, und wenn man aus dem Takt gerät, funktioniert nichts mehr. Es ist aber auch genauso grandios wie ein Tanz. Mächtig groß. Voller Gänsehaut. Sexy. Anstrengend und voller Leidenschaft und Liebe. Für mich ist es das. Ich liebe das, was ich tue. Mehr noch sogar. Vielleicht habe ich auch deswegen so viel Angst davor. Weil das, was ich dort tue unter all diesen erwartungsvollen Blicken, mir so viel größer scheint, als ich mich oftmals fühle. Denn zu dem, was plötzlich alle sehen, kommt auch noch das, was niemand sieht. Meine stets kaputte Nagelhaut, die ich mir in nervösen Momenten ruiniere. Mein Unbehagen vor Menschenmassen. Die latente Soziophobie, die mich schon mein Leben lang begleitet. Die Narben überall auf und in mir. Die Selbstzweifel, ob ich es verdiene, dort zu stehen. Ausgerechnet ich, wo ich es doch nur so schwer gebacken bekomme, mich von Menschen zu trennen, die mich zugrunde richten. Gefühle mit Essen oder Hungern kompensiere, was mich zu einer hochgradig Essgestörten macht. Ich liege nächtelang wach und grüble über alles, weil ich keinen Gedanken einfach so ziehen lassen kann. Es mangelt bei mir an so ziemlich allem, wenn es darum geht, an mich selbst zu glauben. Und ausgerechnet ich stelle mich auf die Bühne und nehme Eintritt dafür?

Ja. Ausgerechnet ich.

Dieses Gefühl hat sogar einen Namen. Impostor-Syndrom, oder auch Hochstapler-Syndrom. Es bezeichnet das Gefühl, dass man, auch wenn man etwas wirklich gut kann, dennoch immer überzeugt ist, den Erfolg nicht verdient zu haben oder dass das eigene Können von allen anderen überschätzt wird. Es geht im Regelfall mit massiven Selbstzweifeln hinsichtlich eigener Fähigkeiten, Leistungen und Erfolge einher und der Unfähigkeit, persönliche Erfolge auch als solche anzunehmen. Et voilà: Das bin ich.

Der Begriff Hochstapler-Syndrom wurde 1978 erstmals von Pauline R. Clance und Suzanne A. Imes verwendet. Ihre Beobachtung: Viele sehr erfolgreiche Frauen glauben, dass sie nicht besonders intelligent seien und ihre Leistungen von anderen überschätzt würden. Trotz offensichtlicher Beweise für ihre Fähigkeiten sind Betroffene davon überzeugt, dass sie sich ihren Erfolg erschlichen und nicht verdient haben – sie empfinden ihre Leistungen als zufällig oder glauben, einfach Glück gehabt zu haben. Misserfolge gehen natürlich auf ihre Unfähigkeit zurück. Bei manchen sind diese Selbstzweifel so stark, dass sie sich selbst für Hochstapler halten und in der ständigen Sorge leben, irgendwann aufzufliegen.

Ich bin so ein Mensch. Und ich bin damit nicht alleine. Das Gefühl, trotz allen Talents, aller Arbeit und allen Erfolges in Wirklichkeit nichts zu können, sondern nur Glück zu haben oder einfach überraschend gut schummeln zu können, kennen sehr viele Frauen. Es muss dabei nicht einmal um den Job gehen. Auch wenn es um ein glückliches Leben, Erfolge, den eigenen Körper, psychische Genesung oder das Gewicht geht, tritt dieses Phänomen zu Tage. Und nicht nur Frauen sind betroffen. Zwar beobachtet man es bei ihnen öfter, jedoch gibt es auch sehr viele Männer, die genau so denken. Oft können sie es nur besser kompensieren.

Das Gefühl ständigen Ungenügens haben also nicht nur Menschen auf der Bühne oder in der Öffentlichkeit. Es ist überall zu finden. Wir erzählen es uns nur nicht. Manchmal halte ich es für falsch, sich gegenseitig immer die starken Seiten zu präsentieren. Denn ab und an glaube ich, dass wir es alle ein klein wenig leichter hätten, wenn wir uns gestehen würden, was hinter unseren Stirnen passiert. Dass wir Sorge haben, nicht zu genügen. Manchmal denken, wir oder unser Können reiche nicht. Dass wir denken, ein nicht so perfekter Körper träfe eine Aussage über unsere Persönlichkeit, Leistung oder Liebenswürdigkeit. Dass uns die Herausforderungen des Lebens manchmal umhauen. Dass es uns Angst macht, zu denken, wir könnten scheitern, und dass wir nicht immer so tough sind, wie wir auftreten. Egal auf welcher Bühne des Lebens wir ins Licht treten. Ob vor einer Horde Kinder, Jugendlicher, Kollegen, Ärzte, Bekannter, Kontrahenten, Fremder oder eben dem eigenen Publikum. Ich weiß, dass das schwer ist. Weil wir das nicht immer hören wollen und noch seltener sagen können. In einer Gesellschaft, in der Selbstzweifel als Schwäche statt der eigentlich so offensichtlichen Stärke gelten. Denn das wirklich Beeindruckende ist doch, dass all jene, die dieses Gefühl eint, immerhin laut Studien um die 70 Prozent aller Menschen, trotzdem aufstehen, rausgehen und sich der Situation stellen. Trotz aller Zweifel. Aller Ängste. Dem Lampenfieber. Weil das zum Erwachsensein dazugehört. Weil wir sonst niemals weiterkämen und weil das Leben sonst nicht dieses abgefahrene Abenteuer wäre, das es nun einmal ist. Trotzdem. Oder, wie in meinem Fall, auch gerade deswegen. Weil es am Ende das Einzige ist, was gegen alle Selbstzweifel hilft.

Das habe ich mir übrigens nicht ausgedacht. Sucht man nach Therapieansätzen beim Impostor-Syndrom, so findet man folgende wunderbare Antwort:

«Die effektivste Therapie zur Überwindung des Hochstapler-Syndroms ist zu erkennen, dass es existiert.» Quelle: Wikipedia.

«Im Grunde ist das Einzige, was da hilft, zu wissen, dass du Mist über dich denkst und dass du Scheiße im Kopf hast.» Quelle: mein Manager. Bester Mann. Wirklich.

Gut. Vielleicht sind das nicht die professionellsten Quellen, nichtsdestotrotz kann ich aus Erfahrung berichten, dass das stimmt. Mir hat das Betrachten von Erfolgen nicht im Ansatz so viel gebracht wie das Wissen darüber, warum ich so merkwürdig ticke, auch wenn alle anderen immer sagen, wie erfolgreich oder gut ich bin. Da half nichts. Keine gewonnenen Preise. Keine Bestseller. Kein noch so ausverkauftes Haus. Kein einziges Auf-die-Schulter-Klopfen. Lob und Komplimente erst recht nicht, die habe ich nämlich eh noch nie so richtig verstanden, geschweige denn gelernt, damit umzugehen.

Mein Mangel an Selbstwert lässt an dieser Stelle auffällig freundlich und heftig winkend grüßen. Je größer die Aufmerksamkeit wurde, desto häufiger dachte ich, dass eines Tages alle merken werden, dass ich im Grunde nichts kann. Mich auf meinem Weg nur durchschummle, und wenn das rauskommt, dann wird das alles sehr schlimm für uns alle werden. Bei meinem Glück passiert das natürlich direkt auf der Bühne. Mit einem satten «Plum» wird die Blase platzen und mich unter aller Augen entzaubern. Aus großen Ansprachen wird Gestammel. Aus Applaus Ausgebuhe. Aus Erfolg Verachtung. Plötzlich merken dann auch alle, dass ich dick bin. Was bisher im gleißenden Scheinwerferlicht gewiss noch niemandem aufgefallen sein wird und darüber hinaus auch überhaupt keine Rolle spielt. Erst recht nicht, wenn es um Talent und Arbeitseinsatz geht. Aber das hält mich ja noch lange nicht davon ab, mich kritisch zu betrachten und mir allen möglichen Firlefanz einzureden. Immerhin habe ich darin reichlich Übung. Und am besten rutscht mir dann auch noch das Kleid hoch und die Strumpfhose runter. Wo ich schon mal dabei bin, mich ins Desaster zu reden.

Nichts von alldem wird jemals passieren. Außer das mit dem Kleid und der Strumpfhose vielleicht. Aber das wäre nicht einmal schlimm. Ich mache dann einen Gag daraus. Auf meine Kosten. Bringe einen Saal voller Menschen zum Lachen. Werde mich möglichst dusselig dabei anstellen, mich wieder anzuziehen, und das derart ad absurdum führen, dass die Ersten unter sich machen vor Lachen. Ich kann das nämlich. Wie so vieles andere auch. Ich bin nur selbst nicht so gut darin, das zu sehen. Aber zu wissen, dass es dieses Impostor-Ding in mir gibt, dass mein liebevoller Blick auf mich einfach eine enorme Sehschwäche hat und ich das, was ich leiste und kann, nicht anerkennen kann, hilft dabei, den Mut zu finden, es dennoch zu tun. Denn das ist es, worum es am Ende manchmal geht. Das, was zwischen mir und einem guten Leben steht und mich davon abhält, weiterzukommen.

Mut.

Ein solcher Moment hinter der Bühne, dieser 15-Minuten-Augenblick war es auch, der mir dabei half, mich aus dieser Beziehung zu befreien, deren Fesseln mir die Luft abschnürten. Als ich dort stand und mir aufging, dass es doch wohl nicht sein könne, dass ich jedem helfen kann, nur mir selbst nicht. Ich kann doch nicht auf eine Bühne gehen, sie rocken und dann zurück in mein Mäuseloch kriechen und zulassen, dass man mich wie nutzlosen Abschaum behandelt, nur weil mir der Mut fehlt, zu gehen. Denn genau darum geht es doch: um fehlenden Mut. Die Angst vor dem «Was ist wenn». Die Angst vor dem, was sein wird, wenn ich plötzlich wieder alleine bin. Die Angst vor seiner Reaktion. Vor all den Drohungen. Davor, dass ich vielleicht alleine gar nicht bestehen kann. Dass ich gar nicht die Kraft habe, diesen Kampf durchzustehen. Nach Jahren des psychischen Missbrauchs war ich am Ende der Beziehung nicht unbedingt das blühende Leben. Körperlich nicht, aber vor allem emotional nicht. Er hatte mich regelrecht ausgesaugt, und zurück blieb die Angst vor Drohungen und die Sorge, diesen Krieg nicht führen zu können. Ein einziger Kerl. Lachhaft. Ich glaube Tausenden Menschen nicht, wenn sie sagen, dass ich wertvoll bin und viel kann, aber ich glaube einem Mann, der mir droht und sagt, ich kann das nicht? Da stimmt doch das Gleichgewicht nicht. Zugegeben, Morddrohungen sind eindrucksvoll, aber das sind stehende Ovationen auch. Und ja, ich weiß auch, dass nicht alles, was hinkt, automatisch als guter Vergleich herhalten kann. Schon klar. Dennoch kam irgendwann der Punkt, hinter einer dieser Bühnen, an dem ich nicht mehr bestreiten konnte, dass die Verhältnismäßigkeit nüchtern betrachtet etwas unausgewogen ist. Und ich war es leid. Ich war des Angsthabens so entsetzlich überdrüssig.

Und nun stehe ich also da. Hinter dem Vorhang. Alleine. Voller Erwartung. Angespannt. Nervös. Lampenfiebrig. In meinen fuchsiafarbenen Schuhen und meinem Kleid, das ich so gerne noch mal geradeziehe. Ausverkauftes Haus. Stimmengewirr. Raschelnde Kleidung. Schritte auf Parkett. Aufgeregtes Murmeln. Lachende Seelen. Und ich weiß, was gleich passieren wird. Mit mir.

Ich werde dort stehen, gerade ebenso noch im Off. Verborgen vom Vorhang. Dann wird das Licht im Saal ausgehen, und die Menschen werden ruhiger werden. Mein Herzschlag aber umso lauter. Mit dem erlöschenden Licht werde ich meine Augen schließen. Weil ich das immer tue. Ein letztes Mal ganz ruhig und tief atmen. Der erste Bassschlag meines Bühnenliedes wird das erste Licht auf meine Bühne werfen, während meine Hand sich fester um mein Mikrofon schließt. Es wird ernst. Eindeutig. Die ersten Pfiffe, freudige Unruhe, das erste Klatschen in den Reihen. Die Musik wird lauter werden. Ich wippe auf meinen Zehenspitzen. Der Sänger stimmt ein in den treibenden Bass. Das Licht auf der Bühne wird zur einheizenden Show. Einstimmung auf das, was gleich kommt.

Lichtgewitter und die Aufregung aller im Saal steigern sich zu einem Maximum. Dann ein letztes Mal tief einatmen. Ausatmen. Das Tier, wunderschön und beängstigend, es wartet ungeduldig. Einatmen mit dem Wissen, dass ich gleich springen werde. Emotional. Über meine Angst hinweg. Über meine Zweifel hinweg. Über all den Mist der Welt hinweg.

Mein Einsatz rückt näher. Meine Hände zittern immer. Sind eiskalt. Dann ist er da, der Moment, in dem ich loslassen muss. In dem ich mich meinem inneren Drang wegzulaufen entgegenstelle. Dem Licht entgegen. Ich lasse mich einfach nach vorn fallen. In Richtung Bühne. Der erste Schritt. Dann der zweite. Das Lied fliegt über den Höhepunkt, und ich höre die ersten Stimmen lauter werden. Sich gegenseitig anstecken. Wie Wellen, die am Ufer meines Bühnenrandes brechen. Gesang gibt den Countdown vor. Mit der Textzeile, die meinen Eintritt in den Lichtkegel begleitet. What we are doing here ain't just scary, it's about to be legendary. Mein Bühnenlied. Jeden Abend. Es startet jeden Abend auf diese Weise und endet mit den wummernden Songzeilen von «Legendary». Bis zum bitteren Ende. Und dann von vorn. Aber jetzt, hier, bin ich von Helligkeit verschluckt. Bin ich da. Auf die Bühne geworfen, gespült, geflogen, gestolpert, gerannt und gekippt. Da. Voll und ganz. In meiner vollkommenen Unvollkommenheit. Das Licht findet Ruhe. Der Bass verebbt. Ich hebe mein Mikro zum Mund und weiß, dass ab jetzt alles andere egal ist. Die Welt ist abgeschaltet. In den folgenden zwei Stunden Rock 'n' Roll gibt es nur das Publikum, die Bühne, mein Mikro und mich, auf meinen so merkwürdig bunten Schuhen. Ich werfe alles, was ich eben noch fühlte, in jeden einzelnen Satz. Verwandle alles Negative in etwas, das ich Kunst nenne. Spreche über Schmerz und bringe damit wildfremde Menschen zum Lachen. Wissend, dass niemand, der dort sitzt, jemals wissen wird, dass sie alle meine Therapeuten sind. Dass jedes Lachen, jede Träne, jede Gänsehaut, die sie haben, geben und erleben, meine Welt zu einer besseren macht. Weil ich nicht nur Komikerin geworden bin, weil ich es gut kann, sondern weil ich es sein muss. Weil ich es brauche, Menschen zum Lachen zu bringen. Weil ich nur dann wirklich Glück empfinde, wenn ich andere glücklich machen darf. Und weil Humor meine Art ist, zu heilen. Meine Art zu reden. Mich mitzuteilen. Auszudrücken. Zu fühlen. Ich werde dort stehen und mich ausziehen. Emotional. Nackt machen und andere wissen lassen, dass das okay ist. Dass Unvollkommenheit Normalität ist und dass sensibel und verletzlich zu sein kein Makel ist. Dass man manchmal die größte Scheiße durchmacht und dennoch das Lachen nie verlieren darf. Dass wir nie wissen, wie es einem anderen Menschen wirklich geht, und deswegen gnädiger miteinander umgehen müssen. Und um das zu sagen, benutze ich Humor. Weil Menschen mir lieber zuhören, wenn sie dabei lachen können, und weil sie sich am Ende nicht daran erinnern werden, was ich sage oder tue, aber sehr wohl an das, was sie gefühlt haben. Das ist es, was sie mit nach Hause nehmen. Was ich mit nach Hause nehme. Ich werde lachen. Spaß haben, und eine Gänsehaut in leisen Momenten, und ich weiß, dort unten im Zuschauerraum, dort wird man das Lachen erwidern. Wir werden tanzen, auf Distanz, obgleich ich immer denke, dass ich gar nicht tanzen kann. Ein paar werden weinen. Ein paar werden beim Lachen froh sein, an diesem Abend eine extra dicke Slipeinlage zu tragen. Ein paar werden immer wiederkommen. Ein paar werden in der Pause gehen, weil immer zwei Leute pro Abend gehen. Ich nicht. Ich werde bis zum bitteren Ende dort stehen. Egal ob vor 13 Menschen oder vor 13 000. Denn solange mehr Menschen vor der Bühne sitzen, als auf der Bühne stehen, wird gerockt! Immer und ausnahmslos. Ich werde einen Kloß im Hals haben. Ich werde mir die Seele aus dem Leib spielen. Ich werde mich verhaspeln, außer Atem sein, und am Ende werde ich dort stehen, meine Perücke abnehmen, es aushalten, dass mich alle so sehen, wie ich mich am verletzlichsten und hässlichsten und ungeschütztesten fühle, damit das, was ich sage, echt sein kann. Damit sich vielleicht auch nur eine Einzige oder ein Einziger angesprochen oder abgeholt und nicht mehr so alleine fühlt. Mutig sein in einem Moment, in dem man es am wenigsten ist. Auch dann, wenn alle gucken und man vielleicht scheiße dabei aussieht. Ich werde verschwitzt sein. Durchgerockt aussehen. Meine Perücke und meinen Stolz vom Boden aufsammeln. Mich verbeugen und hinterher völlig fertig, unendlich dankbar und randvoll mit Emotionen ins Hotel fahren und dort unter die Dusche kippen, aber ich werde das durchziehen, und egal wie anstrengend es ist, wie gut oder schlecht der Abend ist, es mir oder den Menschen im Publikum auch geht, es wird verdammt großartig werden. Es wird sich toll anfühlen. Ich werde glücklich sein zwischendrin, und ich werde hören, dass all jene, die dort zusammenkamen, genauso wie ich für einen Augenblick von zwei Stunden Länge die Welt vergaßen. Weil es das ist, was die Bühne kann. Magic. Bühne macht Schmerzen weg. Gedanken aus. Lässt Liebeskummer links liegen. Lässt vergessen. Lässt einen Augenblick durchatmen. Denjenigen, der lacht, genauso wie jenen, der zum Lachen bringt. Mich.

Und es wird nicht so sein, weil alles so einfach ist oder weil ich keine Angst habe, sondern weil ich mutig und ein klein wenig wahnsinnig genug war, den Schritt an diesem Abend zu gehen. Diesen ersten. Der immer der schwerste ist. Den Schritt, der nicht so tut, als gäbe es all die Sorgen und Zweifel und Ängste nicht. Denn die gibt es. Der Schritt bedeutet, dass es auch so sein darf. Dass man besorgt, verängstigt und zweifelnd sein darf. Weil man nicht durchgängig stark und frei von Beklemmungen und Sorgen sein kann. Nicht sein muss. Man braucht nur einmal Mut. Einmal nur. Und das auch nicht für immer. Nicht für alles, was passiert. Man braucht nur Mut für diesen einen Schritt. Für den Sekundenbruchteil, der einen Unterschied macht.

Und dann reißt man sich zusammen. Atmet tief ein. Ist für einen kleinen Augenblick größer als die eigene Angst. Größer als die Angst vor der Herausforderung. Weil man weiß: Selbst wenn es anstrengend, unangenehm und schwierig wird, ist nichts so schlimm wie das Verharren in einer Situation, die einen unglücklich macht. Ganz gleich, ob dieses Unglück ein anderer Mensch, ein Job, eine Situation oder eine anstehende Veränderung ist. Und dann sagt man, was man zu sagen hat. Bringt den Stein, vor dessen Wucht man sich die ganze Zeit so fürchtet, endlich ins Rollen. Steht auf. Bewegt sich. Geht weg. Verändert was. Geht das Problem endlich an. Wieder. Schon wieder. Rappelt sich wieder auf. Zieht Schlussstriche und Startlinien im selben Moment.

Und so kam es dann. Ich ging auf die Bühne. Ich lieferte ab. Ich bekam stehende Ovationen. Ich ging ab. Zog mich um. Setzte mich ins Auto. Fuhr ins Hotel und beendete am nächsten Tag endlich diese Beziehung, die schon sehr lange vorher zu Ende war und es längst hätte sein sollen.

Ab diesem Moment sagte ich nein. Ich sagte: «Nein, ich will nicht mehr.» Ich sagte: «Nein, ich verlasse dich, und ich werde dich nicht mitnehmen.» «Nein, ich erlaube dir nicht länger, mich unglücklich zu machen.» «Nein, ich gebe dir nicht mehr die Macht, mir zu sagen, wie ich mich fühlen oder wie ich leben soll.»

Nein!

Und ich erlaubte mir, ja zu sagen. Ja zu «Ich habe ein Problem». Ja zu «Es kann sein, dass ich das nicht alleine schaffe».

Ja.

Ja, ich brauche vielleicht Hilfe. Ja, ich erlaube mir, Angst zu haben vor dem, was nun kommt. Aber ich erlaube mir dadurch auch, ja zu einem Leben mit neuen Herausforderungen und Chancen zu sagen. Meiner Meinung nach ein guter Einsatz. Also lade ich meine Ängste und Zweifel und was da sonst noch rumkreucht, ein, mit auf die Reise zu kommen. Ich werde sie eh nicht so ohne weiteres los, dann kann ich sie auch annehmen und lernen, mit ihnen umzugehen. Ich habe keine Ahnung, was auf der anderen Seite der Angst ist – aber ich weiß, dass es gut ist, wenn man sich traut, diesem Schreckgespenst die Luft rauszulassen, wenn man sich traut, aufzustehen und zu gehen. Egal wohin. Raus aus einer Beziehung, hin zu einem neuen Job, zum Sport, zu einem besseren Leben, zu einer Therapeutin, zu einer Schuldenberatung, zu einem Coach für was auch immer oder einfach nur weg. Dann birgt das, was da kommt, die Chance, das beste aller Leben zu werden.

Ich mache mir nichts vor: Leicht war das nicht. Es war das genaue Gegenteil von leicht.

Mutig sein ist nicht leicht. Nie. Aber es ist nötig!

Mir macht dieser Schritt eine Scheißangst. Wirklich zu gehen. Mich trotz der Drohungen zu befreien. Mir Hilfe zu suchen. Mich mitzuteilen. Mich wieder als Single zu sehen. Alles wieder alleine zu stemmen. Von vorn anzufangen. Mich mit mir selbst auseinanderzusetzen. Eine fürchterliche Vorstellung. Und schlimmer noch, zu lernen, mir selbst genug zu sein. Na, wenn es weiter nichts ist. Ich habe heute noch immer Angst vor allen möglichen Situationen. Vor Auftritten und Herausforderungen, vor dem Versagen oder dem ausbleibenden Erfolg. Ich habe Angst vor Menschenmengen, Spinnen und manchmal davor, allein zu sein.

Aber ich habe nie mehr Angst davor, mich aus einer Situation zu lösen, die mich kaputt macht. Und wenn doch, dann nehme ich sie an, suche mir meine 15 Minuten Mut und springe. Auch mit Angst. Denn …

What we're doing here ain't just scary
It's about to be legendary.

Hallo Liebster. Hallo Hyde.

Ein letztes Mal. Auf die guten alten Zeiten. Gehört Dir meine vollste Aufmerksamkeit. Mit jedem Wort dieser Zeilen. Mit jeder Zeile dieses Briefes. Mit einem Herzen voller Liebe und einmal noch mit ganz viel von mir, für Dich.

Ich schreibe Dir. Und mit diesen Worten auch all denen vor Dir. Weil ich schon immer besser schreiben als reden konnte und Du besser lesen als zuhören kannst. Mein Herz liegt einfach zu sehr auf meiner Zunge, überschlägt sich dort und fällt dann jedes Mal vor Deine Füße, und wenn es dort erst einmal landet, schlägt es sich an Deinen scharfen Kanten wund, und ich bekomme es so schwer zurückgestopft dorthin, wo es hingehört.

Ich weiß, Du hättest nie gedacht, dass der Tag kommt, an dem ich Dich verlassen würde. Verrückt, nicht wahr?! Und weißt Du, was das Lustige daran ist? Ich hätte es auch nicht gedacht. Aber ich muss. Und mehr als das, ich will es auch. Nicht wegen Dir. Nicht nur wegen alledem, was war. Sondern um meinetwegen. Ich verlasse Dich, um mich zu finden. Um eine Chance zu haben. Um wieder atmen zu können. Um ein Leben zu leben, das lebenswert und gewaltfrei ist, und um nicht den Glauben zu verlieren, dass es eines Tages alles wieder richtig gut wird. Nicht **mit** uns. Aber für jeden **von** uns. Ich gehe für mich, und ich gehe für Dich. Ich kann Dich nicht glücklich machen, weil Du mich unglücklich machst. Meine Kraft reicht nicht mehr für uns beide. Das hat sie im Grunde nie. Weil das Loch in Dir so tief, so dunkel ist, dass ich bis an mein Lebensende mein

Licht in Dich schütten könnte und jeden Stern dazu, es würde die Leere in Dir, all die Düsternis, nicht ausfüllen. Ich habe es versucht. Mit allen Mitteln und all meinen Farben. Das ist wohl das Problem mit der Dunkelheit. Sie ist farbenblind.

Ich bin Dir nicht genug, hast Du gesagt. Weißt Du noch? Immer dann, wenn mir ein paar Prozent bis zu Deinen 100 fehlten. Ich reiche nicht aus. Kann Dir nicht geben, was Du brauchst. Es tut mir leid. Von Herzen. Ich wünschte, ich hätte schon früher erkannt, dass Du recht damit hast. Ich reiche nicht. Aber nicht, weil ich als Mensch, Wesen, Geliebte oder Frau ungenügend wäre, sondern weil Du tief in Deinem Inneren so wenig von Dir hältst, so viel Liebe brauchst, um das auszugleichen, dass ein Mensch allein das vielleicht niemals stemmen kann. Vielleicht sagst Du deswegen immer, dass Dich vor mir noch nie jemand wirklich glücklich gemacht hat. Am Ende nicht einmal ich. Denn um Liebe spüren und geben zu können, muss man sich selbst auch erst einmal lieben können. Wenigstens ein bisschen.

Dich zu lieben, bedeutet, für zwei zu lieben. Und das habe ich versucht. Ich gab Dir all meine Liebe, und als diese nicht mehr reichte, gab ich Dir auch die Liebe, die eigentlich für mich reserviert ist. Die, die meine Würde, meine Kraft, den Respekt und die Achtung vor mir selbst formt. Ich habe mich aus dem Brunnen in mir in Dein Fass ohne Boden geschöpft und bin dabei nun auf Grund gestoßen. Hier unten nun, auf dem Grund des Bodens, barfuß im feuchten Schlamm all dessen, was von mir noch übrig ist, verstehe ich es, glaube ich, endlich. Ich bin vielleicht leergeschöpft, erschöpft ganz sicher, aber Du bist trotz all dem, was ich in Dich fließen ließ, kein bisschen voller, nicht wahr?

Hat Dein Herz ein Leck, Liebster? Oder ist es Deine Seele?

Bist Du irgendwo kaputtgegangen, und niemand hat Dir Gaffa-Tape gereicht, um Dich zu flicken? Bist Du deswegen so? Weil der Durst danach, erfüllt zu werden, Dich mit den Jahren hat wahnsinnig werden lassen wie einen Verdurstenden in der Wüste? Sind Frauen Deine Oasen, die für Dich immer nur wirken können wie Fata Morganas, ganz gleich, wie üppig ihr Herz, wie reich ihre Quellen auch sind? Vielleicht bist Du gefühlsblind. Unempfänglich für das Schöne. Niemals satt. Niemals erfüllt.

Sag, bist Du am Verdursten, während Du unter einem Wasserfall stehst, und beschwerst Dich über die Trockenheit der Wüste, trotz all des Nektars und der Tropfen auf Deiner Haut? Denn so kommst Du mir vor. Wie ein Mann, der in einem Garten voller Früchte steht und Hunger leidet, weil er nie ganz satt wird. Wut ist ein Gefühl, das einen aushöhlt und alles verbrennt, was ihr in den Weg kommt, und Du ertrinkst an Deiner, nicht wahr?

Tut es sehr weh? Ist es sehr schlimm? Denn ich stelle es mir schlimm vor. Wenn das Leben niemals reicht, kannst Du dann glücklich werden? Wenn Dein Lachen niemals Deine Augen ganz erreicht, gibt es dann Zufriedenheit in Deiner Welt? Gibt es diesen Ort für Dich, an dem die Sonne immer scheint? Oder zumindest sehr häufig? Ich wünsche es Dir trotz allem sehr.

Es war nicht alles schlecht. Sagt man das nicht immer so, wenn man mit Wehmut zurückdenkt an den schönen Teil einer gemeinsamen Zeit? Es stimmt, es war nicht alles schlecht. Wir waren fulminant zusammen. Ein Kosmos voller Du und ich. Als wir durch unsere guten Zeiten flogen, waren wir Kometen. Voller Eis und voller Licht. Für diesen einen Augenblick, für Tausende 90 Sekunden, war ich Dein Ein und Du mein Alles. Lach mich nicht aus, ich weiß, dass vieles von dem nicht echt war. Mittlerweile verstehe ich es. Aber es fühlte sich so an, und für unser kleines Märchen damals hat es mir gereicht. Nur dass Märchen eben nicht wahr sind und wir uns nicht hinüberretten konnten in die Realität. Denn das Monster, das der Held meines Märchens hätte erschlagen müssen, war der Held selbst. Du warst meine schönste Illusion. Der beste Film aller Zeiten. Mit einem ekelhaften Plot-Twist und schaurigem Abspann, aber Gott, unser Opener war der Hammer. Ja, es war besonders. In jedem einzelnen Aspekt. Und dennoch, auch wenn ich eine Zeitlang gestorben wäre für Dich, ich wünsche mir keinen Augenblick zurück. Weil wir sonst von vorn beginnen würden mit diesen Luftschlössern, in denen es einfach zu viele Kerker gibt, und ich habe mir fest vorgenommen, dass es echt sein muss, wenn es ein nächstes Mal gibt, mit wem auch immer, oder es wird gar nicht erst beginnen. Ich date keine Drachen mehr. Nur noch Helden. Oder deren humorvollen Sidekick.

Ob ich Dich vermissen werde, fragst Du Dich sicher jetzt. Oh ja, das werde ich. Und in einem hattest Du in jedem Fall recht. Ich werde Dich niemals vergessen. Das möchte ich auch gar nicht. Weil ich sonst vergessen würde, was ich für mein Leben alles nicht möchte. Und weil Dich zu vergessen heißen würde, dass ich auch vergesse, wie viel ich geben kann. Was ich erleben und durchstehen kann. Dass ich vom Boden, ganz weit unten, doch irgendwie immer wieder aufstehen kann. Dass ich mehr bin, als Du sagst, und viel mehr, als ich glaubte. Reichlich angeschlagen, klar. Aber ich stehe noch. Eine schöne Erinnerung. Ich werde die Art vermissen, wie Du mich berührtest in unseren guten Stunden, und aus diesen fast jeden einzelnen Kuss. Die Episoden, die nicht schmerzten, und das Gefühl, auch wenn es nur geheuchelt war, dass ich so besonders war für Dich. Das wird mir fehlen. Dass nicht Du mich besonders machst, sondern ich mich ganz alleine, das werde ich jetzt langsam wieder lernen. Ich werde all das Sanfte an Dir vermissen. Das am Anfang. Deine guten Stunden. Und ein wenig von unserem Regen auch. Ich werde das Gefühl vermissen, das ich empfand, als es in Deinen Armen noch sicher war. Als atemberaubend noch nicht atemraubend war. Und ich werde es vermissen, Dich so gnadenlos zu lieben, bis zu dem Moment, an dem auch ich endlich begriff, dass Dich zu lieben gefährlich ist. Du witzeltest immer, dass das Wort «Lebensgefährte» von «Lebensgefahr» kommen würde. Mein Sprachgefühl lief immer schreiend im Kreis, wenn Du das sagtest. Ich hätte dennoch besser hinhören sollen, vielleicht hätten wir uns dann nicht so sehr an uns verschwendet.

Sei es drum. So war es nun einmal. Und hier bin ich nun. Bereit zu gehen. Und lasse ich Dich auch zurück, die guten Erinnerungen, die nehme ich mit, okay?

Nein, nur falls Du Dich das fragen solltest, ich halte Dich nicht für einen schlechten Menschen. Auch nach all den Jahren Tyrannei nicht. Vielmehr glaube ich, dass Du traurig bist, tief in Deinem Inneren ein einsamer Mann, und ja, ich glaube, dass Du weißt, was Du für ein Mensch bist, nicht wahr? Dir ist bewusst, wie Du bist, dass Du verletzt, dass Dein Verhalten nicht im Ansatz tragbar ist, ja, sogar gegen das Gesetz verstößt. Und auch wenn Du meisterhaft die Realität verdrängen und zu Deinen Gunsten drehen kannst, musst Du manchmal, wenn die Welt ganz leise und es in Dir sehr laut ist, wissen, dass Du im Grunde ein sehr armer, bedauernswerter Mann bist. Ich empfinde keine Verachtung für Dich, keinen Hass, keinen Groll. Ich empfinde Mitleid mit Dir. Mitgefühl für einen Menschen, der so klein in den Untiefen seines Inneren ist. Du tust mir leid. Das ist keine Häme. Ich habe keinen

Spott für Dich. Das ist mein Ernst. Denn ja, na klar, ich bin fürchterlich kaputtgegangen, und ich brauche bestimmt auch eine ganze Weile, zig Gin Tonic und eine Delphin-Therapie, um mich wieder auf die Reihe zu bekommen, aber ich weiß, dass der Tag kommen wird, an dem es wieder gut sein wird. An dem ich wieder einigermaßen zusammengesetzt sein werde. Nicht so wie vorher. Dafür sind zu viele kleine Scherben irgendwo auf dem Weg verschüttgegangen, aber im Großen und Ganzen wird das werden. Und all das, was ich nicht zurückbekomme, wird eine Lücke, ein Loch, einen kleinen Riss hinterlassen. Und wenn schon. Dann strahlt dort eben die Sonne hinein und mein Licht nach außen. Kannst Du das auch von Dir behaupten? Wirst Du es beim nächsten Mal anders machen? Oder machst Du es so, wie Du es immer machst? Stopfst die Fugen, Löcher und Risse in Dir mit Frauen, deren Herzen und am Ende deren Unglück? Weil Dir jedes Gefühl recht ist, solange es nur intensiv ist, und Schmerz und Angst sind es ja nun einmal, und irgendwie auch einfacher aufrechtzuerhalten als Liebe. Zumindest für Dich. Weil Du Liebe vermutlich gar nicht verstehst. Nicht verstehen kannst. Wie soll man auch etwas verstehen, für das es zwei braucht, wenn es in Dir nur Dich gibt?

Ob ich Angst habe vor allem, was nun kommt? Oh ja. Und wie! Ich habe Angst, dass ich nicht wieder so fühlen kann. Dass Du mir vielleicht etwas weggenommen hast, was ich nicht neu erschaffen kann. Dass Du mit Deiner Panzerfahrt durch den Glasgarten in mir zu viele Scherben hinterlassen hast und dass ich das nicht wieder so filigran aufbauen kann, wie ich es möchte. Ich habe Angst vor einer Zukunft, in der ich erst einmal wieder alleine stehe, vor allen Herausforderungen und davor, mich dem Leben wieder allein zu stellen. Und dann ist da noch Deine Stimme in mir. Jene, die mir sagt, dass es an mir liegen würde, dass ich nicht ausreiche und es niemals tat, dass ich nicht genug liebe und ohne Dich nicht leben und auch sonst nichts könne. Dass ich es verdient habe, allein zu sein und allein zu sterben, und dass es so unendlich schwer sei, mich zu lieben. Dass das, was ich gebe, niemals ausreichen wird für einen Mann. Und manchmal, wenn es ganz leise ist, kann ich das hören, und an manchen Tagen ist da diese Angst, dass Du recht haben könntest. An allen anderen Tagen aber weiß ich, dass das Unfug ist, und mit der Zeit, das weiß ich, werde ich taub werden für Dein Echo in mir.

Ich habe Angst vor einer Welt nur mit mir. Aber größer, so viel größer, ist meine Angst vor Dir. Darum nehme ich auch all das mit in mein Gepäck und lerne, damit umzugehen. Weil es das ist, was erwachsene Menschen nun einmal tun. Angst haben und es dennoch tun. Es gibt übrigens ein Wort für dieses Verhalten. Mut. Und der meinige ist größer als die Angst vor dem Leben.

Ob ich böse auf Dich bin? Das könnte man meinen, hm? Aber nein, das bin ich nicht. Ich bin auch nicht wütend. Ich empfinde keinerlei Hass. Nicht einmal mehr Verachtung. Und eines Tages, irgendwann, werde ich gar nichts mehr für Dich empfinden. Warum das so ist, ist ganz einfach. Ich gönne es Dir nicht. Ich gönne Dir meinen Groll nicht. Nicht meine Energie. Egal, ob gute oder schlechte. Ich erlaube Dir nicht mehr, einen so großen Teil meines Lebens einzunehmen. Ich erlaube Dir keinen Platz in meinem Bauch. Dort, wo meine Wut sonst wohnt. Keinen Platz in meinem Herzen, dort, wo Liebe Hass gebiert. Keinen in meinem Kopf, wo ich nun Platz räumen werde für Neues und Schönes und ganz viel Freiheit.

Ich erlaube es Dir nicht! Das ist das ganze Geheimnis. Du hast Dir genommen, was Du wolltest. Ich habe Dir gegeben.

Bestimmt beides viel zu viel. Aber ich nehme all das Schlechte, all die Angst, all die Sorgen nicht mit. Ich fange ohne Dich neu an. Ohne Deine Fesseln. Ich streife sie ab. Auch in meinem Kopf.

Du hattest mich, aber meine Seele bekommst Du nicht. Was bringt mir also Hass? Was würden mir Groll oder gar Vergeltungsgedanken bringen außer, dass ich das Kostbarste an Dich verliere, was ich habe? Mein Seelenheil. Ich bin Dir also nicht böse. Ich bin frei. Den Rest an negativen Emotionen überlasse ich Dir.

Ich muss Dir übrigens noch widersprechen. Du sagtest oft, dass es kein Leben nach Dir geben werde für mich, und schon gar nicht andere Männer. Du hast Unrecht. Es gibt ein Leben nach Dir, und ich werde es in vollen Zügen leben und genießen. Und sollte es doch irgendeine Form der Rache geben, dann ist es genau diese. Ich werde ein Leben voller Lachen und voller Träume, Hoffnungen und Erfolg leben. Weil ich nun einmal so bin und weil Du es nicht geschafft hast, mir das wegzunehmen. Ich werde mir Zeit nehmen, für mich. Ich werde heilen. Ich werde aus all dem lernen. Und eines Tages, da wird ein Mann auf mich warten, der in seinem Inneren groß genug ist, mich zu lieben, unsterblich, ganz ohne Gewalt. Er ist da draußen. Da sind ganz schön viele, und wahnsinnig viele von ihnen sind phantastische Helden, Drachentöter, Wikinger, und einer davon wird irgendwann der Mann an meiner Seite sein. Weil ich Dir auch das nicht schenken werde. Ein Arschloch steht nicht stellvertretend für vier Milliarden. Nicht in meiner Welt. Eines Tages wird er da sein. Und bis dahin lerne ich, wie ich den wichtigsten Menschen in meinem Leben wieder voller Überzeugung lieben kann. Mich.

Bevor ich nun gleich enden werde, bleibt mir nur noch, Dir zu danken. Ich danke Dir! Für unsere Ära. Für die guten Erfahrungen und auch für die schlechten. Weil Du meine Lektion in Sachen Leben warst. Mein Lehrbuch mit zu vielen Seiten. Du hast mir so viel beigebracht. Über mich. Darüber, dass ich stärker bin, als ich dachte. Manipulierbarer allerdings auch. Du hast mir meine Schwachstellen aufgezeigt. Die unverschlossenen Hintertüren meiner verletzlichen Bereiche. Ein Glück für mich, denn fortan kann ich diese ein bisschen besser bewachen. Nein, mach Dir keine Illusionen. Ich werde wegen Dir keine verbitterte Frau mit Vertrauensproblemen. Und wenn, dann werde ich mir Hilfe suchen, bis das wieder weg ist. Weil ich das kann. Ich werde sanft bleiben und voller Liebe und all meiner Flausen und Phantasie. Ich werde meinen Kopf in den Wolken behalten, mein Herz auf der Zunge und mit beiden Beinen immer leicht neben dem Beat tanzen. Mich mit all meiner Hingabe in mein Leben stürzen und die Frau respektieren, die aus mir geworden ist. Ich danke Dir, denn Du hast es so vielleicht nicht gewollt, aber Du hast mir etwas gegeben. Ich kam als bedürftige Frau in Dein Leben. Als Mensch, mit dem man das, was geschah, wohl irgendwie machen konnte. Ich gehe mit einigen Dellen und blauen Flecken, aber mit einem Herzen voller Erfahrungen und dem Wissen, dass mir das nicht noch einmal passieren wird. Nicht, weil ich eine Frau bin, der so was wie mit Dir nicht passieren kann. Offensichtlich kann es das. Sondern, weil ich es jetzt weiß. Weil ich feinfühlig bin für Schwingungen und weil ich mir verspreche, rote Flaggen nie wieder zu übersehen. Ich habe durch Dich gelernt, dass ich Dich nicht brauche. Dass ich kraftvoll genug bin, um für mich einzustehen, auch dann, wenn es sich nicht so anfühlt. Danke. Von ganzem Herzen. Für all das, was war. Weil dadurch all das werden kann, was nun wird.

Es wird Zeit. Komm, wir müssen gehen. Getrennte Wege warten auf uns am Ende unserer Geschichte, und ich möchte den ersten Schritt auf dem meinigen nun wagen. Ich weiß, dass Du mich nicht gehen lassen möchtest, aber meiner Seele tun die Füße weh vom ewigen Im-Kreis-Laufen auf Deinen steinigen Pfaden. Du fragst Dich bestimmt, ob ich denn gar keine Angst habe vor neuen Wegen ohne Dich. Doch, habe ich. Aber noch mehr Angst habe ich davor, weiter an Deiner Seite zu wandeln. Also lasse ich Dich jetzt los, und auch wenn Du die Fesseln nicht lösen magst, Du weißt ja, ich habe ein Messer unterm Katzenbettchen.

Dies ist vielleicht kein Liebesbrief, aber es ist unser letztes Hurra.

Ich liebe Dich. Und ein Teil von mir wird es immer tun. Ich nehme auch diesen Teil mit. In meinem Glasgarten bekommt er einen guten Platz. In der Sonne. So, dass jeder ihn sehen kann. Denn ich schäme mich nicht für Dich. Nicht für mich. Nicht für uns und nicht mehr dafür, ein verletzlicher Mensch zu sein, der manchmal dumme Entscheidungen trifft und sich manchmal dämlich benimmt oder hilflos fühlt und es manchmal sogar ist. Du hast mich zum Opfer gemacht. Ich mache mich jetzt wieder heile.

Ich wünsche Dir die Ewigkeit. Ein Leben voller Glück.

Dass Du eines Tages lieben kannst. Mit voller Wucht und all den grandios schönen Katastrophen, die Liebe mit sich bringt. Ich wünsche Dir, mir und allen Frauen da draußen, dass ich die Letzte mit so einer Geschichte in Deinem Leben war. Und dass, wenn dem nicht so ist, die Nächste den Mut hat, Dir die Eier abzuschneiden und sie als Trophäe um ihren Hals zu tragen.

Ich wünsche Dir, dass Du es schaffst. Ganz ehrlich. Dass Du Frieden findest, Dir Hilfe suchst und Dir helfen lässt. Das wäre schön. Auch wenn in Deinen Augen stets alle anderen schuld sind an Deinem Leid, so möge dieses dennoch enden.

Auf dass Dich das Leben in den Arm nimmt und nie wieder loslässt und dass die Leere in Dir irgendwann ausgefüllt werden kann.

Ich gehe jetzt, und ich nehme nur mich mit.

Und ja, mein Liebster, mein Hyde, mich von Dir zu trennen, fällt mir trotz allem unendlich schwer. Ich werde Dich vermissen, und bitte wisse,

ich liebe Dich sehr.

Aber mich, und das ist die Lehre aus allem,

mich liebe ich mehr.

N.

Was bleibt

Der Kaffee, in den ich an diesem Morgen puste, um ihn ein wenig zu kühlen, ist der vierte. Was bedeutet, dass es jetzt schon mindestens zwei zu viel sind. Dabei ist es noch nicht einmal 10 Uhr. Ich liebe Kaffee und vor allem dessen Duft. Ich vertrage ihn ab einer bestimmten Menge nur nicht mehr so gut. Das muss am Alter liegen. Oder am Koffein. Vielleicht an der Kombination aus beidem. Nichts davon hält mich davon ab, dennoch nachzugießen.

In Sachen Kaffee bin ich ein Nachzügler. Bevor ich 30 wurde, habe ich das braune Gebräu nicht angefasst. Zu bitter. Zu warm. Zu komischer Nachgeschmack auf der Zunge. Kaffee kannte ich nur in zwei Varianten: schwarz zu Hause bei meinen Eltern, wo er morgens um 4 Uhr 30 das erste Mal durch den Filter der Kaffeemaschine lief, wenn mein Vater aufstand, um zur Arbeit zu gehen. Und das letzte Mal an jedem Tag irgendwann am späten Nachmittag, als Geruch, der durch die Wände meines Zimmers sickerte wie ein heimeliger Geist. Und darüber hinaus als abgestandener Mundgeruch bei Lehrern meiner Mittelstufe. Gern gerochen habe ich ihn schon immer. Den Kaffee. Nicht den Mundgeruch. Für mich riecht Kaffee immer wie ein Versprechen schöner Zeiten. Nach sieben Uhr morgens im Sommer. Wenn der Tag noch so jung ist, dass er sich aufregend und voller Energie anfühlt. Oder nach dem Beginn eines Tages, der mit Wein mit Freunden und Zufriedenheit enden wird. Ein bisschen nach Nostalgie. Nach Backstein und Küche und ein klein wenig nach Oma, nach Bechern mit Aufdruck und Plastiktischsets auf dem Wohnzimmertisch meiner Eltern. Hätte Gemütlichkeit einen Geruch, sie würde nach Kaffee duften. Ganz sicher. Meinen Weg zur gepflegten Kaffeeabhängigkeit fand ich über das Koffein. Energydrinks waren meine Einstiegsdroge. Sie begleiteten meinen Karrierestart und hielten mich wach, wenn ich an einem Tag für vier TV-Auftritte dreimal die Stadt wechseln musste und mich zwischen ICEs, Bahngleisen und Fernsehstudios oder Radiostationen verlor. Dann, wenn es abends auf die Bühne ging, ging oft nichts mehr ohne Energydrinks. Das habe ich mir zumindest eingeredet und so lange praktiziert, bis es stimmte. Irgendwann begann das Herzrasen. Mitten auf der Bühne. Nach Energydrink Nummer sechs. Am nächsten Tag stieg ich um auf Kaffee. Wegen des Koffeins. Ob es so viel gesünder ist, wage ich manchmal zu bezweifeln. Aber es heißt zumindest, Kaffee sei besser als Energydrinks. Und heute schmeckt er mir auch besser. Ob ich ihn trinken würde, wenn er mich nicht wach und fröhlich stimmen würde, weiß ich nicht genau. Es ist das Koffein. Ich bin ein Junkie. Solange das Zeug kickt, bin ich dabei.

Ich bin nicht sonderlich suchtanfällig. Wenn man von meiner gut gepflegten Essstörung mal absieht. Ich kann das deswegen so gelassen sagen, weil ich mir alle Mühe gab, mir irgendeine Sucht anzueignen. Nur dick zu sein, ist nun auch nicht direkt berauschend. Also versuchte ich es. Mit Nikotin anfangs. Naheliegend. Meine Eltern rauchten beide. Sie hätten es mir nicht verboten. Nicht, weil sie nicht gewollt hätten. Sondern weil es albern gewesen wäre, was selbst mein Vater nicht von der Hand weisen konnte, als er mir sagte, gut fände er es nicht, aber er sei kein Vorbild, also was solle er dagegen sagen. Er musste nichts sagen. Ich habe nie angefangen zu rauchen. Zwei Versuche gab es. Zugegeben. Einmal in der Schule, weil ich dachte, dass mich das irgendwie beliebter oder dazugehöriger machen würde. Was nicht einmal dann funktioniert hätte, wenn ich mich selbst in einen Zigarettenautomat verwandelt hätte. Ich passte einfach nicht dazu. Daran änderte auch mein kläglicher Versuch in der Raucherecke des Schulhofes nichts, als ich mir beim Husten beinahe auf die Schuhe kotzte. Beim zweiten Mal war ich betrunken an der Bushaltestelle der Nachtbuslinie 600. Gegenüber der U-Bahn-Haltestelle Feldstraße. Eine Ampelphase entfernt vom Beginn der Reeperbahn. Hamburgs Sünde und Berühmtheit. Eine alternde Diva, die jede Nacht so wunderschön ist wie die Stadt, in der sie zu Hause ist. Viel Sex. Viele Drogen. Und verdammt viele Junggesellenabschiede, die sich alle für wahnsinnig originell halten. An der Bushaltestelle wurde sich getroffen. Nicht auf den Bus wartend, sondern auf die Jungs, die uns dort gleich abholen würden. Musste jeden Moment so weit sein. Nur eben kurz noch die Bahn verpassen. Aber dann. Sind gleich da. Noch zehn Minuten. Keine Stunde später waren sie dann auch wirklich da. Ging fix. Wie jeden Freitag. An einem dieser typischen Kiezabende. Voller Alkohol. Mit dem Geschmack fremder Küsse auf den Lippen und einer leichten Sehschwäche dank Wodka mit Orangensaft. In der berühmten «Mische», die damals immer zu Hause zusammengeschüttet wurde. Wodka und Saft zu gleichen Anteilen in eine 1,5-Liter-PET-Flasche abgefüllt. Ordentlich geschüttelt. Fertig für die Abreise. Der Kiez war teuer. Ich war jung. Bei Penny war Alkohol günstig. Niemand trank aus Genuss. Alle tranken für die Wirkung. Der Wodka musste also nichts können, außer zu knallen. Der O-Saft war lediglich dazu da, den Geschmack des Wodkas zu überdecken. Wir tranken damals keinen Wein aus großen Gläsern vorm Kamin. Wir tranken Wein maximal gemischt mit Cola. Nannten das «Kalte Muschi» und haben es beim Übergeben immer bereut, weil es so im Hals brannte. Anders war das übrigens bei Waldmeisterwodka. Der schmeckt vorwärts wie rückwärts gleich. Und ist immer grün. Anfangs ohne, später mit Stückchen. Wir fanden das ausgesprochen unterhaltsam. Alkopops tranken wir nie. Dafür waren wir zu uncool. Vielleicht auch zu arm. Zwei Flaschen dieser Mixgetränke kosteten so viel wie eine große Flasche Wodka. Da wurde nicht lange überlegt.

«Willst du eine?», fragt meine Freundin und hält mir die Schachtel hin. So beginnen ja viele schlechte Ideen. Mit einer simplen Frage.

«Ach klar, warum nicht.»

«Rauchen macht schlank», meint sie und wühlt in ihrer Tasche.

«Echt? Ich dachte, Rauchen macht Thrombose.»

«Ja. Auch. Wenn du alt und fett bist.» Sie angelt eine weitere Packung aus ihrer Handtasche.

«Hier, nimm lieber die, die sind mit Menthol.»

«Habe ich Mundgeruch?»

«Nein, aber wenn du gerade erst anfängst, sind die besser.»

«Warum?»

«Wegen dem Menthol!»

«Wegen des Menthols.»

«You must be fun at parties! Nimmst du jetzt oder nicht?»

«Ja, gib halt her.»

«Hast du Feuer?»

«Was?»

«Feuer!»

«Ja nee. Natürlich nicht. Wozu auch? Falls ich heute anfangen will zu rauchen, meinst du, habe ich schnell noch mal ein Feuerzeug gekauft? Weil ich so gut vorbereitet bin?»

Meine Freundin guckt kurz von ihrer Tasche hoch, in der

sie nach einem Feuerzeug wühlt, und schaut mich an. Ich lamentiere weiter.

«Es sind gerade mal zwölf Grad, und ich habe keine Jacke mit! Das zum Thema vorbereitet. Außerdem bist du doch die Raucherin.»

«Hätte ja sein können.»

«Klar. Manchmal überkommt es mich. Dann muss ich mitten in der Nacht an einer Bushaltestelle stehen und Wunderkerzen abbrennen. Kompensation. Fürs Rauchen. Ein Glück habe ich dafür immer ein Feuerzeug in meinem BH. Weil ich ja keine Taschen habe. Weil die ja an der Jacke wären. Die ich ja nicht mithabe. Sage mal, du erkennst das Problem schon, oder?»

«Du solltest wirklich anfangen zu rauchen, dann hältst du mal die Fresse.»

Wo sie recht hatte …

«Weißt du, wie das geht?» Fragt sie mich und hält mir das Feuerzeug hin.

«Was? Klar!» Es war kein Stück klar. Mein erster Versuch war Jahre her und scheiterte kläglich. Und da hatte ich die Zigarette nicht einmal selbst angezündet, sondern nur dran gezogen. Ich war aber unter 20 und zugleich zu alt, um zuzugeben, dass ich keine Ahnung hatte. Immerhin war das der Kiez. Wir waren jung. Meine Freundin rauchte Kette. Ich wollte nicht wie ein Vollidiot dastehen. Also zündete ich mir die Zigarette alleine an. War nicht so schwer, wie ich dachte. Nur halt sehr ekelig.

«Warum genau atme ich etwas ein, das dafür sorgt, dass ich das Gefühl habe, weniger statt mehr Luft zu bekommen?», frage ich meine Begleitung.

«Menthol!»

«Menthol was?»

«Das ist das Menthol!»

«Dass ich so ein Kratzen im Hals habe?» Wäre es das nur gewesen. Ich unterdrückte vielmehr einen Hustenanfall. Das wäre nun wirklich lächerlich gewesen.

«Ja. Das liegt am Menthol. Das kratzt so.»

«Ergibt Sinn. Mit der Zigarette an sich hat das bestimmt nichts zu tun.»

«Nee. Die hier sind besser.»

«Ach so? Und warum bekomme ich dann die hier?»

«Weil die für Einsteiger besser sind?»

«Kratzen im Hals ist so verführerisch für Einsteiger. Stimmt.»

«Und? Magst du?»

«Na, geht so. Sehe ich cool aus damit?»

«Du siehst gequält aus.»

«Ja, aber auch cool?»

«Bisschen schon. Ja.»

«Okay, cool.»

«Ja. Cool.»

«Weißt du, warum ich so gerne mit dir befreundet bin?»

«Weil ich immer Kippen habe, wird es wohl kaum sein.»

«Nee. Weil ich unsere erhellenden Gespräche so mag.»

Sie tritt mit ihren schwarzen Stiefeln gegen meine.

«Kann ich dir mal was sagen?»

«Immer. Alles.» Ich drehe die Zigarette in meiner Hand und frage mich, wie lange es wohl dauert, bis die von alleine ausgeht.

«Ich glaube, ich bin schwanger.»

«Du bist … was? Hör auf zu rauchen! Gib die Mische her!», fällt es mir als Satz aus dem Gesicht.

«Nee. Werde es nicht behalten.»

«Vater?»

«Julian, glaube ich.»

«Der Große? Der Bruder von Dings hier, wie heißt der noch? Der, mit dem Lisa zusammen war.»

«Ja, der.»

«Scheiße.»

«Mein Vater bringt mich um!»

«Meinst du nicht, er wird da Verständnis für haben?»

Sie schaut mich an, als wäre ich dumm.

«Hast recht, er bringt dich um.»

«Weiß ich seit vorhin.»

«Was? Wann vorhin? Wieso weiß ich das noch nicht?»

«War beim Arzt. Du hättest mir gesagt, ich soll nicht trinken.»

«Das sage ich dir auch jetzt!»

Wir schweigen eine Weile. Sie streckt die Hand nach der PET-Flasche aus. Ich schiebe sie weg.

Sie hebt eine Augenbraue und zeigt auf die Sektflasche, die neben ihr auf dem Boden steht und längst leer war. Ich schiebe die PET-Flasche wieder hin.

«Scheiße, Mann.»

«Kannst du laut sagen.»

«Wie?»

«Wie was?»

Ich deute auf ihren Bauch.

«Also, das ist so. Wenn eine Biene und eine Blume …»

Ich werfe ihr den Deckel der PET-Flasche an den Kopf.

«Ach komm, du kennst Julian doch. Er ist groß. Er sieht gut aus. Er ist hot, Mann.»

«Ist er!»

«Oder?!»

«Ist er!!»

«Siehste.»

«Hm. Verstehe.»

«Weiß er es?»

«Bist du bescheuert?»

«Kommt schon mal vor.»

«Nee, weiß er nicht.»

«Sagst du es ihm?»

«Nee, glaube nicht. Ich will's ja nicht. Echt, mein Vater bringt mich um!»

«Scheiße.»

«Ja.»

«Außerdem wäre ihm das eh scheißegal. Also Julian jetzt.»

«Glaube ich nicht.»

«Logisch. Er hat so Schnöseleltern. So richtig etepetete. Ich hab die mal kennengelernt. Die fanden mich, glaube ich, echt scheiße. Ich musste bei ihm im Zimmer warten. Als die gegessen haben.»

«Ah. Solche Eltern.»

«Oder? Das sind so ganz komische. Bei deiner Mutter passiert das nie.»

«Nee. Mama tischt für euch ja auch auf, als würden die feinen Herrschaften an der Tafelrunde Platz nehmen.»

«Geilste Nudeln der Welt. Deine Mutter!»

«Richte ich ihr aus.»

«Ja mach mal.»

«Hey Mama. Judyta sagt, du seist die geilste Nudel der Welt.»

«Ich hab ein bisschen Schiss.»

«Ja, ich weiß.»

«Und guck uns an. Du bist arm und dick. Ich bin arm und Polackin. Das glaubst du doch selbst nicht!»

«Was habe ich mit eurem Kind zu tun?»

«Nichts, aber du gehörst zu mir. Du verstehst mich.»

«Ist noch Wodka da?»

«Klar. Sonst müssen wir gleich noch mal zur Tanke.»

«Gehen wir ja nachher eh dran vorbei.»

Wir gingen immer auf der Reeperbahn zur berühmten Esso-Tankstelle. Damals, als es sie noch gab. Ehe wir dann in einem unserer Standardclubs strandeten. Meistens dem Kaiserkeller in der Großen Freiheit 36. Unten. Dort, wo der Bass zu Hause war.

«Sag mal. Wollten die Jungs Julian nicht mitbringen?»

«Ja, ich glaube schon», antwortet sie und macht sich eine neue Zigarette an ihrer alten an.

«Okay. Also, wenn du willst, dass ich es ihm sage, sag Bescheid.»

«Nee, will ich nicht.»

«Okay.»

«Du, Nicci?»

«Ich hasse es, wenn du mich so nennst.»

«Würdest du mitkommen?»

«Wohin?»

«Du weißt schon.»

«Nee, ich weiß nicht.»

«Wegen dem hier.» Sie deutet in Richtung ihres Bauches.

Ich gucke eine Weile stumm auf ihren Bauch. Dann auf sie. Sie guckt weg. Ich auch.

«Willst du wirklich?»

«Ich muss.»

«Kann ich irgendwas tun?»

«Mitkommen.» Sie zuckt mit den Schultern.

Es fliegt ein Schwarm an Autolichtern an uns vorbei. Aufgeregt wie die Nacht selbst. Was sie immer ist. Nachts. Auf dem Kiez. Einer hupt immer. Einer schimpft immer. Einer lacht immer. Einer feiert immer. Eine weint immer. Eine verzweifelt immer. Eine verliebt sich. Einige kommen. Andere gehen. Manche kommen nie wieder. Viele kommen nie wieder von dieser Atmosphäre los. Nachts. Auf dem Kiez.

«Okay», sage ich.

«Ja, wirklich?»

«Ja, wirklich. Wann?»

«Nächste Woche, guck ich mal.»

«Du hast schon einen Termin?»

«Nee, noch nicht.»

«Okay.»

«Kann ich bei dir schlafen?»

«Heute? Klar.»

«Ja. Aber auch dann?»

«Beim Termin?»

«Ja? Nur für ein paar Tage. Ich will dann nicht nach Hause.»

«Muss ich meine Eltern fragen, aber klar. Ist ja nie ein Problem.»

«Okay. Danke.»

«Schon okay. Soll ich Mama einweihen? Du weißt, dass sie dich dann bemuttert bis zum Gehtnichtmehr. Das tut sie auch so, aber du weißt schon.»

«Lieber nicht. Ich will nicht, dass sie mich so ansieht.»

«Wie ansieht?»

«So wie alle mich ansehen.»

«Keiner sieht dich so an.»

«Aber ich will nicht, dass deine Eltern mich hassen.»

«Werden sie nicht.»

«Hallo? Katholik da fuck! Wie mein Vater. Und deine Mutter findet das auch nicht geil.»

«Nee, finden beide nicht. Sie würden dich trotzdem aufnehmen. Du bist Familie.»

«Versprich mir, dass du nichts sagst, Okay?»

«Versprochen.»

«Okay.»

«Kommst du mit rein?»

«Beim Termin?»

«Ja?»

«Einer muss deine Hand halten.»

«Ja.»

«Mache ich.»

«Okay.»

«Kannst dann mein Bett haben. Ich schlafe auf dem Boden.»

«Echt? Musst du nicht.»

«Ich weiß. Will ich dann aber. Aber heute schläfst du auf dem Boden.»

«Geht klar.»

Ich setze die Flasche an die Lippen. Sie zündet sich die nächste Zigarette an.

«Ich schulde dir was.»

«Stimmt. Kannst du gleich begleichen.»

«Jetzt hier?»

«Ja.»

«Äh. Okay?!»

«Nenn mich nie wieder Nicci.»

«Das ist alles?»

«Das ist alles.»

«Bekomme ich hin.»

«Gut. Danke.»

«Hmm. Willst du auch noch eine Zigarette?»

«Ne. Lass mal. Aber du hast doch noch eine Flasche Sekt in der Tasche, oder? Die hätte ich jetzt gern.»

«Ich mache sie auf.»

«Hey Judy?»
«Ja?»
«Geht es dir einigermaßen gut?»
«Jetzt ein bisschen besser.»
«Okay.»
«Trotzdem scheiße.»
«Ja, ich weiß.»

An dem Abend rauchte ich meine letzte Zigarette. Wir haben im Laufe der Jahre viel ausprobiert. Von Gras über Poppers bis hin zu Speed und einmal Koks. Es war okay. Eine Erfahrung. Aber nichts für öfter. Judyta bekam kein Baby. Sie schlief an dem Tag, an dem ich ihre Hand hielt, in meinem Bett. Sie weinte viel. Ich lag stumm neben ihr. Auch im Bett. Nicht auf dem Boden. Und weinte mit ihr. Mama machte Nudeln. Und Wärmflaschen. Sie wusste es. Weil Mütter so was wissen. Wir sagten, es seien Bauchschmerzen. Sie hat nie ein Wort gesagt. Aber sie hat so viel Pudding und Grießbrei und alles, was warm und cosy ist, gekocht, dass wir hätten drin baden können. Judy ging dann noch ein paarmal mit dem hotten Julian aus. Dann sahen sie sich nie wieder. Heute ist Judy verheiratet. Mit einem Mann, der Schnöseleltern hat. Ein toller Typ. Er passt zu ihr. Sie hat nie wieder ein Kind bekommen. Wir haben nie wieder darüber gesprochen. Nachts. Auf dem Kiez. Und ich habe nie wieder eine Zigarette angefasst.

Die Männer, die um kurz nach 9 Uhr an der Tür klingelten und der Grund sind, warum ich bereits eine Überdosis Kaffee schlürfe, rauchen beide nicht. Zumindest nicht während der Arbeit. So scheint es mir. Es sind nette Männer. Groß. Beide muskulös. Beide attraktiv. Mit hellen, offenen und freundlichen Gesichtern und festem Händedruck.

Sie waren schon einmal hier in meinem Schloss. Einige Tage, nachdem ich die Beziehung beendet hatte. Nahmen Maß. Schauten sich alles an. Das Material. Die Beschaffenheit der Türen. Der Fenster. Des Bodens. Wir saßen an meinem Tisch. Alle drei. Und besprachen die Möglichkeiten. Es gab Kaffee. Beide tranken ihn mit Zucker. Niemand wollte Milch. Es würde ein wenig teuer werden, sagten sie mir. Ich wusste das schon, und es war mir egal. Es ist die Besonderheit des Hauses, sagten sie mir. Fachwerk, das über 200 Jahre alt ist. Sie wollten nichts kaputt machen. Möglichst wenig sichtbar sollte es auch sein. Ein kleines Vermögen im Tausch gegen ein gutes Gefühl. Ich unterschrieb den Vertrag. Wenige Tage später begannen sie damit, mein Schloss mit Sicherheitsriegeln und Sperrvorrichtungen an Türen, Fenstern und den Terrassentüren anzubringen. Während ich dabeistand und Kaffee trank. Nicht den letzten an diesem Tag.

Beendet war es eigentlich ganz schnell. Und unwürdig war es auch. Auf eine Art, wie ich niemals eine Beziehung beenden wollte, nie zuvor getan hatte und es hoffentlich auch nicht wieder muss. Am Telefon. Mich anbrüllend. Er. In Tränen ausbrechend. Ich. Ich komme mir feige vor, es so getan zu haben. Dabei musste ich nicht einmal viel dafür tun. Er rief mich an. Beklagte sich über meine komische Art und dass ich so still sei. Mein Wegsein passte ihm nicht. Mein In-mich-gekehrt-Sein brachte ihn auf. Gefühle. Nicht so sein Ding. Ich glaube heute, dass er sie nicht verstehen kann. Die Gefühle anderer Menschen. Vielleicht verlangt er deswegen stets Hingabe und Freude von seinen Mitmenschen, damit er selbst positive Dinge fühlen kann. So als spiegle er nur die Gefühle eines anderen Menschen und sei selbst nicht zu echten Empfindungen im Stande. Eine Vermutung nur. Beobachtung. Er wurde zornig und laut. Ich sagte ihm, dass ich es einfach nicht mehr aushalte und dass wir es beenden müssen. Dass ich es beenden muss. Dass ich glaube, dass es besser ist. Selbst mein Schlussmachen war vorsichtig, wie längst alles ihm gegenüber. Gut fand er es. Solle ich miese Fotze mich doch verpissen. Er müsse eh anderes regeln. Habe Verpflichtungen, um die er sich kümmern müsse. Familie. Haus und Hof. Tiere und Dinge. Und er wollte es mir nicht so auf die Nase binden, aber er habe ohnehin schon eine andere kennengelernt. Letztens. Als ich weg war. Unterwegs. Wie immer. Auf Tour. Was ich «arbeiten» nenne. Lachhaft fand er das. Ich müsse deswegen jetzt gar nicht rumheulen. Es läge im Grunde nicht an ihm. Er, als Mann, habe eben seine Bedürfnisse. Und ich lasse ihn ja neuerdings nicht mehr ran. Was soll er da machen. Irgendjemand, so sagte er, müsse sich um seinen Schwanz kümmern, und das könne nicht immer nur seine Hand sein. Natürlich nicht.

Es wurde dreckig. Er habe jetzt auch echt Besseres zu tun. Ich sagte: «Okay. Das habe ich so nicht gewollt, aber ich weiß nicht, wie ich es anders machen soll. Ich kann nur einfach nicht mehr. Bitte versuch wenigstens, es zu verstehen.» Er antwortete, dass es ihm längst scheißegal sei. Solle ich mich doch verpissen. Und das tat ich. Wir legten auf.

Vorbei. Das war mein erster Gedanke. Es ist vorbei. Mit geschlossenen Augen stand ich mitten im Raum. Das Handy auf meine Brust gepresst. Hielt mich daran fest. Atmete tief durch. Das Pfeifen des Tinnitus in jedem Ohr war im wahrsten Sinne ohrenbetäubend. Mein Frühwarnsystem. Ich weiß, dass sehr viele Menschen einen Tinnitus als äußerste Belastung empfinden. Ich verstehe das. Manchmal, da wird er so laut, dass ich nicht einschlafen kann. Oder übertönt mitten in einem Gespräch meinen Gesprächspartner. Eine Reaktion auf emotionalen Stress. Ich weiß es heute sehr zu schätzen. Wird es zu laut, entferne ich mich aus der Situation. Dann weiß ich, dass sich der Glasgarten in mir unwohl fühlt. Manchmal ist es belastend, aber ich habe mich dazu entschieden, es als das anzunehmen, was es ist. Als einen Mechanismus, der mich schützt. Entstanden in einer Zeit, in der ich Schutz gebraucht hätte. Ich möchte den Tinnitus als etwas Positives sehen und empfinde es auch so.

Die ersten zwei Stunden nach dem Telefonat verbrachte ich in Watte. Ein Gefühl abebbenden Schmerzes. Wenn das Schlimmste langsam nachlässt und man das erste Mal wieder beruhigter atmen kann. Das Alarmsystem des Körpers eine Nuance herunterschaltet und das Pochen der Wunde verebbt. Jahre. Nicht Monate, die es hätte maximal andauern dürfen mit ihm und mir. Jahre. Und nach all der Angst und all dem Druck sollte es nur ein Telefonat entfernt gewesen sein? Dieses Gefühl, frei zu sein. Vielmehr das Gefühl, entkommen zu sein. Zwei Stunden hielt es an. Dann klingelte mein Telefon.

Er. Ich ging nicht ran. Wieder er. Ich ging wieder nicht ran. Das Klingeln meines Handys verscheuchte die aufkommende Ruhe in mir. Vernichtete die vage Hoffnung, es hätte wirklich so leicht sein können. Nachricht eins. Ich las sie nicht. Nachricht zwei. Ich las sie nicht. Nachricht drei und vier auf einem anderen Nachrichtendienst. Ich las sie nicht. Dann eine SMS. Dessen Vorschautext ich lesen konnte, ohne dass es ihm angezeigt wurde. Kleine weiße Buchstaben auf hellgrünem Grund. Direkt auf meinem Handydisplay.

«Na, dann hoffe ich, dass du die Tür gleich aufmachst, wenn ich da bin. Sonst trete ich sie dir ein …» Weiterlesen konnte ich nicht, ohne die Nachricht zu öffnen.

Also öffnete ich sie. Und alle anderen auch. Er war auf dem

Weg. Er wollte reden. In den ersten Nachrichten tat es ihm alles schrecklich leid. In den letzten Nachrichten beschimpfte er mich. Er habe ein Recht auf ein Gespräch. Er sei stinksauer, aber er würde mir verzeihen, wenn ich jetzt mit ihm reden würde. Er würde mir dann noch einmal eine Chance geben.

Er. Mir. So, als hätte ich um eine Chance gebeten. Eine andere, als dass wir getrennte Wege gehen. Ich schrieb zurück. Ich wolle ihn nicht sehen. Es sei alles gesagt. Er hatte aber das letzte Wort. Das hatte er immer. Sein Recht. So meinte er. Er bestimme, wann etwas zu Ende ist und wann nicht. Und er entschied, dass es nicht vorüber sei.

Und da saß ich wieder. Auf meinem Sofa. Meine Katze auf meinem Bauch. Das kleine Fellknäuel, das immer dann kommt, wenn ich das Gefühl habe, es alleine nicht zu schaffen. So als könne sie alles Unheil vertreiben, wenn sie nur dolle genug schnurrt. Und wer weiß, vielleicht kann sie das ja auch. Verstehe einer die Magie von Katzen.

Sie schnurrte. Ich hatte eine Hand auf ihrem Po, weil sie das dort so mag. Die andere ruhte auf dem Griff jenes Messers, das schon einmal unter einem Katzenkörbchen lag. Ein Gefühl, das ich schon viel zu gut kannte. Eines, das ich unendlich leid war.

Und vielleicht war das ihre Aufgabe. Die des kleinen, schwarzen Mädchens auf meinem Bauch. Dass ich nicht aufstehen konnte, um am Ende dem Druck und der Angst nachzugeben, die Tür doch noch zu öffnen. Wegen dieses Haustiergesetzes, das alle Tierbesitzer kennen und welches besagt: Schläft dein Tier auf dir, bewegst du dich gefälligst nicht. Nicht, wenn du Hunger hast. Nicht, wenn du Pipi musst. Nicht, wenn dir die Beine einschlafen. Nicht, wenn es dir zu heiß ist. Nicht, wenn du etwas anderes machen möchtest, und schon gar nicht, wenn dein frischgebackener Exfreund an deiner Haustür rüttelt und durch die geschlossene Tür brüllt, ich solle wenigstens an mein Scheißhandy gehen. Was ich tatsächlich tat, um ihm zu sagen, dass es vergebens ist. Dass ich nicht öffnen werde und dass ich die Polizei rufe, wenn er nicht aufhört. Woraufhin er zwischen Hagel und Sonnenschein wechselte. Was er für mich empfinde und tun wollen würde. Was für ein undankbares Stück Scheiße ich sei. Dass ich doch die Eine sei. Neben allen anderen versteht sich. Dass er nur reden wolle. Alles nicht so gemeint habe. Ich solle doch keine Angst haben. Wenn er wollen würde, würde er einen Weg rein finden, und er ginge erst weg, wenn ich mit ihm von Angesicht zu Angesicht sprechen würde. Wegen der vielen Liebe und meinem Mangel an Respekt. Er redete. Ich hörte zu. Dass er mir die Sterne vom Himmel holen wollen würde, um mich im nächsten Moment damit zu erschlagen.

Irgendwann verebbten die Tiraden. Wurde sein Monolog leiser. Ging es um Liebe und verletzte Gefühle. Um Schuld, die es zu verteilen gab. Um all das, worum es immer geht bei Trennungen. Und um die Ankündigung, dass er mich nicht gehen lassen würde. Es nicht wolle. Nicht könne. Er brauche mich für sich. Das war für ihn eine entschiedene Sache. Also zählte die Trennung in seinen Augen nicht. Er fuhr. Mit der Ankündigung, zurückzukommen. Und er kam zurück. Nicht nur einmal. Aber jedes Mal blieb die Tür zu. Wir redeten am Telefon. Ich legte auf, wenn es mir zu viel oder er zu laut wurde. Dann kam er immer seltener. Drohte leiser. Anders. Mit Worten wie «Auflauern» oder «Wenn du nachts allein im Haus bist …» und «Du weißt ja, wie ich dazu stehe, dass du dich trennst». Ja. Weiß ich. Deswegen kamen einige Tage später die beiden netten Männer in mein Schloss und begutachteten alle Ein- und Ausgänge.

Wenn ich jetzt abends nach Hause komme, empfinde ich das Geräusch der einrastenden Türsperre als beruhigend. Sie ist nicht sehr auffällig. Aber sie ist kraftvoll und hindert alles, was draußen ist, daran, ungefragt reinzukommen.

Eine kleine Kamera, gut sichtbar, aber dezent über der Eingangstür angebracht, verrät mir über eine App auf meinem Handy, wer vor der Tür steht, und ich gucke jedes Mal drauf, wenn es klingelt. Selbst dann, wenn ich zu der Zeit sogar jemanden erwarte.

Das ist es, was Gewalt macht. Sie nimmt mir nachhaltig etwas weg, was ich bis zum heutigen Tage noch nicht vollkommen wiedergefunden habe. Ein klein wenig Naivität. Jede Menge Vertrauen. Glauben an die Leichtigkeit. Von alldem nimmt Gewalt etwas weg und reißt es mit sich mit. Ich kann das fühlen. In mir. Dort, wo einstmals die Krone tiefen, bedingungslosen Vertrauens saß, fehlen heute einige Juwelen und so mancher Zacken. Ich finde mit der Zeit neue Juwelen. Die alten sind fort. Die hat er. Soll er sie behalten. Ich suche mir neue. Klebe sie mit reichlich Gaffa-Tape dorthin, wo sie passen könnten. Mal klappt das gut. Mal reicht eine kleine Erschütterung, und der Stein fällt wieder raus. Dann bücke ich mich, hebe ihn wieder auf, setze ihn wieder ein. Und ich werde es immer wieder tun, bis es hält. Ich gebe mich nicht geschlagen. Ich schenke ihm das einfach nicht. Ich erlaube ihm nicht, einen Menschen aus mir zu machen, der nicht mehr vertraut. Der alle Männer über einen Kamm schert. Der immer auf der Hut ist. Ständig ein bisschen Angst hat. Nie zur Ruhe kommt. Alleine bleibt, weil jeder andere vielleicht eine Gefahr sein könnte. Ich will das nicht. Ich will mich so nicht fühlen, und ich erlaube es ihm nicht, einen Menschen aus mir zu machen, der immer eine Spur zu verschreckt ist.

Ich bin vorsichtiger geworden. Ich brauche mehr Zeit, wenn ich Menschen kennenlerne. Ich erschrecke mich ein wenig häufiger als vor der Beziehung und passe ein klein wenig mehr auf. Ich verspüre manchmal mehr Unruhe in mir als zuvor. Manchmal erschrecke ich mich über Geräusche, wenn ich alleine bin, aber das wird besser. Es braucht Zeit, aber die nehme ich mir auch. Es braucht Hilfe, und auch diese habe ich mir gesucht. Ich muss diesen Weg zurück zu mir nicht alleine schaffen. Niemand muss das. Es gibt Menschen, die verdienen ihr Geld damit, Menschen wie mich zu unterstützen, und sei es nur, indem sie zuhören. Ich muss diesen Weg nur gehen, und das tue ich. Mit jedem Kaffee. Mit jedem Lächeln. Jeder schönen Stunde mit meinen Freunden. Mit jedem Schritt aus dem Haus, ohne mich noch einmal umzusehen, ob da vielleicht irgendwo ein Schatten steht. Ich sage nicht, dass die Zeit keine Wunden hinterlassen hätte. Ich sage aber, dass ich heile. Manche Wunden werden Narben hinterlassen, die ich bald schon nicht mehr sehe. Andere werde ich mein Leben lang behutsam pflegen. So wie die Narben an meinen Beinen. Das ist in Ordnung für mich. Ich mag meine Narben. Sie erzählen meine Geschichte in Reimform. Poesie aus gebrochenen Glasgartenscherben.

Und eines Tages, da werde ich mich rächen. Auf die schlimmste aller Arten, indem ich loslassen und mich Hals über Kopf verlieben werde. Ich werde ein wenig länger dafür brauchen als früher. Etwas genauer hinschauen. Mir auch hier mehr Zeit lassen. Ich empfinde das als etwas Gutes. Die Quintessenz einer Lehre. Aber ich werde es tun. Dann schenke ich einem Mann meine Liebe, der Poesie aus Narben liest und der es wert ist, dass ich auch mit leicht zerdellter Krone ruhigen Gewissens mein Herz an seinem einschlafen lasse.

Denn das ist es, was von mir am Ende bleibt. Liebe. Für mich. Für das, was ich Leben nenne. Für die Menschen darin. Für das, was ich tue, für all meine Kunst und eines Tages für den Mann an meiner Seite, der diese Position auch verdient. Weil meine Rache kein Zorn ist, sondern das Leben des besten Lebens, das ich mir wünschen kann. Ich habe mich dorthin auf den Weg gemacht und heile mit jedem Tag, jedem Schritt und jedem guten Kaffee am Morgen.

Dopamin und Zuckerwatte

Alleinsein. Das ist ein so großes Wort. Dabei bin ich gerne allein. Wenn ich mir das Alleinsein aussuchen kann. Ich brauche das sogar. Ich muss Zeit allein verbringen, um mit mir und der Welt im Reinen zu sein. Um Kraft zu sammeln. Um mich zu hören. Um kreativ sein zu können. Und ich bin gerne mit mir allein. Nicht ausschließlich natürlich, aber ich kann phantastisch Zeit totschlagen nur mit mir und den Stunden des Tages. Es gibt eine Bezeichnung für Menschen wie mich: introvertiert. Ich bin ein introvertierter Mensch. Das wirkt nach außen oft anders, was meiner Berufswahl geschuldet ist. Ich stehe auf Bühnen und vor Kameras. Ich toure mit meinem Soloprogramm, das ich bezeichnenderweise «Prinzessin Arschloch» genannt habe. Ich rede mich Woche für Woche in meinem eigenen Podcast zusammen mit meiner besten Freundin um Kopf und Kragen. Ponyhof und Mittelfinger, so heißt er, hat absurd viele Zuhörer und genauso viele Themen. Jeden Tag. Jede Woche. Ich betreibe Social Media, weil es irgendwie dazugehört. Facebook. Instagram. Habe an manchen Abenden Tausende Menschen um mich. Bin on stage schwarzhumorig, laut, derbe manchmal. Lache unendlich gern. Im Podcast auch. Ich rede viel. Bin offen und zugewandt, und lernt man mich nur flüchtig kennen, käme es einem nicht in den Sinn, mich als introvertiert zu bezeichnen. Was vermutlich daran liegt, dass das Wort von vielen falsch verstanden wird. Geht man doch davon aus, dass introvertierte Menschen schüchtern seien und den Kontakt zu Menschen scheuten, weil er ihnen Angst mache oder sie mit Öffentlichkeit und Aufmerksamkeit ebenso wenig klarkommen wie mit zwischenmenschlichen Interaktionen. All das ist aber nicht der Fall. Introvertiert bedeutet etwas anderes. Ich bin nicht schüchtern. Zumindest nicht über ein gesundes Maß an Zurückhaltung hinaus. Ich habe keine Angst vor Menschen. Ich brauche sie nur nicht ständig um mich. Ich suche privat selten den Trubel, aber das bedeutet nicht, dass ich mich in diesem per se unwohl fühle. Ich schmeiße gerne Partys, und diese dürfen ebenso in Bezug auf die Anzahl der Gäste ausarten, wie sie eskalieren dürfen. Was sie im Regelfall auch tun. Von «Bitte kotz nicht in meinen Teich» bis «Nicole, draußen in deinem Garten vögeln gerade zwei an dem großen Typen, der da herumsteht!» ist alles dabei, und ich bin da vollkommen fein mit. Der große Typ, der da herumsteht, ist eine überlebensgroße Nachbildung eines chinesischen Terrakottakriegers. Die zwei, die da vögelten, sind heute verheiratet und haben ein Kind, das auf meiner Party gezeugt wurde. An ebendiesem Krieger. Und bis zum heutigen Tag hat sich noch kein einziges Mal jemand in meinen kleinen Teich übergeben.

Über solche Abende hinaus und abseits meines Jobs habe ich es aber gerne ruhig. Ich fühle mich dabei auch nicht allein. Ich fühle mich behaglich. Manchmal führt das dazu, dass ich tagelang nicht ein einziges Wort spreche. Weil ich nicht das Bedürfnis habe, zu reden. Außer mit meiner Katze oder mit meinen Pflanzen, aber auch die bräuchten meine Stimme nicht. Gerade nach langen Tourblöcken oder aufregenden Projekten verkrümle ich mich stets in meine heimelige Umgebung und lade meine Akkus wieder auf. Ich brauche andere Menschen in meinem Leben, und ich brauche diese auch ganz nah. Nur eben nicht ständig. Dafür benötige ich zwingend mein Maß an Ruhe und Alleinsein. Mit mir sein. Mit meinen Gedanken sein. Im Austausch mit der Welt um mich herum. Fühlend. Beobachtend. Wahrnehmend. Nicht redend. Weil dies für mich der einzige Weg ist, wieder neue Energie zu gewinnen. Das ist es, was introvertiert sein bedeutet. Nicht still und traurig, sondern zufrieden mit der Ruhe und Stille genießend.

Ich bin so lange gerne allein, bis ich es plötzlich sein muss. Bis der Moment kommt, an dem ich es mir nicht mehr aussuchen kann, sondern es das Ergebnis meiner Entscheidungen oder der Entscheidung eines anderen ist. Das Alleinsein nach einer Trennung, das macht mir erst einmal Angst. Denn egal wie sehr das alles auch sein musste, wie dringend und zwingend dieser Schritt war, um mich selbst in Sicherheit zu bringen – meinem Herz habe ich das nicht beibringen können. Das wollte nicht verstehen, warum das alles nicht gehen sollte. Die Beziehung. Mit diesem Mann. Bis zum letzten Moment nicht. Mein Herz ist dumm. Es ist riesig und manchmal viel zu groß für mich. Ein ganzer Planet, der nur aus Gefühlen besteht, kontrahiert da in meiner Brust. Jagt jede Sekunde Blut und Gefühle durch mich durch. 70 Schläge in der Minute. 80 Milliliter Blut pro Schlag. Knapp 5 Liter Blut in der Minute. 10 000 Liter am Tag. Und mit diesem eine Flut an Gefühlen. In mir drin ist manchmal zu viel davon. Zu viel Gefühl. Zu viel Liebe. Manchmal ist mein Herz zu groß für meinen Körper und für meinen Verstand. Vielleicht verliert es sich deswegen so gern an einen anderen Menschen. Mein Herz. Weil ich lieben muss, um glücklich zu sein. Nicht im poetischen Sinn. Nur, weil es so schön klingt. Sondern wortwörtlich. Ich muss lieben dürfen. Und ich bin so unendlich gerne verliebt. Mein Herz wirft sich so gerne ins Geschehen. Ich bin introvertiert, mein Herz ist es nicht. Das will raus, unter Menschen und dort den Einen finden, für den es schlagen kann. Mein Herz ist ein gnadenloser Optimist. Hat immer Hoffnung. Es ist ihm einfach egal, was alles war. Es ist ihm auch egal, wie kaputt es selbst ging. Wie viele Wunden es sich mit jedem Schlag zufügt an den Speerspitzen des Herzens eines anderen. Es will einfach fühlen. Hart. Intensiv und völlig gnadenlos. Ohne jeden Filter. Ohne jeden Halt. Mein Herz ist ein Junkie und hoffnungslos abhängig von der besten Droge der Welt. Liebe.

Das klingt schmalzig, ist aber wahr. Beim Verliebtsein ist dieselbe Hirnregion aktiv wie bei einem Kokainrausch. Ähnlich wie bei Drogen- und Alkoholkonsum werden Glückshormone ausgeschüttet. Dopamin im Überfluss. Liebe macht high. Berauscht, und dieser Rausch kann abhängig machen. Wie bei jeder Droge. Sogar das «höherschlagende Herz», wenn der Mensch, für den ebendieses Herz schlägt, den Raum betritt, ist keine Einbildung. Ist man verliebt, schüttet der Körper Stresshormone aus. Vor allem Adrenalin. Das lässt den Puls steigen. Ähnlich wie bei Drogenkonsum schüttet das Gehirn Hormone zur Belohnung aus, wenn man seiner Droge, dem Herzmenschen, nah ist. Der Vergleich von Liebe, Drogen und Abhängigkeit ist also kein rein literarisches Werkzeug, sondern nüchterne Wahrheit.

Liebe ist ein Ausnahmezustand für den Körper, für den Kopf, für die Seele. Liebeskummer deswegen auch. Die Umkehr all des Glücks. Der kalte Entzug, sobald der Partner nicht mehr da ist. Ein Gefühl, das sich so unendlich anfühlt wie die Liebe selbst. Ein Zustand, der vorübergeht. Nur fühlt es sich nie so an, als ginge es jemals vorüber. Als hörte es irgendwann wieder auf. Als wäre irgendwann wieder alles normal. Aber denkt man das über die Liebe nicht auch? Dass sie unendlich sei. Und dass man sich in den Momenten, in denen alles so unerträglich perfekt ist, nicht vorstellen kann, dass es jemals anders sein könnte.

Mein Herz hat es deswegen nie verstanden, warum ich schlussendlich einen Schlussstrich zog. Ziehen musste. Es hört, was ich sage, und es gibt mir auch recht. Natürlich. Es weiß, dass ich mich lösen und neu anfangen musste. Dass ich es um meiner und somit unser willen tat. Dass die Alternative ein nicht endendes Leid und Schmerzen für uns beide bedeutet hätte. Dass all das unausweichlich war, damit es irgendwann wieder besser werden kann. Das ist ihm alles vollkommen klar. Es ist ihm nur egal. Mein Herz möchte lieben und hat es doch auch so intensiv getan. Es hat doch so viele Brücken, Zugänge und Wege gebaut zu diesem einen Mann. Sich um ihn herum gelegt. Auf ihn eingelassen. Schlug für ihn höher, schneller und weiter, wenn er den Raum betrat. Am Ende raste es, wenn er nur in die Nähe kam. Aber das scheint es sich nur schwer ins Gedächtnis rufen zu können. Mein Herz leidet an Amnesie. Ein Totalausfall aller negativen Erinnerungen. Deswegen vertraut es meinem Verstand auch nicht so gerne. Weil es so blind ist für alles. So fraglos. So zweifelsfrei. Es hat sich doch eingelassen. Hingegeben. Sich verloren mit jedem neuen Rausch. Mit jedem Kuss und jedem Schmetterling und jedem schönen Moment. Momente, die es wirklich auch gab. Es ist nicht willens, das herzugeben. Wird es niemals sein, wenn ich es nicht zwinge. Und während ich mich schon im freien Fall in ein neues Leben befinde, klammert es sich fest an allem, was war, an diesem Mann und an allem, was wir uns von ihm versprachen, erhofften und -sehnten. Mein Herz und ich. Es kann nur sehr schwer loslassen. Und weil es nicht loslassen will, sich festklammert am letzten Strohhalm der Verbindung, muss ich ihm so lange jeden emotionalen Finger brechen, bis es nicht mehr festhalten kann und mit mir fällt. Hineinrieselt in das schlimmste aller Gefühle in meiner Welt. Liebeskummer. Mein emotionaler Endgegner. Liebeskummer schrammt mir zu nah am Gefühl der Einsamkeit vorbei. Ein Gefühl, vor dem ich mehr Panik habe als vor Spinnen, und die haben immerhin acht Beine, sind giftig und können beißen. Einsamkeit ist quasi die Spinne unter den Gefühlen. In meiner Welt zumindest. Und sie macht mir Sorgen. Dabei bin ich im Grunde nicht einsam. Das bin ich nie. Ich bin umgeben von Menschen, die mich lieben. Aber das weiß mein Herz leider nicht immer, weil es eine Diskrepanz empfindet zwischen der wahrgenommenen und der tatsächlichen Intensität der Bindungen in meinem Leben. Es hat sich in die Idee verrannt, dass ich nur dann nicht einsam bin, wenn ich in irgendeiner Weise Teil einer Partnerschaft bin, und wenn ich das nicht mehr sein kann, fühle ich mich immer erst einmal haltlos. Leider habe ich bis zum heutigen Tag kein Mittel dagegen gefunden. Nichts, was akut gegen Liebeskummer hilft. Außer weiteratmen. Aushalten und mich daran festhalten, dass es eines Tages wieder besser wird. Das und jede Form von Kunst.

Liebeskummer macht meine Welt leiser. Nicht die Art von Stille, die ich mag. Sondern die, die mich in Watte packt. Alles gedämpft. Um eine Nuance nur, aber das reicht aus, um mich irgendwie aus der Welt gerückt zu fühlen. So als stolpere mein Herz immer ein ganz klein wenig neben dem Beat. Laut genug, um mich nachts wach zu halten. Zu leise, als dass es jemand anderes hören könnte. Liebeskummer gibt mir das Gefühl, verloren zu sein. Vernichtet in diesem Fall. Stumm zu sein, während ich innerlich unentwegt aufschreie. Ich habe so viel von mir hergegeben. So viel verschenkt. Mich derart eindringlich mit ihm identifiziert und mein Leben auf ihn ausgerichtet. Anfangs voller Leidenschaft, später dann lange Zeit aus Angst und zur Vermeidung von Ärger und Schmerzen. Sodass ich jetzt, da ich wieder alleine war, feststellte, dass ich mich nicht mehr zurechtfand in meinem Leben. Arbeit war dabei kein Problem. Ich habe mich auch prompt kopfüber in alles reingestürzt, was sich mir anbot. Nahm jeden Termin wahr, jedes Projekt an, arbeitete tage- und wochenlang ohne einen Tag Pause. Flucht. Natürlich. Denn wenn es ruhig um mich wurde, war plötzlich so viel Welt da. Zugleich so wenig ich. Was mich erschütterte. Wo bin ich denn abgeblieben? Ich musste doch irgendwo sein. Wer bin ich denn, wenn ich mich nicht in Arbeit stürze oder um einen Mann drehe? Warum habe ich auf diese Frage plötzlich keine Antwort mehr? Wann habe ich aufgehört, mir genug zu sein? Oder war ich das vielleicht nie?

Wenn ich an die fünf wichtigsten Menschen in meinem Leben denke, warum zähle ich meinen Namen dann nie mit auf? Warum stehe ich nicht auf meiner eigenen Liste? Müsste ich das nicht tun? Mir fallen sofort fünf Namen ein. Problemlos. Ich kam dennoch nie auf die Idee, meinen eigenen mit aufzuzählen. Noch nie. Sollte ich mir selbst nicht der wichtigste Mensch sein? Oder zumindest unter meinen Top 5 einen Platz finden?

Da war es, mein Problem. Ich hatte offenbar irgendwann damit aufgehört, mir selbst genug zu sein. Deswegen diese Bedürftigkeit. Dieses unbedingte Brauchen eines anderen Menschen, um mich vollwertig zu fühlen. Die Aufmerksamkeit und Liebe eines Mannes als Bestätigung, dass ich etwas wert bin. Liebe zum Beispiel. Liebenswert bin.

Es ist nicht falsch, jemanden zu wollen. Nicht alleine durchs Leben gehen zu wollen. Ich will auch einen Partner in Crime. Einen Gefährten auf meinen stürmischen Wegen ebenso wie auf meinen seichten Gewässern. Ich will lieben und geliebt werden. Ich will Teil von etwas sein, das gemeinsam etwas Großes sein kann. Nur will ich mich dafür nicht selbst aufgeben müssen. Ich will es nicht brauchen, nicht müssen, sondern mir leisten und erlauben können. Als Ergänzung. Als Bereicherung. Als Unterstützung, Vertrauten und eben Gefährten. Nicht als Bestätigung und Selbstwertersatz.

Selbstwert bedeutet, sich selbst wichtig zu sein. Egal ob einen Einer oder Tausende mögen oder eben nicht. Es bedeutet, auf sich aufzupassen. Und das habe ich mit den Jahren verlernt.

Ich bin also gerne allein. Nach wie vor. Ich habe nur vergessen, wie es geht, mir selbst zu reichen.

Also tat ich das, was jede einigermaßen unvernünftige Frau an meiner Stelle tun würde. Ich meldete mich prompt auf einem Datingportal an. Natürlich, was auch sonst. Eine Kurzschlusshandlung nach jeder meiner Trennungen. Erst einmal Ablenkung finden. Selbstwertgefühl pushen. Mich attraktiv und gewollt fühlen. Meinen Marktwert abklopfen und mich in Flirts verrennen. Fühlt sich alles besser an als Liebeskummer. Ist alles verlockender, als an sich selbst zu arbeiten, und wenn wir schon in den ekeligen Tiefen meines Inneren wühlen, warum dann nicht auch gleich zugeben, dass es auch darum geht, schneller zu sein als mein Expartner. Mit einer neuen Trophäe aufwarten zu können. Sagen zu können «Ich brauche dich nicht» und mit dem neuen Accessoire an meiner Seite Hand in Hand durch die Straßen zu schlendern. Als unsinnigen Beweis meiner Unabhängigkeit mich gleich in die nächste Beziehung verrennen. Ein bisschen in der Hoffnung, Eifersucht auszulösen. Ich will, dass der werte Herr Ex in Bedauern versinkt, mich verloren zu haben. All seine Fehler einsieht. Alles erkennt. Mich als das Beste in seinem Leben wahrnimmt und nun niemals wieder froh wird, weil er mich nicht mehr hat. Jetzt brauche ich nur noch einen im Wind wehenden Umhang und donnernde Imperator-Musik, und das Possenspiel ist perfekt.

Ich will so nicht fühlen. Das ist nicht nur albern, das ist auch völlig unnötig und bringt mich kein Stück weiter. Ich weiß das. Aber zu behaupten, ich hätte es niemals getan, wäre gelogen. Dabei ist es so armselig. Und kleinlich. Und viel schlimmer noch, so falsch. Weil jeder dieser Gedanken nur etwas darüber aussagt, wie sehr ich nach der Trennung noch zulasse, dass er immer noch und immer wieder Teil meiner Welt und meiner Gedanken ist. Anstatt ihn auch in diesen gehen zu lassen. Wie unfair das auch jedem neuen Partner gegenüber ist. Nur der Tröster zu sein. Der Übergangsmann von einem Leben in ein nächstes. So wie diese Jacken, die man im Schrank hat und die zu keiner Jahreszeit wirklich passen. Weil sie das Kunststück vollbringen, zeitgleich zu warm und zu kalt zu sein, und weil man sie nur hat, weil man sie eben hat. Lausig. Um meiner selbst willen mussten diese Gefühle ganz schnell weg. Aber dennoch waren sie eben erst einmal vorhanden, und ich machte mir darüber viele Gedanken. Während ich zugleich wusste, dass er längst eine Neue hat. Ego. Ein für Verletzungen äußerst anfälliges Ding. Vor allem dann, wenn ich ohnehin schon so angezählt auf der Matte liege.

Mein Ausflug in die Welt des Datings war eine Katastrophe, und ich scheiterte bereits beim Ausfüllen des Profils. «Sag was über dich» stand als Aufforderung in dem Eingabefeld mit dem sinnigen Titel «Über mich».

Ich kann das eigentlich gut. Profile ausfüllen. Kunststück. Ich bin Autorin. Zu schreiben ist in solchen Portalen meine geheime Superpower. Ich kann ganze Romane in solche Felder gießen, ohne auch nur ein einziges Wort zu sagen, das wirklich wichtig wäre. Ich habe das jahrelang gemacht. Schon vor dieser Beziehung, für die ich nun eine Ablenkung suchte. Aber auch er war ein Fang aus dem Internet. Das waren sie fast alle in meinem Leben. Hat nie gehalten, aber das hält mich ja noch lange nicht davon ab, immer wieder die gleiche Handlungsweise an den Tag zu legen. Profile waren immer schnell ausgefüllt und erzielten stets den gewünschten Effekt. Grob zusammengezimmerte Aussagen über mich, die sich allesamt gut lasen. Natürlich mit dem einen Ziel, interessant und möglichst einzigartig zu wirken. Wie das Anpreisen von Ware auf einem Markt. Im Grunde sind Datingportale genau das. Ein Markt für Menschen, dessen Ware sie selbst sind. Deren Herzen. Deren Körper. Sex. Das Nicht-mehr-alleine-sein-Mögen. All das liegt in den Auslagen und wird feilgeboten. Profiltext als Aushängeschild. Was biete ich an? Was tausche ich? Gegen was tausche ich und was kostet das alles? All das, formuliert in einem Text über sich selbst. Das war nie ein Problem. Eigentlich. Denn nun saß ich vor meinem Laptop und schaute dem Cursor beim Blinken zu. Was schreibe ich denn über mich? Wie viel Wahrheit verkraftet ein Datingprofil? Ist ja nicht so, dass ich es nicht versucht hätte. Habe ich. Mit einer Flasche Wein und viel Zeit. Eingemummelt auf meinem Sofa ging es los und scheiterte satzweise.

«Hey Unbekannter …»

Um Gottes willen.

«Hallo Fremder …»

Bitte nicht.

«Huhu und willkommen auf meinem Profil …»

Huhu? Ja ne, echt nicht. Im Ernst. Huhu. Herrje.

Also lasse ich die Anrede erst einmal weg und schreibe gleich etwas über mich.

«Ich bin Ende 30, kinderlos, übergewichtig …»

Puh. Ich brauche mehr Wein. Mehr Wein und keine Kinder. Die will ich nämlich nicht haben. Wollte ich noch nie. Kann ich ihm das hier schon sagen, oder warte ich da besser bis zum zweiten Date? Wann sagt man einem Mann denn, dass man keine Kinder will? Weder eigene noch fremde. Dabei hätte ich durchaus Kinder bekommen können. Das sagt zumindest mein Uterus. Der Rest von mir lehnt aber jeden Gedanken dahingehend ab. Eine Entscheidung, in der ich sehr selbstbewusst bin. Sehr in mir ruhe. Ich bin eine Frau, die keine Kinder hat, weil sie keine Kinder will. Unter keinen Umständen. Ich stelle das nicht in Frage. Ich vermisse nichts, und auch wenn es gerne gesellschaftlich behauptet wird, bin ich mir sicher, dass ich auch mit 80 nichts bereuen werde. Ich bin einfach kein Muttertyp. In mir tickt keine biologische Uhr. Babys lösen bei mir keinen Quiek-Impuls aus, und ich finde Kinder auch selten niedlich. Es sind einfach kleine Menschen, die lustige Dinge können. Weniger kuschelig als Haustiere. Dafür talentierter. Ich bewundere Eltern für ihr Können. Für ihre Geduld. Für diese Nerven aus Stahl, die ihnen dabei helfen, die schreienden Monster nicht eines Tages in den Toaster zu stecken. Ich weiß, dass ich diese Geduld nicht hätte.

Die Entscheidung, eine kinderlose Frau zu sein, fiel sehr bewusst und bereits in meiner Jugend. Zu einer Zeit, in der die Ersten um mich herum sehr früh schwanger wurden. Ich war immer der Meinung, dass ich nur dann ein Kind bekommen sollte, wenn ich es auch wirklich aus tiefstem Herzen will. Wenn der Moment kommt, in dem ich das Gefühl habe, dass ich es niemals bereuen würde. Um am Ende nicht ein Kind großzuziehen, das irgendwann das Gefühl hat, nicht gewollt zu sein. Ein Gefühl, das ich selbst in mir trage und von dem ich weiß, dass es einen auffrisst. Dieser Moment kam nie. Nicht, als die Frauen um mich herum die ersten Kinder bekamen. Nicht, als ich auf deren Babys aufpasste, und auch dann nicht, als meine kleine Schwester meine unendlich bezaubernde Nichte bekam. Diesen kleinen Menschen, den ich heute über alles liebe. Ich bin wahnsinnig gerne die merkwürdige Tante und Mary Poppins für den flausigen, phantasievollen Kopf dieses Geschöpfes. Mehr aber auch nicht. Für mich habe ich die beste aller Entscheidungen getroffen. Keinen Tag bereut.

Aber vielleicht warte ich mit alldem bis zum dritten oder vierten Date.

«Ich würde mich selbst als humorvoll bezeichnen …»

Nee, würde ich nicht, ich würde mich selbst als scheißlustig bezeichnen, wenn ich ehrlich wäre, aber das klingt so selbstreferenziell, und ich habe in meinem Stammhirn ja verankert, dass ich bescheiden sein und Männer nicht durch selbstsicheres Auftreten einschüchtern soll. Auch so ein Blödsinn.

«Ich bin eigentlich ein sehr positiver Mensch …»

Und uneigentlich hat mein Bastard von Exfreund, den ich mit dieser Aktion versuche aus meinem Kopf zu bekommen, alles darangesetzt, dass ich vor das Wort «positiv» ein «eigentlich» setze.

«Ich mag Rotwein und Gin und Hamburg bei Nacht und …»

Alles richtig, aber da schläft mir schon beim Schreiben das Gesicht ein.

«Was ich suche, ist relativ einfach umschrieben …»

Ach ja?

«Unverbindlicher Sex wäre toll …»

Seit wann ist Sex denn unverbindlich? Geht es verbindlicher, als sich ineinanderzustecken?

So ein Quatsch. Außerdem will ich nie unverbindlichen Sex. Ich will überhaupt nichts Unverbindliches. Ich will mich begehrt, berührt und gewollt fühlen, und dann will ich einem Menschen nahekommen. Ich will, dass er erst meinen Kopf erreicht und dann meinen Körper. Ich will mehr als bloße Triebbefriedigung, die mich mit einem ernüchternden Gefühl zurücklässt. Ich will Nächte mit Gesprächen, die so tief gehen, dass es sich anfühlt, als würden wir ineinander reinkriechen, und ich will Sex, der dieses Gefühl untermalt. Alles, was ich will, ist das Gegenteil von unverbindlich.

«Nette Menschen kennenlernen …»

Ich will keine netten Menschen kennenlernen. Ich habe genug nette Menschen um mich. Freunde. Familie. Kollegen. Das reicht.

«Einen Lebensgefährten, der …»

Echt? Einen Lebensgefährten? Bin ich mir sicher, dass ich das will? Jetzt gerade? So kurz nach alledem?

«Ich bin bereit für …»

Bin ich nicht. Ganz ehrlich. Ich bin noch nie weniger bereit gewesen.

Das ist, worauf es hinauslief. Ich bin nicht bereit für etwas Neues. Und das ist für mich wiederum sehr neu. Ich bin gut darin, Dinge abzustreifen und weiterzugehen. Neu anzufangen. Mich ins nächste Abenteuer zu stürzen. Allerdings bin ich auch gut darin, von einer Beziehung in die nächste zu stolpern, die dann noch ein bisschen schlechter, toxischer oder kränker ist als jene zuvor. So als lernte ich nicht aus dem, was mir passiert. Und vielleicht stimmt das. Vielleicht ruhte ich mich einfach nur aus, auf dem Prinzip Hoffnung, ohne diesen immer gleichen Kreislauf aktiv zu durchbrechen. Womit ich nicht sagen möchte, dass ich mich schuldig fühle, Missbrauch erlebt oder Beziehungen geführt zu haben, die mir nicht guttaten. Es geht bei alldem nicht um Schuld. Ging es nie. Für mich nicht. Es geht um Veränderung. Ich habe mir für Veränderung nie die Zeit genommen. Und nie genügend Zeit für mich. Ich habe mir stets jemanden gesucht, dem ich mich schenken konnte. Habe mich weggegeben, weil sich das Hineinstürzen ins Verliebtsein so maßlos toll, so aufregend, so sehr nach der besten Art eines Neuanfangs anfühlt. Dabei habe ich nie wirklich neu angefangen. Im Grunde habe ich nur das immer gleiche Muster von vorn gestartet. Der immer gleiche Typ Mann in immer unterschiedlichen Körpern. Die gleichen Mechanismen. Die gleichen Abläufe. Ich habe mir immer jemanden gesucht, dem ich meine Aufmerksamkeit schenken kann, und dabei mich selbst aus den Augen verloren.

Verantwortung übernehmen. Für mich. Für meine ganz eigene Art des Glücklichseins. Das ist es, was Selbstwert auch bedeutet. Zu lernen, dass ich genug bin. Mir selbst ausreiche und dass ich all das, was ich zu geben habe, in erster Linie auch mir geben darf.

Die Chance auf einen echten Neuanfang hat vermutlich nur selten mit alten Verhaltensmustern zu tun. Also endete mein Ausflug in die Datingwelt mit dem Löschen meines Profils. Mit einem Lächeln und mit dem Gefühl, etwas für mich getan zu haben, indem ich all das, was ich tun wollte, eben nicht tat. Aber hätte ich etwas geschrieben, dann stünde dort nun dies.

Über mich.

Hallo.

Mein Name ist Nicole. Es freut mich, dass du dich auf mein Profil verirrt hast. Vielleicht nimmst du dir die Zeit, das hier zu lesen. Ich möchte dich aber gleich zu Beginn vorwarnen, es könnte sein, dass du dich in meinen Zeilen nicht wiederfindest. Das liegt daran, dass nicht du mit diesen Zeilen gemeint bist, sondern ich. Ich suche nicht dich. Ich suche mich.

Das darfst du bitte nicht persönlich nehmen. Du bist bestimmt umwerfend. Ein wahnsinnig aufregender Mann. Und wärst du mir zu einer anderen Zeit in meinem Leben begegnet, hätte ich mein Herz, meine Arme und meine Beine um dich geschlungen und mich Hals über Kopf in dich verliebt. Und vielleicht, wenn wir uns in ein paar Monaten oder Jahren über den Weg laufen, wird es auch genau so sein. Aber erst muss ich mich finden, bevor ich dich finden kann. Weil ich erst mir selbst noch etwas geben muss, ehe ich dich beschenken kann. Wer weiß, vielleicht laufen wir uns eines Tages mal über den Weg. Zu einer anderen Zeit. An einem anderen Ort. Und wenn das so ist, dann weißt du all das hier schon. Vielleicht gehst du dann weiter. Vielleicht bleibst du stehen und sagst hallo. Ich lasse mich überraschen.

Ich bin noch nicht bereit für dich, und auch wenn du es nicht weißt, ist das eine gute Nachricht. Ich habe nämlich beschlossen, ein Stück meines Weges allein zu gehen. Nicht, weil ich keinen Mann in meinem Leben haben könnte, sondern weil ich lernen möchte, erst wieder mit mir allein sein zu können, ehe ich mit dir zu zweit sein kann. Ich bin ein bisschen müde an diesem Punkt in meinem Leben, ein bisschen angeschlagen. Ich habe Sehnsucht nach mir selbst, vermisse mich, und ich möchte mir die Zeit nehmen, wieder heile zu werden und bei mir anzukommen. Damit ich dir eines Tages als eine Frau begegnen kann, die mit beiden Beinen auf ihrem eigenen Weg steht und geht. Als eine Frau, die dich nicht braucht, aber die dich will. Ich möchte jeden Morgen aufstehen und mich für dich entscheiden. Und damit ich das kann, muss ich mich jetzt erst einmal für mich entscheiden. Wie lange das dauert, fragst du dich? Ich weiß es nicht, aber du wirst es erfahren, wenn ich es herausgefunden habe. Bis dahin bleibe ich Single und lerne eine neue Form des Alleinseins. Ich war so lange vergeben, bin so lange von einer Beziehung in die nächste gereist, dass mein Herz eine kleine Auszeit braucht. Urlaub von alledem. Vielleicht auch ein klein wenig Reha. Ich möchte nicht lügen, indem ich sage, dass du von allem, was geschah, verschont bleiben wirst, denn natürlich bringe ich das mit, und ein paar meiner Päckchen wiegen schwerer als andere. Aber ich möchte nicht, dass du Feuer löschen musst, die du nicht gelegt hast. Wunden nähen musst, die du nicht verursacht hast, oder ausbaden musst, was du mir nicht angetan hast. Das wäre nicht fair. Dir gegenüber nicht und mir gegenüber auch nicht. Jeder von uns wird Altlasten mit sich herumschleppen. Ich meine, sieh uns an, wenn wir uns kennenlernen, werden wir vermutlich beide über 40 sein. Ich werde es ganz sicher sein, und wenn du mich darauf ansprichst, trete ich dir vors Schienbein, Freundchen. Es wäre schlimm, wenn wir keine Geschichten aus unserem Leben zu erzählen hätten. Und ich werde dir alles erzählen. Wenn du möchtest. Und ich werde hören, was du zu erzählen hast. Um das zu können, brauche ich aber erst einmal wieder Stabilität, und ich will, dass diese Stabilität aus mir heraus kommt. Wenn du mir später eine Stütze im Leben bist, dann freue ich mich, aber ich möchte diese genießen können und nicht brauchen müssen. Damit, sollten wir irgendwann am Scheideweg unseres gemeinsamen Lebens stehen, ich meinen Halt nicht wieder verliere.

Du wirst das vielleicht merkwürdig finden und denken, dass ich das nicht für dich tun müsse, weil du schon klarkommst mit allem. Mit meiner Vergangenheit, meinem Knacks, den diese mir mitgab. Mit mir. Und weißt du was? Das glaube ich dir sogar. Aber ich komme damit nicht klar. Sei unbesorgt, ich muss nicht gerettet werden. Du musst meine Drachen nicht töten. Ich muss sie bändigen und auf ihnen reiten lernen. Sei also drauf gefasst, dass ich ein paar schuppige Haustiere mitbringen werde, und ich glaube nicht, dass die nur spielen wollen. Damit sie dich dann aber auch nicht beim kleinsten Anlass sofort fressen oder mit mir wegfliegen, werde ich jetzt erst einmal ein wenig an mir arbeiten und Ruhe einkehren lassen müssen.

Mach dir keine Sorgen um mich oder um die Frage, ob ich eines Tages wirklich zu dir finden werde. Das werde ich. Ich bin okay. Ich werde eines Morgens aufstehen, und dann wird es gut sein. Dann werde ich genügend von mir gefunden und neu gewonnen haben, um wieder bereit zu sein für ein Abenteuer, das dann deinen Namen trägt. Mir meiner selbst bewusst. Meinen Wert genug kennend, um ihn nicht von dir abhängig machen zu müssen. Damit du nicht die Verantwortung tragen musst für mein inneres Glück. Glück, das ich uns beiden mitbringen möchte. Dann kann ich ich sein. Für dich und mich. Und mit dir das Leben tragen. Und dann werde ich mich mit Anlauf in unsere Abenteuer stürzen. Geschichten mit dir schreiben und deine Sterne um die Sonne in mir kreisen lassen. Weil dann wieder genügend von mir da ist, um dir mit vollem Herzen alles zu geben. Du hast ein Recht darauf, ehrlich und aufrichtig geliebt zu werden. Ich habe dieses Recht auch. Im Moment könnte ich das nicht. Weder dich so lieben, wie du es verdienst, noch deine Liebe so annehmen, wie ich es verdiene und brauche, und deswegen lernen wir uns nicht kennen. Aber ich werde es wieder können, und wenn das so weit ist, dann nimm dich in Acht, denn ich werde dich mit Haut und Haar in Grund und Boden lieben. Mit Kitsch. Mit rosa Flamingos und mit dem Gefühl von bunter Zuckerwatte aus Dopamin im Herzen.

Ich werde mich jetzt aber erst einmal verlieben lernen. In den Menschen, dem ich noch ein Leben voller Liebe schulde. In mich.

Wir sehen uns. Verlass dich drauf. Und bitte wisse, ich freue mich auf dich.

Und bis dahin freue ich mich erst einmal auf mich.

Love after pain

Der Kessel, mit dem ich morgens meinen Kaffee aufbrühe, ist rosa, bauchig und hat einen Schwanenhals. Er müsste den nicht haben. Für meinen Kaffee macht es keinerlei Unterschied, ob die Öffnung zum Ausgießen des Wassers nun altmodisch rund und groß ist oder schlank und schmal wie bei meinem Kessel. Es gibt nur einen einzigen Grund, warum der Kessel ausgerechnet so aussieht, wie er aussieht. Er gefällt mir so. Streng genommen könnte ich auch einfach einen Wasserkocher benutzen, anstatt morgens erst einmal eine halbe Ewigkeit darauf zu warten, dass das Wasser im Kessel auf meinem Gasherd heiß wird, aber das wäre dann nicht so Zen.

Was das Zubereiten von Kaffee angeht, bin ich ein Nerd, und meine morgendliche Kaffeezeremonie gehört mittlerweile zu meiner täglichen Routine. Routinen. Sie helfen mir, mich in meinem Leben zurechtzufinden. Mich wohlzufühlen. Geben mir Halt. Meinem Tag einen Rahmen. Wie ein Auslaufgehege für meine Gefühle. Das morgendliche Ritual ist ein liebgewonnener Spleen mit Kaffeeduft. Mein Start in meinen Tag verläuft dabei jeden Tag gleich. Sofern ich nicht auf Tour bin oder aus anderen Gründen in irgendeinem Hotel wach werde, klingelt mein Wecker nach spätestens acht Stunden Schlaf. Alles unter sieben Stunden ist mir zu kurz, und bei allem über acht bin ich gerädert. Wenn ich vor Mitternacht ins Bett finde und zur Ruhe komme, wache ich auch ohne Wecker pünktlich morgens auf. Nach ziemlich genau sieben Stunden und vierzig Minuten. Ich habe das gemessen und aufgeschrieben.

Neben meinem Bett auf meinem Nachttisch liegt ein kleines Büchlein für Notizen. Eines der Art, wie ich mehrere im Haus liegen habe. Eines im Schlafzimmer. Eines in der Küche. Eines auf dem kleinen, kupferfarbenen Beistelltisch in meinem Wohnzimmer. Eines immer in meiner Handtasche. Notizbücher für Gedanken. Für Träume. Jene aus der Nacht und jene am Tag. Traumtagebuch im Schlafzimmer. Gedankenfetzen-Buch im Wohnzimmer. Ideen, Rezepte und Einfälle in der Küche. Impressionen aus der Welt in meiner Handtasche. Ich halte fest, was mir einfällt. Ideen und Spinnereien. Details, Ideen für Gags und kleine Alltagswunder. Notizen beim Telefonieren oder einfach nur meine Schlafenszeiten. Altmodisch. Gewiss. Ich kann mir Dinge, die ich mit der Hand schreibe, ungleich besser merken als alles, was ich digital festhalte. Deswegen Stift und Papier.

Ich werde älter. Das merke ich ganz besonders am Morgen. Wenn ich mich nicht mehr ganz so schwungvoll aus dem Bett werfe, sondern erst einmal gemächlich über die Holzkante meines Bettes klettere und beim Hinsetzen allerlei an mir knackt. Ich bin gespannt, wie es in 20 Jahren ist und ob mir dann eventuell regelmäßig morgens irgendetwas vom Körper abfällt, anstatt nur warnend zu knacken, oder liegen bleibt, wenn ich aufstehe. Überraschen würde es mich nicht.

Vor dem ersten Kaffee am Morgen ist mir alles zu viel. Mit Ausnahme des Kaffeeaufbrühens selbst. Ich schlurfe hierfür in einen Bademantel gewickelt auf Zimtlatschen in meine Küche. Angeblich haben Zimtlatschen einen positiven Effekt auf die Füße und helfen gegen Fußpilz. Ich habe keine Ahnung von Fußpilz. Ich habe nie welchen. Allerdings trage ich zu Hause auch immer Zimtlatschen. Vielleicht ist also was dran. Ich trage sie vor allem deswegen, weil sie so gut riechen. Überraschenderweise nach Zimt. Am schönsten ist das in den frühen Frühlingstagen. Morgens. Mit Kaffee bewaffnet. In meinem kleinen Garten. Wenn die Luft noch kühl ist, aber einen angenehm warmen Tag ankündigt. Frühling in meinem Garten riecht nicht nach Kaffee am Morgen, sondern nach Zimt und frisch gemähtem Gras. Mich macht das glücklich. So wie Kaffee.

Mein Kaffee kommt aus Hamburg. Gut, nicht die Bohne. Die kommt aus Brasilien. Hamburger Kaffeeplantagen sind dünn gesät. Wir haben es hier auch nicht so mit Sonnenschein und Hitze. Aber die Manufaktur, die diesen Kaffee auswählt, einführt, röstet und verkauft, steht in Hamburg. Geliefert wird er in bauchigen Gläsern, die an Omas Einmachgläser erinnern. 250 Gramm pro Glas. Intensives, weiches Aroma. Kräftige Bohne. Milde Säure. Mein Kaffee schmeckt nach Kaffee. Dunkel. Geröstet, nicht verbrannt. Ehrlich im Geschmack. Keine Spielereien und bloß niemals floral oder anderweitig verpanscht. Ganze Bohne. Immer. Nie gemahlen. Fürs Mahlen habe ich eine eigene Mühle. Als ich anfing mit meinem Kaffeekult, war es eine Mühle, die von Hand bedient werden musste. Ich fand das etwa zwei Wochen lang fancy. Danach ging es mir fürchterlich auf die Nerven, mir morgens einen Tennisarm kurbeln zu müssen für ein paar Gramm gemahlenen Kaffees. Heute erledigt das eine Maschine für mich, während das Wasser im Kessel langsam heiß wird. Ist die Bohne gemahlen, immer 40 Gramm, kein Gramm mehr, kühlt das einmal gekochte Wasser langsam etwas herunter. Das ist wichtig. Kaffee mag kein kochendes Wasser, dann wird er bitter. Ich filtere meinen Kaffee per Hand. Der Filter, in den die Filtertüte gelegt wird, ist aus Porzellan. Eigentlich heißt er auch gar nicht Filter, sondern Dripper. Ein V60 Dripper aus weißem Porzellan. Der aktuell heißeste Shit bei professionellen Barista. Ich habe auch so einen. Er müsste nicht aus Porzellan sein. Es gibt auch Kupferdripper oder welche aus Glas oder Plastik. Meiner ist weiß. So wie der meiner Oma damals. Die Filtertüten sind es auch. Also weiß. Nicht wie bei meiner Oma damals. Porzellanfilter gehören zu den besten Filtern. Nicht, dass ich da Ahnung von hätte. Ich habe mir ein paar Berichte durchgelesen und Videos angeschaut, in denen Kaffeeliebhaber mit sehr ernster Miene und hochheiligem Ton erklären, wie man Kaffee richtig aufbrüht und was absolut gar nicht geht. Filtertütenpapier nicht anzufeuchten, bevor man den gemahlenen Kaffee einfüllt, beispielsweise geht gar nicht. Sagen Barista. Generell müsste erst das Filterpapier im Dripper mit heißem Wasser übergossen werden und das aufgegossene Wasser dann weggeschüttet werden, ehe der Kaffee eingefüllt werden kann. Der Mann in dem Video meinte, das würde den Papiergeschmack aus dem Filter ziehen. Papiergeschmack. Im Kaffee rausschmecken. Ich glaube, mir könnte man Kaffee auch durch ein totes Opossum filtern, er würde noch immer nach Kaffee schmecken, aber vielleicht ist meine Zunge auch nicht fein genug für Papiergeschmack. Ich spare mir das und feuchte nichts an. Ist die Bohne gemahlen und das Wasser runtergekühlt, falte ich den Papierfilter zurecht, setze ihn in den Dripper, schütte das frisch gemahlene Kaffeepulver hinein, stelle den Dripper samt Filter und Pulver auf eine kleine Kanne aus Glas, in welcher der Kaffee aufgefangen wird. Danach folgt der Auftritt des Schwanenhalskessels. Denn der einzige Zweck dieses langen Halses ist es, dass das Kaffeeaufgießen toll aussieht. Wie eine Teezeremonie. Nur ohne Tee. In langsamen Kreisen entleere ich dann das warme Wasser über dem Kaffeepulver, und das Plätschern in der kleinen Kanne kündigt den baldigen Koffeinkick an. Die ganze Prozedur dauert gut 20 Minuten, und ich liebe es, auf diese Art in den Tag zu starten. Meine ganz persönliche Art des Zen-Garten-Harkens.

So dunkel wie mein Kaffee ist auch der Sessel, in dem ich morgens in meiner Küche sitze, während ich mit jedem Schluck dem Tag langsam näherkomme. Ich sitze nicht gerne auf Stühlen. Eine meiner zahlreichen Eigenheiten. Irgendwie finde ich die immer unbequem, weswegen es in meinem Haus auch keine gibt. Wer hier zu Gast ist, muss auf Polstermöbeln sitzen oder auf dem Boden. Wahlweise im Keller. Dort sind noch ein paar Stühle eingemottet und warten auf den unwahrscheinlichen Fall ihres Einsatzes. Alles hier ist wohl prinzipiell weich. Die Möbel. Der Kaffee. Ich. Vor mir auf dem Tisch, neben meiner Kaffeetasse, liegt seit einigen Tagen aufgeschlagen eines meiner Notizbücher. Die Seite, beim Aufschlagen noch jungfräulich, ist es nach ein paar Tagen immer noch. Ich bin auf der Suche nach Worten. Krame in meinem Kopf und Herzen nach einem Ausdruck für das, was ich sagen möchte. Einen Anfang. Die ersten Zeilen eines Briefes. An mich selbst. Ein Liebesbrief soll es werden. Von mir. An mich. Zeilen voller Gefühl an den Menschen, dem ich noch nie solche Zeilen geschrieben habe. Dabei schreibe ich so gern. Und ich finde Liebesbriefe toll. Handgeschrieben oder digital. Per Post oder Mail oder manchmal diese ganz kurzen via WhatsApp. Liebe passt in jedes Format. Ich hatte mir vorgenommen, ein Buch zu schreiben über all das, was war. Als Einblick in die privaten, dunklen Seiten eines Lebens, einer angeknacksten Seele, aber auch als eine ganz große Liebesgeschichte und Auseinandersetzung mit mir selbst. Und ich nahm mir vor, sehr früh schon, lange bevor dieses Buch überhaupt konkret werden sollte, es mit einer Liebeserklärung an mich selbst enden zu lassen. Nicht episch, sondern ruhig. Mit einem Lächeln für alles, was war, und Schmetterlingen im Bauch für alles, was kommen mag. Ich wollte darin über die Wichtigkeit von Selbstwert und die Notwendigkeit, sich selbst lieben zu lernen, sprechen. Über

Schattenseiten, Gefahr, toxische Beziehungen, Gewalt und Mut. Über Vergebung und Gnade für sich selbst. Respekt vor dem eigenen Spiegelbild, dem eigenen Weg und allen damit verbundenen Schwächen. Über Stärken wollte ich schreiben, über die Schönheit des Scheiterns auch und über die Leidenschaft für das eigene Leben. Neuanfänge. Eine Reise zu sich selbst und über ein kleines Happy End. All das, gefasst in einen Brief. Einen Liebesbrief an mich. Allein, mir fehlen die Worte dafür. Morgen für Morgen. Kaffee für Kaffee.

Wenn ich in diesem Sessel sitze und vor mich hindenke, fällt mein Blick auf den Raum und bleibt gern an der Seitenwand meines Kühlschrankes hängen. Dort, wo klassischerweise Postkarten und Bilder unter Magneten hängend ihr Dasein fristen.

Auch bei mir. Es ist ein buntes Sammelsurium unterschiedlichster Dinge. Postkarten, Fotos oder Bilder meiner kleinen Nichte zum Beispiel. Ich dachte ja immer, ich käme als kinderlose Frau an den fünftausend Regenbogenbildern vorbei, mit denen Eltern gerne mal ihre Wohnungen tapezieren. So ganz hat das irgendwie nicht hingehauen. Es begann mit einem Hinterhalt. Ein gemaltes Bild als Weihnachtsgeschenk. Das erste Bild, das dieser kleine Mensch für irgendjemanden gemalt hatte, der nicht ihre Eltern waren. Zack. Kühlschrankregenbogen. Dann kam eines zum Geburtstag. Das Jahr darauf ein großes, rotes Herz. Heute ist die Kleine eingeschult, und ich trage auf der Bühne jeden Abend unter anderem ein Armband aus kunterbunten Perlen. Selbst gemacht. Meine Nichte meinte, das würde Glück bringen, wenn ich mal traurig bin. Und wenn ich nicht traurig bin, auch. Wie könnte ich heute jemals wieder ohne aus dem Haus gehen. Niedliche kleine Dinge. Wenn man es zulässt, schleichen sie sich heimlich an. So wie das Leben, das auch irgendwie immer ohne Vorwarnung passiert. Zwischen den Regenbögen klemmen Postkarten. Mal mit Motiven. Mal mit Bildern. Eine Seeschlange mit Knopfaugen und der Überschrift «Believe in yourself». Was auch immer Seeschlangen mit dem Glauben an sich selbst zu tun haben.

Eine Postkarte, auf der «Happy Valentines Day» steht. Handgeschrieben. Mit Edding. Nicht von einem Mann, sondern von meinem Lebensmittel-Lieferservice. Warum die da hängt, weiß ich nicht einmal, aber die drei kleinen Herzchen, die da irgendein fremder Mensch draufgemalt hat, finde ich irgendwie bezaubernd. Ein paar der Karten zeigen Hamburg, wie es vor hundert Jahren aussah. Auf der Rückseite sind sie vollgeschrieben. Kleine Buchstaben drängen sich aneinander, als hätte man sie aus Platzgründen näher aneinandergeschoben. Geschrieben von einem Menschen, der sich die Mühe machte, über jedes i anstelle eines Punkts ein Herz zu malen. Eine andere Karte meint, ich dürfe «alles geben, außer auf», und wieder eine andere zeigt einen kleinen gelben Vogel, über dessen Kopf ein Pfeil schwebt. Der Pfeil zeigt auf das Federvieh und meint, dieser kleine Piepmatz «kann Karate». Was auch sonst. So geht es weiter. Eine kleine Sammlung aus Erinnerungen. Nichts passt so richtig zusammen. Dennoch haben alle etwas gemeinsam. Es sind Geschenke der Menschen um mich herum, die mich lieben oder zumindest mächtig gernhaben. Oder mir Lebensmittel liefern. Was auch irgendwie eine Form von Liebe ist. Zumindest von mir für die Lieferanten. Manchmal, wenn ich Besuch habe, der nicht so häufig hier ist, werde ich gefragt, was es mit diesen Karten auf sich hat. Irgendwie meint man, es würde zu mir nicht passen, zwischen all den gedeckten Farben plötzlich bunte Seeschlangen zu sehen. Ich zucke dann jedes Mal mit den Schultern und antworte, dass es zu lange dauern würde, um das zu erklären. Was glatt gelogen ist. Die

Geschichte hinter alldem ist sehr einfach. Jede Postkarte, jedes Bild, jeder Schnipsel, der dort hängt, hat eine Geschichte. Würde man die Postkarten abnehmen, die Schnipsel umdrehen und die Rückseiten der Dinge betrachten, würde man erstaunt feststellen, wie viel Text da an meinem Kühlschrank hängt. Worte der Menschen, denen ich wichtig bin. Durchhalteparolen. Liebesbekundungen. Dumme Sprüche. Umarmungen in Reimform. Kleine Herzen vom Herzen. Ein «Wir schaffen das gemeinsam» und «Ich weiß, es ist hart, aber wir kommen da durch». Ein kleiner Streifen Papier von meiner besten Freundin mit der Aufschrift «Meine geliebte Bienenkönigin». Rechts und links neben diesem Satz hat sie eine Blume gemalt und eine Biene mit Krone. Natürlich. Es war die Überschrift eines kleinen Briefs, den ich morgens auf meinem Nachttisch fand. Damals. Als ich vor Liebeskummer kaum noch atmen konnte. Wir bekämen das schon hin, meinte sie in diesem Brief. Ich müsse auch gar nichts machen. Nur diesen Kaffee trinken, den sie ans Bett gebracht hatte, und diesen Brief lesen, der mir sagte, dass sie da ist und mich liebt. Daneben die Karate-Karte, und auf deren Rückseite: «Wir haben uns, und wir passen immer aufeinander auf.» Von meinem engsten Vertrauten. Die Geschichten dieser Sammlung sind also nicht lang oder kompliziert. Nur das, was zu diesen kleinen Botschaften führte, ist nicht immer einfach zu erzählen. Dennoch steht jede einzelne für einen wichtigen Moment. Für abgeschlossene Kapitel. Für eine Erinnerung. Für ganz viel Gefühl. Ein einziges Bild hängt zwischen all den anderen, dessen Rückseite leer ist. Es ist ein Polaroid. Das Motiv bin ich. Ich sitze auf dem Bild vor einem Spiegel. Trage ein schwarzes Kleid. Habe den Kopf zur Seite gedreht und lache in die Kamera. Ich mag dieses Bild. Weil es so echt ist. Ein Schnappschuss. Ein eingefangener Moment eines echten Lachens. Das Bild entstand einen Tag nach dieser Nacht, in der mir Hände um meinen Hals meinen Atem raubten. Das Bild hängt dort nicht, um mich an diese Nacht zu erinnern. Es hängt dort, um mich an das Lachen am Tag danach zu erinnern. An die Freude in diesem Moment. An den Sonnenschein nach einer dunklen Nacht. Es hilft mir, mich an die guten Dinge zu erinnern. Lässt mich wissen, dass nach allem Unschönen immer was Schönes warten kann.

Einer meiner liebsten Poeten der aktuellen Zeit, Ventum, hat in seiner Poetry-Sammlung eine Zeile, die so simpel und zeitgleich so wahr ist, dass ich sie, seit ich sie einmal las, nicht wieder aus meinem Kopf bekomme. Er schrieb: «But dear, there is sun after rain, love after pain.» Aber Liebes, da ist Sonne nach Regen, Liebe nach Schmerz. Eine Zeile nur. In einem Buch voller Poesie. Diese Zeile könnte auch auf einer Postkarte stehen. Dennoch fasst mich dieser Satz sehr an. Denn das ist es, was ich tue, wenn das Leben schwierig ist. Ich schreibe meine Gedanken auf, ich kämpfe bis zum Schluss, ich weine, ich fluche, ich lache, ich mache Kunst, und ich lese Gedichte. Poesie. Ich kenne viele Menschen, die sich über schwierige Zeiten, über Liebeskummer und große Herausforderungen mit Musik helfen. Was im Grunde auch Poesie ist. Gesungene Gedichte. Ich lese sie. Gedichte von einem Mann, der über die Liebe schreibt. Über den Schmerz. Über Vergänglichkeit und all die Drei-Uhr-morgens-Momente in aller Menschen Leben. Über all das Gute, all das Schlechte, all das, was so erbärmlich weh tut, und über den Sonnenschein danach.

Das ist vermutlich das Wesen der Poesie. Manchmal schafft sie es, ein ganzes Lebensgefühl in einen einzigen Satz zu gießen. Während ich dort sitze, vor meinem aufgeschlagenen Notizbuch, und kein Wort aufs Papier bekomme für diesen mir vorgenommenen Liebesbrief.

Wobei das nicht ganz stimmt. Ich habe etwas aufgeschrieben. Eine einzige Zeile habe ich zu Papier gebracht. Danach habe ich eine Schere geholt. Die Seite aus dem Notizbuch getrennt und diese Zeile fein säuberlich ausgeschnitten. Bin dann an den Kühlschrank gegangen, habe mein Polaroid abgenommen, es zum Tisch getragen, diese Zeile mit Tesafilm hintendrauf geklebt und dann das Bild wieder an seinen Platz gehängt.

Mein Liebesbrief an mich ist kein Brief. Kein Kapitel. Keine abrundende Erklärung am Ende meines Buchs. Mein Liebesbrief ist ein Versprechen. Ist Hoffnung. Ist ein Lachen nach allem, was war. Mein Liebesbrief ist ein Polaroid am Kühlschrank. Auf dessen Rückseite ein Streifen Papier klebt, auf dem steht:

But dear, there is sun after rain, love after pain.

Das ist es, was nach alldem geblieben ist. Sonnenschein und Liebe. Ein bisschen Schatten ist auch dabei. Ein paar Narben werden bleiben. Ein paar Wunden müssen erst noch zu Narben werden, ehe sie ganz abheilen können. Ich brauche noch ein bisschen Zeit. Ich werde noch viel lernen müssen. Manchmal ist es schwierig. Manchmal spielend leicht.

Aber ich bin okay. Viel mehr als das, ich komme langsam an. Bei mir. Neuanfänge sind wie Laufenlernen, und ich finde, ich schlage mich ganz gut. Wackelig manchmal, aber aufrecht stehend.

Meine Liebeserklärung an mich bin ich selbst. Mit alldem, was ich tue. Ich habe mir diesen Brief schon geschrieben. Nur nicht mit Worten. Sondern mit Handlungen. Mit der Entscheidung, meinen Weg allein weiterzugehen. Mit dem Ankommen bei mir. Mit dem Wissen, dass es erst einmal okay ist zu heilen, ehe ich mich wieder ins Abenteuer stürzen werde. Mit jedem positiven Gedanken für mich, meinen Körper, meinen manchmal so wirren Geist. Mit jedem Tag voller Lachen. Mit jedem Lächeln fürs eigene Spiegelbild. Mit jedem Gang zum Sport, auch bei Regen. Mit jedem Bejahen meiner selbst und dem Erkennen meines Wertes. Wir schreiben Poesie mit unseren Handlungen. Mit jedem neuen Schritt. Und Liebe ist nicht nur das, was wir uns selber und gegenseitig sagen, sondern das, was wir uns selbst schenken und erlauben zu sein. Liebe ist die Art, wie wir über uns denken, uns behandeln und zu uns sind. Ich lebe fortan meine Liebeserklärung an mich selbst. Weil am Ende aller miesen Momente noch so viel Leben übrig ist.

There is sun after rain. Ich habe viel gelernt, und ich gehe mit einem wertvollen Wissen aus alldem hervor. Ich weiß, was ich will und was ich nicht will. Ich weiß, dass ich stark genug bin, mich zu lösen. Mutig genug bin, um zu gehen. Klug genug bin, um mir helfen zu lassen. Ich weiß heute, dass der einzige Mensch, der meinen Wert bestimmt, ich selbst bin und dass dieser Wert stets hoch ist. Ich bin das Wertvollste, was ich besitze, und ich werde es immer sein.

Selbstwert ist kein Zustand, es ist ein Weg, und dieser Weg führt zu sich selbst.

Meiner hat vor einiger Zeit begonnen, und ich bin gespannt, wie die Reise wird. Holprig bestimmt, aber das ist okay. Ich mache mich jetzt heile, und während ich das tue, versuche ich der Mensch zu sein, den ich damals gebraucht hätte. Auch für andere.

Und zeitgleich arbeite ich daran, der Mensch zu sein, der mich am meisten liebt.

Das klappt nicht jeden Tag, aber jeden Tag werde ich ein klein wenig besser darin.

Ich bin dankbar für alles. Auch für die schlechten Erfahrungen.

Weil sie mich etwas sehr Wichtiges lehrten.

Ich bin vielleicht nicht ganz heile, oftmals nicht ganz dicht, und gewiss ist nicht alles einfach. Aber ich bin noch da. Verliebt in das Leben. Glücklich an vielen Tagen und mit einer ganzen Welt voller Möglichkeiten in meinem Kopf, in meinem Herzen und vor meiner Nase.

There is love after pain.

Das ist meine ganz eigene Form eines kleinen Happy Ends.

Danke.

Ans Leben, dessen Lehren, den Regen, die Sonne, die Liebe und den Schmerz.

In Liebe.

Auch für mich selbst.

N.

Dank

Da ist es nun. Ganz viel Seele zwischen zwei Buchdeckeln. Eine kleine Reise zum Mit-sich-Herumtragen. Leben to go, in vielen kleinen Buchstaben auf Papier. Ein Buch. Eine Geschichte. Meine Geschichte. Und zeitgleich die von so vielen Menschen. Es ist mein drittes Buch, und dennoch fühlt es sich an, als wäre es nie aufregender gewesen. Als hätte ich all das noch nie getan. Ich bin erstaunter und verzauberter als beim ersten Mal, aber mindestens genauso verliebt ins Schreiben. Ich fürchte und hoffe, dass das nie anders sein wird. Schreiben ist Magie. Für mich. Es ist Abenteuer. Begegnung mit mir selbst. Katharsis. Therapie und Heilung. Autorin zu sein, ist der beste und schlimmste Job der Welt. Gnadenlos und voller Liebe. Voller Sehnsucht. Voller Herz. Ich müsste lügen, wenn ich etwas anderes behaupten würde als genau das: Ich liebe alles daran, und es bringt mich zur Verzweiflung.

Ich bin dankbar. Für das Privileg, schreiben zu dürfen. Für jede schlaflose Nacht vor dem Laptop. Für einen Kopf voller Worte und für jeden Tag ohne Schreibblockade. Und ich bin dankbar für all die Menschen, die dafür sorgen, dass ich hier sitzen und diese Danksagung schreiben darf. Denn ohne all diese Seelen wäre das hier nur ein Manuskript auf meinem Laptop anstatt das Buch, das es nun am Ende ist. Ein kleines Stückchen Kunst mit Seitenzahlen.

Am Ende allen Schreibens bleiben tausend Dinge ungesagt. Es ist nie genügend Buch und Zeit übrig für alle Worte in meinem Kopf. Eines jedoch werde ich immer sagen wollen und immer

Seiten dafür finden. Das wohl wichtigste Wort in diesem Buch lautet: danke!

Danke an alle jene, deren Namen mit aufs Cover kommen müssten. Ohne die es dieses Buch nicht geben würde. Ohne deren Arbeit, Einsatz, Fleiß und Mut ich nicht so frei das tun könnte und dürfte, was ich hier tue. Schreiben und ein ganz klein wenig wahnsinnig sein.

Danke meinem Heimatverlag. An den Hafen meiner Zeilen. An den Verlag, der mir damals die Chance gab, ein Buch zu schreiben, und verrückt genug ist, es schon wieder zu tun. Der Rowohlt Verlag. Ich glaube, ich bin ein bisschen verliebt in Sie alle und in euch alle. Wenn Hamburg ein Buch wäre, würde es bei Rowohlt unter Vertrag sein wollen. Ich weiß es, denn ich weiß, wie gut ich es als Autorin habe. Ich schwärme ein wenig. Ich weiß. Und ein wenig Angeberei ist auch dabei. Ich danke für die Treue zu mir. Für den Glauben an das, was ich tue. Für das unermüdliche Mit-mir-immer-wieder-ins-Rennen-Gehen und für das Mich-stets-so-willkommen-Heißen in den heiligen Hallen der Kirchenallee 19. Der einzige Ort, an dem ich mich als Autorin wie ein Popstar fühle. Ich habe stets das Gefühl, willkommen zu sein. Angehört zu werden. Mit Freude empfangen zu werden und da sein zu dürfen, wann immer ich mag. Als Teil der Rowohlt-Familie, und ich mag diese Familie sehr. Vielen Dank für so viel Mut mit mir. Innerhalb Rowohlts gibt es so viele Menschen, ohne deren Hände, Augen, Kunst und Geist dieses Buch nicht das wäre, was es ist. Ich werde vermutlich niemals alle kennenlernen. Dennoch möchte ich danke sagen an all die wunderbaren Wesen hinter den Kulissen. Den Menschen, die meine Hand schütteln, wenn ich zu Besuch im Verlag bin, und die es mir nie übelnehmen, dass ich mir auch nach Jahren noch immer keine Namen merken kann. Danke jedem, der fröhlich im Vorbeigehen winkt. All den Menschen mit den wachsamen Augen, die korrigieren, setzen, verändern, anpassen und meine Reise mit mir antreten. Sich all das hier mehrfach durchlesen und dennoch nicht mit Tomaten nach mir werfen. Danke an all die wunderbaren und so energiegeladenen Menschen aus dem Vertrieb, ohne deren Einsatz dieses Buch nicht seinen Weg in die Buchhandlungen finden würde. Immer laut für mein Buch, und dafür danke ich sehr. Danke an die Menschen mit den Bildern. Den Coverentwürfen und all der grafischen Zauberei. Ich weiß, ich mache euch wahnsinnig mit meinen Wünschen. Danke an den Druck. An alle Menschen hinter allen Bürotüren. An jeden, der morgens aufsteht, damit all das hier zu einem Buch reifen kann. Danke! Und ich weiß, dass ich bestimmt hundert Menschen vergessen habe. Ich bitte um Nachsicht, denn gemeint sind alle. Jeder Einzelne. In meinem Herzen ist ein ganz besonderer Platz für euch.

Wenn ich schreibe, schläft sie meistens. Wenn ich schlafe, wühlt sie sich durch meine Zeilen. Korrigiert mein Geschreibsel. Beantwortet meine panischen Mails. Setzt meine Wünsche, Ideen und Gedanken um. Sie macht mir Mut. Sie lässt mich wissen, dass ich das kann, was sie mir zutraut. Sie ist die Frau, die mit Spaghettieis bewaffnet vor meiner Haustür steht und sich todesmutig mit mir in Projekte stürzt. Sie hat mich bis zum heutigen Tag nicht ein einziges Mal hängenlassen, und sie beherrscht das Prinzip von Zuckerbrot und Peitsche wie keine andere vor ihr. Nur dass diese bei ihr Spaghettieis und liebevoller Spott heißen. Niemand lacht mich so herzlich aus wie meine wunderbare Lektorin Susanne Frank.

Susi, ich würde ohne dich mehr Angst haben vor dem, was wir hier tun. Meine Nächte wären schlafloser. Mein Wahnsinn hätte weniger Methode. Und ich würde so manches Mal an meinen eigenen Sätzen verzweifeln. Du hast mich damals aus meiner Praxis an den Haaren in den Verlag geschleift, nachdem du meinen Blog gelesen hast. Hast mir eingeredet, ich könne eine Autorin sein, und bist dann losgezogen und hast erst mich und dann alle anderen von dieser Idee überzeugt. Ich danke dir. Dafür und für dich. Für deine Art, eine Frau zu sein, an deren Seite ich es liebe, Bücher zu schreiben. Du darfst in den nächsten 30 Jahren nicht in Rente gehen, das weißt du, oder? Danke fürs Mich-so-Annehmen, wie ich bin. Mit all meiner Unpünktlichkeit. Meiner Panik. Meiner Welt voll Emotionen und Gedanken. In deinem Büro ist alles Bunte zu Hause, und dass das so ist, liegt an dir. Manchmal bin ich mir nicht ganz sicher, wer hier wessen Sidekick ist, aber für dich wäre ich sogar gerne Robin. Danke für deine Energie. Für deine Zeit. Fürs Immer-Behaupten, ich würde dich nie nerven. Ich weiß diese Notlüge zu schätzen. Danke für dein Können und für deinen Glauben an mich.

Und weißt du was, Susi? Guck mal, wir haben *Unkaputtbar* wirklich geschafft!

Es gibt exakt einen Menschen, den ich kenne, der noch größenwahnsinniger ist, als ich es bin. Mein treuester Gefährte, engster Vertrauter, Mädchen für irgendwie alles und für Streuselkuchen. Mein Manager, Freund und Türenauftreter, Marc Mauricius Quambusch. Es gibt keinen Menschen, der so gut die Kunst beherrscht, mich zur Weißglut zu treiben, wie du, und zeitgleich bist du vermutlich der einzige Mann auf diesem Planeten, dem ich irgendwie nicht böse sein kann. Dein Glaube an mich macht mich zu einem besseren Menschen. Du machst mich angstfreier. Mutiger und größer. Du warst es, der mich damals entdeckt hat. Der loszog und mich durch alle Türen schob und immer eine Antwort hatte, wenn mal wieder jemand fragte: «Was willst du denn mit der Fetten?» Ohne dich gäbe es meine Karriere nicht, und ganz ehrlich, ich hätte auch keine Lust drauf, ohne dich erfolgreich zu sein. Dein Glaube an mich ist größer, als ich es jemals sein werde. Bitte höre trotzdem niemals auf damit. Ich danke dir für deine Kraft. Und für deine Liebe. Die du auf irgendwie sehr komische Art zeigst. Und mit Streuselkuchen. Du bist immer da für mich. Und mit immer meine ich wirklich immer. Du stehst all die Scheiße und alles Gute mit mir durch. Du heulst mit mir. Du lachst mit mir. Du leidest mit mir. Du passt auf mich auf. Du gehst allen anderen so lange auf den Sack, bis sie von deiner Vision von mir ebenso überzeugt sind wie du. Du kümmerst dich um mich. Passt auf mich auf und sorgst dafür, dass ich immer Kaffee habe. Ich bin dir dankbar. Mit ganzem Herzen. Und ich werde dir nie ganz klarmachen können wie sehr. Du bist meine Familie. Mein Seelenverwandter. Mein «Wir schaffen das schon alles» und vermutlich der einzige Mensch, der mich wirklich immer versteht. Ohne dich wäre ich einsam. Und ich verspreche dir, ich werde immer dein gefiederter Ehrenigel sein. OhIgLeDo! Wir beide bis ans Ende der Welt. Und noch viel weiter. Auf dass für uns stets die Rüben rappeln.

Ein ganz besonderer Dank geht raus an das abgefahrenste Weib der Welt. An meine beste Freundin, meinen Partner in Crime, mein Podcast-Sidekick, meine Frau und mein über alles geliebtes Haustier Philina Herrmann. Weib, ohne dich wüsste ich oft nicht, wo mir der Kopf steht. Du hast mich durch Phasen getragen, in denen ich nicht aufrecht stehen konnte, und ich liebe dich für all das, was du bist. Für mich und für die Welt. Du bereicherst mein Leben. Mein Sofa und meinen Kühlschrank. Ich danke dir für deine gnadenlose Treue. Für jedes Händchenhalten. Für dein Nie-Wissen, wo links und rechts ist. Dafür, dass du neben mir liegst, wenn ich am Boden bin. Egal ob wir von dort dann Sterne gucken oder nicht. Deine Freundschaft ist so unermüdlich, wie dein Herz groß ist, und ich bin dankbar, die Frau an deiner Seite sein zu dürfen. Durch dich sind in meiner Welt mehr Schwäne. Weniger Sorgen. Mehr Gespräche bis morgens um fünf und unendlich viel mehr Glitzer. Ich werde alt mit dir. Manchmal durch dich, aber das ist nur fair. Danke für alles. Für wirklich alles. Und immer wieder für dich. Ich freue mich auf alles, was kommt. Auf Holzstühle auf einem Steg. Auf Wikinger im Garten. Auf Pantrys im Anbau. Auf 50 000 Lichterketten und 28 Hundewelpen. Ich lasse dich nie allein und niemals los. Verlass dich drauf. Großes Bienenkönigin-Versprechen und Glühwürmchenschwur.

Es gibt eine Reihe von Menschen, deren Einsatz es möglich macht, dass ich heute, viele Jahre nachdem ich an den Start gegangen bin, noch immer da und mit Leib und Seele Künstlerin und Autorin sein kann. Neben den schon genannten danke ich all den Menschen, die mir im Hintergrund zur Seite stehen.

Danke an:

Meikel Giersemehl. Ohne dich hätte es damals die RTL-Aufzeichnung nicht gegeben, und ich danke dir für deinen kreativen Geist. Inzwischen bist du mit eigener Firma unterwegs, und auch hier ist der Austausch jedes Mal aufs Neue wieder schön. Danke fürs Erkennen von vielen Dingen, die andere erst viel später sehen als du.

Wolfgang Link für den feinsinnigsten Humor in der Branche. Marc hat mich zu dir geschleppt, und seither passieren immer spannende Dinge, wenn sich unsere Wege kreuzen. Ich danke dir dafür und fürs Denken über Tellerränder und Horizonte hinaus.

Tilo Behn und *Philipp Nastaly* sowie das gesamte Team der Smyle App von SEVEN.ONE Interactive. Ihr seid der Shit! Durch euch habe ich jetzt auf meinem Regal einen Award stehen. Einen Klotz aus Glas, der behauptet, ich sei die beste Künstlerin 2020, und ihr habt keine Ahnung, wie sehr ich das feiere. Danke dafür. Für euch. Für die Smyle App und dafür, dass ihr Künstlern wie mir eine solche Plattform schafft. Ich hype euch sehr!

Alexander Krawczyk und das gesamte Team der SEVEN.ONE Ad-Factory beziehungsweise SEVEN.ONE Audio. Ihr seid Seelen und helfende Hände hinter Ponyhof und Mittelfinger, und ich liebe diesen Podcast seit der ersten Folge.

Thorsten Sievert für all die Unterstützung. Fürs Immer-ein-Lachen-für-mich-übrig-Haben. Für Gedankenaustausch, Ideen und kreativen Input. Nicht nur, was die Stand-up-Comedy angeht. Es ist mir immer eine Freude mit dir, und ich danke dir für deine Sicht auf Humor und Sprache.

Dr. Christopher «Borgi» Borgmann. Dafür, dass ich in jede Produktion gehen kann und genau weiß, dass alles safe ist und ich von niemandem über den Tisch gezogen wurde, weil du alles mindestens doppelt gecheckt hast. Bester Anwalt für Medienangelegenheiten ever. Alles Gute wünsche ich dir vor allem weiterhin mit deinem grandiosen Podcast «Und dann kam Punk». Allein den Namen feiere ich schon.

Arno Heinisch. Mit dir begannen meine ersten Schritte, und du warst es auch, der das Okay gab, mit mir ins Rennen zu gehen, noch bevor irgendjemand außer Marc und dir wusste, dass es mich überhaupt gibt. Ohne dich wäre das alles nicht so smooth losgegangen, und irgendwann stehen wir mal wieder in deinem Büro und trinken flaschenweise Champagner. Wird Zeit.

Die *Goldene Generation* für das Entwerfen, Bewachen und Pflegen meines Webauftrittes. Für Ideen und Umsetzung und fürs Immer-Zuhören, egal wie kryptisch ich meine Wünsche auch ausdrücke.

Kasper Ryvig Johannsson für das Entwerfen von so ziemlich jedem Plakat, jeder Autogrammkarte und dem «Gesicht» von Ponyhof und Mittelfinger.

Antonina Gern. Für das Shooten meines Buchcovers. Ich liebe das Arbeiten mit dir und danke dir für deinen kreativen Blick. Für deinen Feinsinn. Deinen Geist und diese Gabe, die du hast, aus allem etwas Wunderschönes zu machen. Wenn es nach mir geht, wähle ich immer wieder dich für jedes Bild auf jedem Cover. Ich danke dir wirklich sehr, und ich liebe das Bild von *Unkaputtbar* ebenso wie das von *Prinzessin Arschloch.*

Thomas «Sir Tommes» Wings. Was soll ich groß sagen, du weißt es ja im Grunde selbst. Du bist die beste Mischung aus coolem Typ und Seriosität. Oder sagen wir es so, du siehst mächtig gut aus in Robe. Ich danke dir für deinen Rat und für deinen Beistand. Better call Tommes. Definitiv.

Sabrina Quambusch. Ein ganz besonderer Dank geht an dich. Du bist die Frau, die es mit Marc aushält, und irgendwie bist du dadurch auch ein klein wenig mit mir verheiratet. Das tut mir manchmal sogar leid. Du hast es nicht leicht. Weder mit ihm und schon gar nicht mit … nein, vor allem nicht mit ihm. Du bist vermutlich der netteste Mensch, den ich kenne, und ich danke dir fürs Uns-alle-Aushalten. Du machst Marc glücklich, und dafür mag ich dich wahnsinnig dolle. Danke für deine Unterstützung auf so viele unterschiedliche Arten und fürs Retten des süßesten Kätzchens der Welt.

Danke an alle Veranstalter, an alle Menschen vor und hinter der Bühne. Danke an alle kreativen Köpfe beim TV. An all die Menschen aus den TV-Produktionen und an all jene, die mir ermöglichen, mitspielen zu können in dieser abgefahrenen Welt des TV. Danke an Funk, Print und Fernsehen und all die Menschen, die sich mit mir bei Interviews herumschlagen. Ich glaube, ich habe daran mehr Spaß als ihr.

Katharina Borchert. Dein Haus ist mein Zuhause. Meine heiligen Hallen hast du mir damals ans Herz gelegt mit den Worten «Das wäre genau was für dich», und du hattest so was von recht. Ich wünschte, ich könnte mal eben auf einen Whisky rumkommen. Aber vielleicht setze ich mich dafür einfach irgendwann einmal in den Flieger und komme zu dir.

Danke!

Nichts von alldem hier könnte ich schreiben, hätten die beiden Menschen nicht eines Tages beschlossen, es wäre doch eigentlich eine ganz gute Idee, ein Paar zu werden und Kinder zu bekommen. Ein ganz besonders warmherziger Dank geht somit raus an *meine Eltern.* Die Erbauer meines Nestes. Mein ewiges Zuhause. Mama und Papa. Ich weiß, ihr habt es nicht leicht mit mir. Wer hat es schon leicht mit einer Künstlerin als Tochter. Ihr müsst durch all das hier mit mir durch und gebt mir dabei das Gefühl, das immer gern zu tun. Ich bin dankbar für euch. Für eure Liebe und dafür, dass ihr die Größe habt, auch über Dinge zu sprechen, die nicht immer so gut waren. Ihr seid da für mich. Ihr seid mein Zuhause. In manchen Dingen seid ihr meine Vorbilder, und ihr bekommt irgendwie immer alles hin. Wofür ich euch auf ewig bewundern werde. Ich bin stolz auf euch, und ich bin gerne eure Tochter. Nicht, dass wir es uns aussuchen können, aber könnte ich, ich würde euch wählen. Bei euch kann ich 16 sein und muss nichts anderes können, außer da zu sein. Danke. Für Günnibär und Plattschaufeln. Für Küchenpartys, für meine kleine Schwester und Shopping bei Eisregen. Ihr habt immer Zeit für mich. Immer ein Ohr für mich. Immer zwei Herzen für mich. Ich habe euch schrecklich dolle lieb. Auch wenn ihr mich manchmal wahnsinnig macht. So wie ich euch.

Jeder Künstler hat Fans. Mein größter Fan ist meine kleine Schwester, *Stefanie Westphal*. Mein Hörnchen. Du bist die Erwachsenere von uns beiden. Das wussten wir schon, als du drei Jahre alt warst, und du wirst es immer sein. Gottlob. Einer von uns muss ja. Du bist die größte kleine Schwester, die ich mir wünschen könnte, und ich danke dir fürs Mich-so-bedingungslos-Lieben. Danke für dich. Für Kuchenbacken in der Nacht. Fürs Immer-Fragen, wie es mir geht, und für leuchtende Adventskalender. Du fehlst mir immer, wenn wir uns nicht sehen, und wir haben definitiv immer viel zu wenig Aperol im Haus. Danke für deine Nähe. Für deinen Stolz auf mich und für die tollste Nichte der Welt. Ich liebe es, Tante zu sein, Schwägerin zu sein und allem voran deine Schwester zu sein. You are Stan, but I am your biggest fan!

Jaan «WingBro» Westphal. Du hast das Kunststück vollbracht, meine Schwester zu heiraten, knallhart ein grandioses Mädchen mit ihr auf die Welt zu bringen und neben bester Schwager ever auch noch irgendwie so herrlich anders zu sein. Bleib bitte so. Ich brauche Menschen um mich, die bunt sind und kreativ. Wenn wir irgendwann von Zombies angegriffen werden, dann nur mit dir an meiner Seite. Und Bro, ich werde auf ewig neidisch auf deine gemütlichen Hosen sein!

Ihr drei, du, Steffi und euer Mädchen, seid meine Familie, und ich liebe euch mehr, als ich jemals Worte dafür haben werde. Danke für euren Support. Für Spieleabende bis sechs Uhr morgens und für die Erfindung von Pizza-Burger-Spaghetti-Raclette.

Hilde «Hilli» Ehlers. Oh Hilli. Du wunderbares Weib. Irgendwann, wenn ich mal groß bin, dann möchte ich werden wie du. Mit genau so viel Energie und Schönheit. Du bist Teil meiner Familie, und ich liebe es, dass du es schaffst, die Sonne aufgehen zu lassen, wenn du einen Raum betrittst. Frei, wild und wunderbar. Diese Beschreibung wurde für dich erfunden. Danke für deine Herzlichkeit und für Herzchen statt i-Punkte auf Karten am Kühlschrank.

Es gibt eine kleine Gruppe von Menschen, die während meiner Schreibphasen stets viel zu kurz kommen. Meine Freunde. Ich bin diejenige, die plötzlich in einem Projekt verschwindet und tagelang nicht anruft, die ständig etwas absagt und immer unterwegs ist, und ihr seid diejenigen, die mich trotzdem lieben. Meistens zumindest.

Nico «Mr. Wayne» Jager. Feuer frei, du bester aller Männer auf dieser Welt. Ich liebe dich dafür, dass du so bekloppt bist. Dass du so auf mich aufpasst. Dass du dich für mich prügelst, wenn es sein muss. Danke für unsere Freundschaft über Jahre. Für Applecrumble und dafür, dass, wenn du da bist, ich nie Luft in meinem Glas habe. Im Ernst, Kerl, du bist wirklich toll. Danke für dich und für all deine Flausen. Aber bitte, brich dir doch zur Abwechslung mal nicht alle Knochen. Okay?!

Johann «Brian» Gutjahr. Wie viele Jahre haben wir jetzt auf dem Buckel? 23? 320? Ich bin mir da manchmal nicht so ganz sicher, aber Mann, ich liebe unsere Freundschaft. Damals. Heute und in 3200 Jahren. Nuff Said.

Leslie Bomba. Sie Prachtweib! Was wäre ich nur ohne Sie rosa Orakel? Sie erden mich. Jedes Mal, wenn ich mit Ihnen spreche. Und sosehr ich Sie auch liebe, ich werde Ihnen niemals das Du anbieten. Bleiben Sie so. Ich brauche Sie auf genau diese Art in meinem Leben.

Ich habe bestimmt eine ganze Reihe Menschen vergessen, und ich möchte mich an dieser Stelle aufrichtig dafür entschuldigen. Es war keine Absicht, es war das Sieb in meinem Kopf. Bitte wisst, dass ihr alle gemeint seid und dass ich dankbar bin für jeden Menschen, der eine Hand, ein Ohr oder einfach ein Lächeln für mich hat. Viele der Menschen, die mir auf meinem Weg helfen, kenne ich nicht einmal. Weil sie hinter den Kulissen fleißig sind, damit ich es davor sein kann. Ihr alle habt meinen Dank.

Bei all dem, was geschieht, ob nun mit diesem Buch, auf der Bühne, beim Podcast, im TV oder wo auch immer sonst, gibt es eine Schar von Menschen, denen ich ebenso zu Dank verpflichtet bin wie jedem anderen hier und ohne die nichts von alldem möglich wäre. Den treuen Fans. Meinem Publikum. Jedem, der dieses Buch in den Händen hält. Danke für euch alle. Für Treue seit Jahren. Fürs Neu-Entdecken all der Dinge, die ich mache. Fürs Mit-mir-diesen-Weg-Gehen. Fürs Lesen. Fürs Fühlen. Fürs Bei-mir-Sein. Für Applaus, stehende Ovationen und all die leisen Töne dazwischen. Danke, dass ihr mit mir zusammen fühlen mögt, lachen mögt, weinen mögt, euch ärgern und wundern und Spaß haben mögt. Danke für jedes Ticket, das ihr kauft, jedes Buch, das ihr euch holt, jedes Einschalten, wenn der Podcast läuft. Ihr seid manchmal eine riesige Stütze. Oftmals Retter meiner Tage. Immer neugierig. Immer interessiert. Immer voll und ganz dabei. Danke für eure Liebe. Für eure Treue und dafür, dass ihr meine Community, meine Follower, meine Squad und meine Fans seid. Manchmal glaube ich, ich brauche euch mehr als ihr mich, und ich bin euch dankbar dafür, dass ihr immer so tut, als wäre euch das nicht vollkommen klar.

Last, but not least:

Es bleibt, wie es ist. Wenn sie nicht wäre, wäre ich nicht ich.

Sie hält mich wach und treibt mich an. Sie ist immer ein wenig unzufrieden mit mir, und dennoch voller Geduld. Sie hält mich warm. Sie hält mich auf. Sie hält mich in den Spuren dieser Welt. Sie macht mich kreativ. Lässt mich schreiben, malen, auftreten, lustig, laut und manchmal sehr still sein. Sie ist Idee und Gedanke. Gefühl ohne Gestalt. Sie ist wunderschon. Beängstigend groß. Manchmal macht sie mir Angst. Aber niemals so richtig. Sie ist die größte Macht in meinem Leben und die sanfteste dazu. Alles, was ich kann, kann ich durch sie, und ich könnte mir eine Welt ohne sie nicht vorstellen. Sie macht mich anders. Sie macht mich manchmal besser.

Oft einfach nur zu einem merkwürdigen Menschen. Sie zieht mich. Hält mich. Und lässt mich niemals los.

Sie ist mein Grund für alles, und ich verdanke ihr die Welt.

Und manchmal noch ein bisschen mehr.

Meine Muse.

Danke.

What we're doing here ain't just scary
It's about to be legendary

WELSHLY ARMS

Wenn du Fragen zum Thema häusliche und partnerschaftliche Gewalt hast, Antworten, Rat oder vor allem Hilfe suchst, dann empfehle ich als eine Anlaufstelle die Website

www.re-empowerment.de

Diese Website kannst du vollkommen anonym besuchen und dich erst einmal informieren, oder du meldest dich an und kannst dann Rat und Hilfe finde, dich mit anderen Frauen austauschen und über deine Themen sprechen.